Schatten auf der Kinderseele

Ein Buch von einer Betroffenen für Betroffene.

Dieses Buch fand keinen Verlag, aber hoffentlich findet es den Weg zu den Zielgruppen.

Es ist ein Unikat hinsichtlich der verwendeten Schreibstile, einer Mischung aus Autobiografie, Roman und Sachbuch, mit kleinen Anteilen von Lyrik. Damit ist so ein Werk sehr schwer in ein Verlagsprogramm zu fassen.

Ferner schrieb dies kein Promi, keine Schauspielerin, Politikergattin oder bekannte Psychologin, sondern eine ganz alltägliche Frau, vielleicht ihre Arbeitskollegin oder Nachbarin?, die ein ganz ungewöhnliches Schicksal erfuhr.

Insbesondere ist das Thema Suizid weiterhin tabubelastet. Aus Gründen der Pietät, zum Schutz der Hinterbliebenen und zur Vermeidung von Nachahmungen. Und wer tut sich das schon freiwillig an, sich damit auseinanderzusetzen? Erst wenn eigene Betroffenheit uns ein Ausweichen und Wegblenden nicht mehr erlaubt, wird aus dem theoretisch Abstrakten etwas praktisch Konkretes. Doch immer noch zu schwer, um zu verstehen. Es besteht Aufklärungs- und Handlungsbedarf.

Das sind drei starke Gründe, den Weg über Selfpublishing zu wählen. Denn die Geschichte dahinter, insbesondere jedoch die hilfreichen Bewältigungsstrategien, sollen geschrieben und auffindbar sein.

Lara X.

Schatten auf der Kinderseele

Bewältigungsstrategien nach dem Elternsuizid

Umschlagsgestaltung: BoD – Books on Demand

Bibliografische Information der Deutschen National-bibliothek:

Die Deutsche Nationalbibliothek verzeichnet diese Publikation in der Deutschen Nationalbibliografie; detaillierte bibliografische Daten sind im Internet über http://dnb.dnb.de abrufbar.

Herstellung und Verlag: BoD – Books on Demand, Norderstedt

ISBN: 978-3-74948-292-4

Inhaltsverzeichnis

Zeitungsausschnitt 1966

Tod unter rätselhaften Umständen

Häufiger ein solcher Fall / Leidensweg mancher Frau

Diesen Zeitungsartikel habe ich erst vor wenigen Jahren von meiner Schwester bekommen, sie wusste ja nicht, dass ich ihn nicht kannte. Sofort tat mir mein Vater leid, so öffentlich angeprangert zu werden. Hatte ihn jemand aus der Familie denunziert? In unserem Dorf musste jeder gleich gewusst haben, wer gemeint war. Wie sollte er damit umgehen können?

Vorwort

Dieses Buch erzählt von mir und meiner Familie, jede und jeder Einzelne mit seinem eigenen Lebensrucksack beladen. Und fast alle haben wir die gleichen Steine im Laufgepäck behalten: Anpassung, Selbstverleumdung, Pflichterfüllung und Verdrängung.

Meine Eltern wussten sich vor über fünfzig Jahren nicht mehr zu helfen und wählten nacheinander den Suizid. Tabu – Tat wie Thema. Meine Familie schwieg auch und verdrängte. Sie musste schnell von Trauer und Schock in den Funktionsmodus wechseln und schwere Entscheidungen treffen. Wohin nur mit den vier unmündigen Kindern? Dabei hatte ich so viele Fragen.

Diese tragischen Todesfälle hatten nachhaltige Auswirkungen auf die Hinterbliebenen. Darum schreibe ich unsere Geschichte auf. Denn was verschwiegen wird, könnte sich wiederholen.

Was sich für mich als damals Achtjährige änderte, um mich herum und in mir, wie sich mein weiteres Leben ohne Eltern gestaltete, beschreibe ich als biografische Rückschau anhand von Erinnerungen und Reflexionen.

Erst Jahrzehnte später habe ich nach einem Burn-out meine familiären Hintergründe erforscht. Ich suchte hartnäckiger nach Antworten auf die vielen ungeklärten Fragen, die alle mit „Warum?" begannen.

Meine Eltern hatten nichts hinterlassen, also waren alle von mir Befragten auf eigene Erinnerungen sowie Vermutungen angewiesen, die überwiegend nur sehr schwer formulierbar waren. Unsere Familienmitglieder hatten lange geschwiegen und verdrängt, um weiterleben zu können. Doch ich wollte endlich mehr erfahren, wollte verstehen können. Und sicherlich auch vermeiden, denselben Weg zu gehen.

Womit hatte das Untragbare angefangen? Was alles hatte zu diesem verzweifelten Ausweg beigetragen? Und welche empfindsamen Knöpfe wurden dadurch in mir angelegt?

Zu der Zeit las ich ein Buch von Hape Kerkeling und erlaubte mir zum ersten Mal, über wütende Gefühle in meiner Kindheit nach dem Elternsuizid nachzudenken. Ich war damals sicherlich schockiert, sehr traurig und ängstlich im Hinblick auf „Wer passt denn jetzt auf mich auf?"

Und ich glaube, ich habe eine mögliche Wutreaktion wie „Was fällt euch ein, mich hier alleine zurück zu lassen!" unterdrückt. Ich hatte ja schließlich die Trauer um mich herum wahrgenommen, die Hilflosigkeit und Überforderung der Erwachsenen mit dieser Situation.

Da war kein Platz für meine Wut. Also runter damit, wegsperren. Nicht mehr daran denken, nur weiterlaufen, wie die Erwachsenen und funktionieren. Nur - das frisst Energie. Und noch gemeiner, es holt dich doch irgendwann ein, denn Gefühle wollen gefühlt und ernst genommen werden. So kommt es, dass die (unterdrückten) Gefühle in Situationen zu einem viel späteren Zeitpunkt auslösen (triggern), zu denen sie vom Kopf her betrachtet gar nicht passen.

Erst Jahrzehnte nach unserem Familiendrama habe ich psychologische Hilfe gesucht und bekommen, weil ich nicht mehr gut funktionierte und krank/depressiv wurde. Im Stil eines Ratgebers schildere ich meine erfahrenen Therapiemethoden und Erkenntnisse, die mich schließlich gestärkt haben. Die mir endlich ermöglichten, mehr inneren Frieden mit meiner familiären Situation und den daraus resultierenden Veränderungen zu machen.

Für Achtsamkeit und Selbstverantwortung ist es nie zu spät. Oft, sehr oft sogar, erschrecken uns diese Grundhaltungen schon im gedanklichen Ansatz, denn sie katapultieren uns aus unserer zwar unliebsamen aber immerhin gewohnten Komfortzone. Die Ideen im Kopf, etwas radikal zu verändern, können uns die Luft zum Atmen nehmen, den Schlaf rauben, nervös machen und resignierend dann doch lieber im Gewohnten verharren lassen. Die gefühlte Ausweglosigkeit und Abhängigkeit, der Verlust an Kraft, Sinn und Lebensfreude kann zu Depressionen führen oder schlimmstenfalls in den Suizid treiben. Viele Menschen schieben auf den nächsten Tag, drücken sich so vor der Entscheidung, ihrem konsequenten Handeln. Hoffen auf ein Wunder oder erklären die Rente zur eigentlichen Lebens- und Nachholzeit.

Von solchen Menschen handelt ein Buch einer Hospizangestellten, die viel liebevolle Zeit mit ihren Patienten verbrachte und erfuhr, was diese an der Schwelle zum Tode in ihrem Leben am meisten bedauerten. Es ging im Endeffekt um Unterlassenes mehr als um Geschehenes.

Final traf ich zwei wichtige Beschlüsse für mich:

1. Ich will nicht bedauern, was ich hätte ändern können.

Da ich nicht wissen konnte, wieviel Sandkörnchen in der Lebensuhr für mich noch vorgesehen sind, hielt ich innerlich meine Zeit an und besann mich. Würde mich jetzt, noch gesund und energievoll, dieselbe Hospizangestellte fragen „Was bedauern Sie am meisten?", käme sofort „Hätte ich doch den Mut gehabt, um …!"

Ich hatte ihn dann auch. Ich habe mein Arbeitsverhältnis gekündigt. Künftig will ich selber über mein Leben bestimmen. Ich will mehr Kann als Muss, mehr Kür als Pflicht und raus aus dem Funktionsmodus.

2. Ich möchte Suizide verhindern und heilen helfen.

So entstand die Idee im Kopf und im Herzen, unsere Geschichte als mahnendes Beispiel aufzuschreiben. Den schmerzenden Auswirkungen dieser aufgegebenen Leben irgendeinen Sinn, irgendetwas Gutes abgewinnen zu können. Denn wer diesen verzweifelten Schritt gehen möchte, braucht Hilfe. Er/Sie kann nicht alle Optionen für sich oder die Konsequenzen für Hinterbliebene überblicken. „Das habe ich nicht gewollt.", gilt nicht. Wer sich in dieser Art aus dem Leben macht, sündigt nicht nur gegen sich selbst. Er/Sie hinterlässt viel Schock und Schaden bei Unschuldigen.

Wenn dies nur eine Person mit Suizidgedanken liest und sich frühzeitig Hilfe holt.

Wenn nur ein betroffener Angehöriger schneller in sein Leben zurückfindet.

Wenn nur eine verletzte (Kinder)seele Wege zur Heilung erkennt.

Es gibt ein Leben DANACH! Auch ein gutes, erfülltes Leben mit Glücksempfinden und Gelassenheit. Und je eher eine verletzte Seele therapiert wird, je eher kann dieses neue Leben beginnen.

Wirtschaftsmodell Bauernhof

Meine Eltern stammten beide aus einer langen Ah-
nenreihe von Landwirten – Bauern also. Traditionell
bleiben die Großeltern bis zu ihrem Tode auf dem
Familienhof, der stets an den ältesten Sohn übergeben wird. Dieser wächst schon sehr früh und für alle
erkennbar in seine angedachte Rolle hinein. Und sehr
früh schon erkennt er seine Chancen: `ich muss nicht
weggehen, ich darf als Einziger zu Hause bleiben, vor
allem werde ich mein eigener Herr sein`. Ein ehren-
voller Beruf mit Entwicklungspotenzial, Selbstbestimmung, Arbeiten an der frischen Luft und im Ein-
klang mit den jahreszeitlichen Erfordernissen in der
Natur. Vorsitzender der Familienangehörigen, Herr
über die Dienerschaft, Meister über eine unterschiedliche Artenvielzahl an Hoftieren plus Eigentümer von
Grund, Haus, Gehöfte, Feld, Wald sowie aller techni-
schen Investitionen.

Learning bei doing von Kindesbeinen an. Wissen
der Eltern wird an den Jungen übergeben. Natürlich
macht dieser später eine landwirtschaftliche Ausbildung, sammelt Erfahrungen in einem anderen Betrieb
und kehrt als potenzieller Hoferbe zurück.

Irgendwann übergibt dann der Altbauer an den
Jungbauern den Hof samt Verantwortung, Hand-
lungsbefugnis und „Sagen-Haben". Meistens bei dessen Hochzeit oder bei seiner eigenen Familiengrün-
dung. Dann zieht sich der Alte aus dem Management
zurück, steht aber weiterhin beratend und betreuend
zur Verfügung. Seine Gattin, also die Oma der kommenden Generation, wird dann Helferin statt Herrin

des Haushaltes, berät und unterstützt die zugezogene Schwiegertochter nach besten Kräften, kocht weiterhin ein, kümmert sich um den Garten und hütet die Enkel. Kurz, sie macht sich in jeder noch möglichen Weise nützlich, sie wird noch gebraucht.

Kommt diese Schwiegertochter aus einem anderen Ort, wird sie in manchen Regionen eine „Reingeschmeckte" genannt. Ihr Leben lang. Und ihr Leben lang ehelicht eine eingeheiratete Ehefrau auch die Schwiegereltern. Bald und oft werden die Alten „Großeltern" genannt werden und verbringen ihr Altenteil in der Familie des Sohnes auf dem Hof, auch wenn sie längst schon datterig, dement, pflegebedürftig, grantig oder sonst was sind. Die Schwiegertochter wird sie dann erwartungsgemäß natürlich liebevoll versorgen und pflegen, denn der Familienzusammenhalt geht bis in den Tod.

Der älteste Sohn ist schon immer eine Art Rentenversicherung für die Alten gewesen. Auch viele Kinder zu zeugen, erhöhte die Chancen auf ein gutes Auskommen im Rentenalter.

Dank ihrer gesunden Lebensweise haben Großeltern auf einem Bauernhof aber eine eher überdurchschnittliche Lebenserwartung und bleiben agil.

Auf der Seite der Risikobetrachtung des Hoferben finden sich die natürlichen Unwägbarkeiten einer launenhaften, sich ändernden Natur, der Politik und des Marktes: Dürren oder Dauerregen, Borkenkäfer und Pilzbefall, die Tiere könnten von Seuchen befallen werden, administrative Hürden oder Auflagen, Rechtsänderungen und einen Markt, der weitgehend die Preise vorgibt.

SWOT-Analyse nennen es Firmen, die für eine neue Strategie oder ein neues Produkt die Chancen (opportunities) gegen die einschätzbaren Risiken (threads) abwägen.

Solche Prozesse laufen bei Bauern seit Generationen überwiegend im Autopiloten, denn sie kennen ihr Geschäft gut. Sie kennen ihr Stück Land und Wald, die jeweilige Bodenqualität ihrer Anbauflächen, nennen ihr Vieh oftmals beim Namen, wissen, was wann wie gesät, geerntet und versorgt werden muss.

Um ein weiteres Mal in die Begriffswelt der Industrie zu wechseln: ein win-win-deal für alle Beteiligten – du gibst etwas – du bekommst etwas zurück. Oder, wer es lieber aus der Ideologie der eleganten Musketiere sehen möchte: „einer für alle, alle für einen."

Diese Philosophie wird quasi schon mit der Muttermilch eingesogen.

So läuft generationsübergreifend zumindest in der Theorie das Modell: alle sind sich wohlgesonnen, kennen und akzeptieren ihre Rollen, arbeiten gemeinsam an den Zielen, sich selbst versorgen zu können und den Bauernhof in seiner Wirtschaftssubstanz für die Folgegeneration mindestens zu erhalten.

Nachhaltigkeit wird hier also seit Anbeginn praktiziert, auch wenn es noch niemand so nannte.

Hineingeboren und verloren?

Neulich, in einem Theater, ließ sich der Darsteller auf der Bühne über sein Schicksal als Lehrerkind aus. Vater Lehrer, Mutter Lehrerin, Opa, Onkel – überall Lehrer um ihn herum. Er habe arg darunter gelitten und sich deshalb für einen ganz anderen, eigenen Beruf entschieden.

Auf einem Bauernhof stehen alle Kinder bis auf den ältesten Sohn vor einer derartigen Entscheidung: was soll ich bloß einmal werden, was macht mir Spaß, was kann ich gut, womit will ich für die nächsten 45 Jahre mein Geld verdienen und möglicherweise eine Familie ernähren?

Dummerweise wollte ausgerechnet mein Opa gerne Lehrer werden. Durfte er aber nicht, denn er musste den elterlichen Hof übernehmen. Und er hat sich – mit welchen inneren Kämpfen und Gefühlen auch immer - in diese Rollenerwartung gefügt. Ideale Startbedingungen? Lehrer sein zu wollen, bringt bereits eine völlig andere Grundmentalität mit sich. Ein Landwirt fühlt, denkt und agiert völlig anders.

Lehrer sind zum Beispiel eher vergeistigt, lesen viel, dozieren gerne, haben stets saubere Fingernägel und ansprechend gepflegte Kleidung. Lehrer kommen in den Genuss geregelter Arbeitszeiten, langer und häufiger Ferien, beziehen ein festes Gehalt und nach dem Berufsleben eine Pension. Sie arbeiten in angenehm temperierten Räumen mit regelmäßigen Pausenzeiten. Die Anzahl der Herausforderungen ist überschaubar – ihr Unterrichtsthema steht, das Material wird gestellt und die Kinder ihrer Klassen bleiben für einige Jahre planbare Größen. Wenn ein Lehrer nach Hause kommt, ist Feierabend. Zeit für Familie, Hobbies, Sport, Ausruhen, Lesen.

Wie anders sich sein Leben als Bauer gestalten würde, war meinem Opa mit Sicherheit allzu bewusst, denn das Landleben kannte er ja von früh auf aus seinem Elternhaus. Dennoch hatte er sich den Erwartungen der Familie gebeugt, dem höheren gemeinsamen Ziel folgend. Er hatte seinen persönlichen Wunsch zurückgestellt und verdrängt, vielleicht sogar eines Tages vergessen? Mein Opa erfüllte also seine Pflicht. Er brachte das Opfer, das von ihm erwartet wurde, widerwillig, einsichtig, kampflos, feige, mutlos? Egal, er tat es. Gefühle spielten nach außen hin zur damaligen Zeit bestimmt noch keine so große Rolle. Und doch waren sie da, wollten gehört und verstanden werden.

Entsprechend gut gestimmt hat dieser Mann seinen unerwünschten Weg eingeschlagen, der kein Zurück kennen würde.

Und wie überraschend, dass er die Opfer, die er selber leisten musste, nun auch völlig selbstverständlich und empathielos von anderen erwartete.

Suchte ich ein Beispiel für die Volksweisheit „Frustration erzeugt Aggression", fiele mir sogleich mein Opa ein.

Er wurde zunehmend launischer, er war egoistisch und herrisch, wollte dominieren, das „Sagen" haben, dozieren und kontrollieren. Charakter, Umfeld und dieser geforderte Verzicht auf seine Selbstverwirklichung haben ihn geformt und seinen privaten Rucksack gefüllt.

Den Einfluss der Kriegshandlungen zu seiner Zeit lasse ich außen vor. Da ist mein Opa noch relativ glimpflich davongekommen, denn er durfte auf dem Hof bleiben, um die wichtige Grundversorgung mit Lebensmitteln sicher zu stellen.

Ideale Startbedingungen wiederum für meinen Vater? Seinem einzigen Sohn neben fünf Töchtern. Damit sah das Familiensystem von vornherein für ihn keine Wahlmöglichkeit vor.

Wie der Vater so der Sohn?

Auf Opa's Hof, über dessen Eingangstür groß das Jahr der Errichtung „1850" steht, wurde mein Vater 1928 geboren. Der erste Junge nach drei Mädchen, und damit endlich der ersehnte potenzielle Hoferbe. Seine Position wurde durch die nachfolgenden Geburten von zwei weiteren Schwestern nicht nur gesichert, sie wurde zementiert.

Zum Glück gefielen meinem Vater der vorgesehene Beruf und die Aussichten, im Ort der Großbauer zu werden.

Damit ist er fröhlicher in seinen Lebensentwurf gestartet. Äußerlich wie charakterlich unterschied er sich vom Opa deutlich: er wurde ein hochgewachsener, attraktiver und gutmütiger Mensch. In den Augen des Großvaters war er zu labil.

Mit 28 Jahren holte er sich eine Gattin auf das Gut, unsere Mutter. Seine Familienplanung mit dieser Freundin seiner jüngeren Schwester war schon unschicklich weit fortgeschritten. Doch unsere Mutter war eine fleißige Bauerntochter aus dem Ort und wurde daher gerne aufgenommen.

Ab und an ging Vater nach getaner Arbeit ein Bierchen trinken, manchmal auch mehr, wenn die guten Kumpel aus der Dorfgemeinschaft oder vom Schützenverein ihn nicht gehen lassen wollten.

Das hat unserem strengen Opa nicht gefallen. Daher wollte er seinem Sohn den Hof noch nicht übertragen. Vielleicht war das auch nur ein Vorwand, um die Rechte des Eigentümers und Bestimmers noch länger selber behalten zu können. Derselbe Opa, der den Hof samt Verantwortung zunächst nicht haben wollte, konnte nun nicht loslassen.

Vater war inzwischen 35 Jahre alt, hatte bereits vier Kinder und lebte immer noch im Status eines künftigen Großbauern. Er war gefühlt nur der Erfüllungsgehilfe seines Vaters, er konnte bei Banken nur mit Opas Hilfe oder Vollmacht Darlehen aufnehmen. Und wenn Oma gerne und oft seinen Geschwistern, die allesamt „in der Stadt" lebten, Selbsteingemachtes, Schlachtfleisch, Gemüse oder Kartoffeln vom Hof mitgab, sah niemand seine Arbeit dahinter. Die großzügige Oma bekam den ganzen Dank.

So wurde mein Vater nach und nach unzufriedener und frustrierter. Jahr für Jahr und fast Kind für Kind hatte er vergebens gehofft, Opa trete nun endlich zurück und gebe – nicht nur juristisch, aber doch als wesentliche Grundvoraussetzung - Zepter und Status an ihn weiter.

Fast wie ein Leben in der Warteschleife.

Opa hatte also mit dem Hof ein Druckmittel und damit Vater weitgehend in der Hand.

Auch für die Leute im Dorf war er vermutlich nicht der richtige Bauer. Seine Frustration steigerte zunächst nur seinen Alkoholkonsum. Und das wiederum veranlasste den Großvater, den Hof noch überzeugter selber behalten zu wollen. Ein Teufelskreislauf entstand. Manchmal, meist in der Nacht nach einem Kneipenbesuch, erschallten im Haus nicht mehr ganz so entspannte Diskussionen zwischen den beiden.

Davon berichtete mir zumindest viel später mein Bruder, ich selber habe die Anspannungen und Auseinandersetzungen zwischen Vater und Sohn nicht mitbekommen. Für mich war ´mein Papa´ ein gutmütiger Mensch, meistens irgendwo draußen auf dem Feld, bei allen Mahlzeiten jedoch bei uns, wenn wir ihm nicht etwas zum Essen hinausbrachten. Gerne bin ich bei ihm auf dem Traktor mitgefahren, am liebsten hinaus in die Stadt, um z. B. ein Schwein zum Schlachthof oder Äpfel zur Mosterei zu bringen. Ich kenne ihn nicht schimpfend oder tobend.

Hätte Vater frühzeitig gehen können? Seine Frau und Kinder nehmen und sich woanders Arbeit suchen? Hätte er einfach nur mehr Geduld haben müssen? War ihm der Status und damit die Anerkennung seiner Leistung, die Wertbestätigung zu wichtig?

Aber die dramatische Wende in unserer Familie wurde, zunächst nicht erkennbar, durch den Unfalltod eines Kindes ausgelöst.

Bauernsöhne heiraten Bauerntöchter

Diese Gemeinsamkeit haben Lehrer und Bauern dann doch: sie bleiben gerne unter sich. Lehrer heiraten gerne Lehrerinnen und Bauernsöhne suchen nach einer tüchtigen Bäuerin.

So eine wie meine Mutter, geboren 1931. Ihr Elternhof lag nur etwa drei Kilometer vom Vater entfernt. Natürlich kennt man sich da schon von verschiedenen Begebenheiten wie Sonntagskirche, Schützenfesten, Weihnachtsmärkten, Dorfschule oder lokalen Tanzveranstaltungen.

Und irgendwann wurde es Liebe. Meine Mutter hat meinen Vater angehimmelt, habe ich später erfahren.

„Christa, lass uns heiraten, willst du? Ich möchte nicht länger ohne dich auf dem Hof leben. Ich brauche dich. Komm ganz zu mir."

Uups - meine Mutter war bei ihrer Hochzeit bereits schwanger. Das war zu der Zeit ein echter Skandal. In einer katholischen Familie, auf einem Dorf. Deshalb musste schnell geheiratet werden, bevor es alle sehen konnten. Doch ihre Bestrafung folgte, denn die beiden mussten ohne Mutters Eltern Hochzeit feiern, weil diese nicht kommen wollten. Denn diese Schwangerschaft war eine Sünde. Auf Mutters Elternhof galten sehr strenge Sitten und Regeln, nicht nur religiöse.

Regeln und Erwartungen geben den Weg vor

Unsere Mutter wusste ebenfalls bereits von ihrer Mutter und Großmutter, was von ihr erwartet wurde. Bauerntöchter heiraten weg. Oder enden als Magd auf dem Hof ihres ältesten Bruders, dem vorbestimmten Erben. Sie hatte vorbereitend auf ihren Beruf und Lebensinhalt zunächst eine hauswirtschaftliche Ausbildung absolviert. Das eben, was eine Frau im späteren Leben gebrauchen wird.

In einen Bauernhof einzuheiraten bedeutete außerdem: viele Kinder, viel Arbeit an sieben Tagen in der Woche, leben mit den Schwiegereltern, keine Urlaubsreisen, keine Boutique-Kleidung. Sie nahm das alles gerne auf sich.

Denn ein Leben auf einem Bauernhof hat auch viele Vorzüge. Die Familie einschließlich Ehemann wäre in der Nähe, damit geht auch Entlastung bei der Kinderbetreuung einher, Betreuungspersonal steht ja zur Verfügung, Öffnungszeiten der heimischen KiTa nach eigenem Bedarf, null Wegezeiten, keine Parkprobleme, nie Gebührenerhöhung, nie Schließung wegen Urlaub oder Krankheit. Ein Haushalt mit viel Platz und immer genug zu Essen in Haus oder Garten, keine Stechuhr, der Boss ist der Mann an deiner Seite.

Mit viel Idealismus hatte Mutter das Haushaltsbudget gestreckt und vieles für uns Kinder selber gemacht.

Es zeigte sich schnell, dass sie sehr geschickt und kreativ bei der Handarbeit war. Sogar unsere Puppen bekamen das gleiche niedliche Trachtenkleidchen wie meine kleine Schwester und ich. Erst als Erwachsene sehe ich das Besondere dahinter. Kam jemals ein Dank für all das, was sie für die Familie geschafft hat? Alle Kinder wurden mit originellen Karnevalskostümen ausgestattet. Auch hier war das Meiste selbst gemacht. Mein roter Funkenmariechen-Rock aus Krepp, der Prinzenumhang vom großen Bruder aus einem Frotteehandtuch gezaubert, der Kleine mit einer Kordel-Perücke zum Piraten erklärt. So sind wir dann in unserer Straße losgezogen, um uns Süßes zu erobern.

Ab und an kam Mutter abends, mein älterer Bruder und ich teilten uns ein Zimmer und lagen schon im Bett, mit selbstgemachtem Eis zu uns hoch. Dann durften wir noch heimlich naschen. „Sagt das ja nicht dem Opa". Denn unser Opa war vom alten Schlag. Kinder werden nicht verhätschelt, die brauchen ab und an eine Tracht Prügel, helfen daheim mit und sitzen still bei Tisch. Er führte auch ein konsequentes Regiment auf dem Hof, auf dem sich alles nach seinen Wünschen und seiner Gemütsverfassung richtete. Letztere war meistens sehr streng und konsequent. Manchmal auch lautstark. Dann haben wir alle, Omas Vorbild folgend, das Donnerwetter stumm über uns ergehen lassen. Oma hatte im Laufe der vielen Ehejahre gelernt, ihn zu nehmen, wie er ist.

Und Mutter war verschwiegen, sie fraß jeglichen Kummer in sich hinein.

Kinder fühlen sich auf einem Bauernhof wohl

Wie liebevoll haben unsere Eltern das Weihnachtsfest arrangiert. Jahrzehnte noch habe ich mich danach gesehnt. Jahrzehntelang war dieser Tag für mich gleichbedeutend mit Zuhause. Ein besonderes Highlight mit der ganzen Familie. Bereits Wochen vorher roch unser Haus nach Weihnachtsplätzchen, die die Oma zusammen mit unserer Mutter gebacken hatte. Ganze Milchkannen voll an leckerem Gebäck sammelten sich nach und nach an. Urgemütlich warm und voller verlockender Düfte war dann unsere Küche. Es roch nach Zimt, Anis, Lebkuchen, Vanille und nach ganz viel Vorfreude und Frieden. Manchmal durften wir mithelfen, unsere eigenen Kekse ausstechen, selbst wenn das deutlich länger gebraucht hat als ohne uns.

Wir hatte stets eine echte Tanne mit natürlich echten Wachskerzen. Der Baum wurde mit Silberkugeln, Lametta und unseren selbst gebastelten Strohsternen geschmückt. Die haben wir mit Mutter zusammen und filigranem Geschick und Eifer den Eisblumen am Fenster gleich angefertigt. Der Halm wurde dafür mit einem Messerchen sorgsam der Länge nach aufgeschlitzt, mit der heißen Spitze des Bügeleisens geglättet, anschließend in unterschiedlich lange und breite Streifen geschnitten. Manche bekamen Einkerbungen an den Enden. Diese feinen Streifen haben wir voller emsiger Konzentration mit einem dünnen Faden zu Kristallgebilden geformt und vorsichtig zur Befestigung umwickelt. Und stolz war ich, wenn mein Stern eine besonders gute Stelle am Weihnachtsbaum bekam.

Immer das gleiche, liebevoll-spannende Ritual. Die Wohnstube war den ganzen Tag für uns gesperrt, damit Vater und Mutter ungestört alle Vorbereitungen treffen konnten. Manchmal durften wir zwei größeren Geschwister beim Dekorieren mithelfen. Doch am Abend, wir hockten gespannt alle zusammen in der Essküche nebenan, ging nur Vater in den Raum, um das Fenster für das Christkindchen zu öffnen. Ab und zu, wenn wir uns unbeobachtet fühlten, hielten wir ein Auge an das Schlüsselloch, um einen Blick auf das Verbotene zu erhaschen. Leichtes Rascheln von innen, etwas Glitzern durch das winzige Guckloch, war da eine Stimme? Und endlich der Ruf des Glöckchens, Christkind war da, hatte uns allen Geschenke mitgebracht und leckere Süßigkeiten. Unsere Wangen fieberten vor Aufregung und von der Wärme in der Küche. Ganz feierlich ist dann Mutter mit uns in das angrenzende Zimmer gegangen.

„Oh Kinder, habt ihr das gehört. Das Christkindchen war da. Kommt, lasst uns mal schauen, was es euch Schönes mitgebracht hat." Sie war eine richtig gute Zeremonienmeisterin.

Der Weihnachtsbaum erhellte das abgedunkelte Zimmer mit heimeliger Wärme. Das Silberlametta und die Kugeln reflektierten geheimnisvoll das Kerzenlicht. Unter dem harzig duftendem Baum lagen viele bunte Würfel und Päckchen, alle unterschiedlich mit Papier und Schleifen eingepackt. Herzöffner, eins wie das andere.

Wir haben stets erst zusammen ganz andächtig vor der großen Tanne Weihnachtslieder gesungen. „Sti-hille Nacht, heilige Nacht…, Ihr Kinderlein, kommet…" Mutter strahlte, wirkte dabei so zufrieden. Auch Vater stand lächelnd am Fenster, das er rechtzeitig vor unseren Blicken wieder geschlossen hatte. Wir durften ja nicht sehen, wie das Christkind durch die Lüfte weiter flog. Und die, die das Geheimnis durchschauten, machten weiterhin für die Kleinen mit.

Irgendwann hatten wir keine Lust mehr zu singen. Zu sehr lockten die Geschenke. Doch wie ein Hund auf das Zeichen seines Herren wartet, bevor er fressen darf, warteten wir auf Mutters Zeichen. Auf einen erlösenden Satz: *„So Kinder, jetzt haben wir genug gesungen und dem Christkind damit gedankt. Jetzt dürft ihr auspacken."*

Währenddessen standen unsere Eltern Arm im Arm neben dem Baum und schauten uns zu. Ihre Augen glänzten mit unseren um die Wette. Oma und Opa saßen entspannt in den großen Ohrensesseln. Dadurch steht Weihnachten für mich für Zuhause wie Feuerwerk für Sylvester steht.

Auch die Vorbereitungen auf das Osterfest wurden zu einem liebevollen Ritual. Unmengen an Eiern haben wir zusammen mit Mutter in der Küche eingefärbt und gestaltet. Es entstand oft ein spannender Wettbewerb. Wer hat das schönste Ei geschaffen? Das war das Ei, das am wenigsten gerne zum Verzehr hergegeben wurde. Bei den ausgeblasenen Eiern mussten wir besonders vorsichtig arbeiten, damit die Schale nicht unterdessen platzte. Diese Kunstwerke wurden später an die Zweige vom Obstbaum oder von einer Weide in der großen Vase im Hausflur aufgehängt.

Einmal, nach vielem Betteln, durfte ich meiner Mutter beim Melken der Kühe helfen. Ich bekam einen eigenen Eimer, den Milchschemel um die Hüfte geschnallt und habe mich eifrig ans Werk gemacht. Schließlich hatte ich oft genug gesehen, wie das geht. Den letzten Kniff hatte sie mir noch verraten, mich eine Weile dabei beobachtet und dann durfte ich alleine weitermachen. Der Kuh war es egal, ganz ruhig stand sie im Stall und hat ihr Stroh gefressen. Mich hatte der Ehrgeiz gepackt. Das Euter war so prall, der Eimer noch so leer. Ich wollte ihr einen randvollen Eimer mit frischer Kuhmilch übergeben. Zeigen, dass ich das auch schon kann. Dummerweise hatte ich kein Gefühl für Zeit und korrelierend dazu mit der Geduld einer Kuh.

Als ich weiterhin noch das letzte Tröpfchen aus meiner Kuh herausholen wollte, kam von ihr ein Tritt gegen den Eimer und die kostbare Milch floss zu Boden in das Stroh. Erschrocken bin ich hochgesprungen, hab mir schnell den Eimer geschnappt, um zu retten, was ich mühsam seit geraumer Zeit abgemolken hatte. Oh weh, der Rest erschien mir für diese lange Mühsal kümmerlich und schlagartig schlug mein Eifer um in Traurigkeit. Meine Mutter bemerkte natürlich das Malheur und kam zu mir. *„Komm lass es gut sein, ich mach jetzt weiter. Das sagen wir beide nicht dem Opa, der würde mit uns schimpfen."* Sie hatte nicht geschimpft, sie sah meine Traurigkeit und nahm mich kurz in den Arm.

Schöne Erinnerungen habe ich an gemütliche Lese-stunden in der mollig warmen Essküche. Nebenan saßen die Großeltern in der Stube vor dem Radio mit dem Holzgehäuse. Fernseher? Fehlanzeige, gab es ja noch nicht, jedenfalls nicht bei uns daheim. Haben wir aber nicht vermisst. Ich saß auf Mutters Schoß, mein älterer Bruder daneben, vor uns auf dem Tisch lag das große Märchenbuch. Die Kinderbibel mit den vielen schönen, bunten Bildern, und sie las uns dar-aus vor dem Zubettgehen eine Geschichte vor. Ich fühlte mich so geborgen, hatte ihre Wärme gespürt und den Duft ihrer Haare in der Nase. Kamille, manchmal auch Heu.

Ihre Hände waren rau und schwielig. Wen störte das? Dabei war sie gerade etwas über dreißig Jahre alt.

Eine glückliche, behütete Kindheit habe ich in Er-innerung. Eine heile Welt aus Kinderaugen betrach-tet. Wir hatten viele Freiheiten, konnten prima drin-nen wie draußen, meistens draußen, spielen, rennen und verstecken spielen. Oder mit den Hunden Scha-bernack treiben. Hatte sich jemand von uns Kindern verletzt, war das nicht tragisch, denn Mutter war ja da, um zu trösten und zu heilen. Wir durften uns schmutzig machen und mit den Stiefeln rein- und rausflitzen.

In den Ferien waren oft Stadtkinder bei uns. Fe-rien auf dem Bauernhof nannte man das noch nicht. Es waren Kinder der Geschwister unserer Eltern, die nur in einer kleinen Stadtwohnung lebten. Die Ar-men. Sie kamen gerne zu uns und wurden gerne auf-genommen. Mutter hat nie eine Gegenleistung für ihre Mehrarbeit erwartet. Blass kamen die Verwandten an und gebräunt gaben wir sie zurück. Ein selbstverständliches und einseitiges Arrangement wurde das. Uns Kindern war es recht, denn wir hatten mehr Gesellschaft zum Spielen.

Urlaub? Das kannten wir alle ebenfalls nicht. Ich habe es nicht vermisst, und meine Eltern? Sie waren alleine schon durch die Tiere sieben Tage die Woche ans Haus gebunden. Zu festen Zeiten wurde zweimal täglich gefüttert und gemolken. Wollte Mutter mal heraus und konnte nicht?

Ab und zu mussten wir Kinder natürlich auch mithelfen. Beim Ernten der Kartoffeln auf dem Feld, beim Döppen der Erbsen oder Bohnen, beim Einkochen oder Saftmachen. Dabei haben wir uns Geschichten erzählt. Und hinterher gab es für uns wie für die Großen Kaffee und selbstgebackenes Hefebrot. Kinderkaffee wurde es genannt, Caro Kaffee mit dem Gefühl, schon etwas erwachsener zu sein und dazu zu gehören.

Auch das war Zuhause: dazugehören, sich gegenseitig helfen, nicht alleine sein und immer leckeres, selbst gekochtes Essen mit eigenerzeugten Zutaten. Als Kind nahm ich das alles für selbstverständlich. Die viele Arbeit dahinter registrierte ich kaum. Erst als ich später selber kochen musste, bemerkte ich den Zeitaufwand und die Qualitätsabweichungen.

Schuld tragen und verzeihen lernen

Der Tag, der alles veränderte, kam so unschuldig. Der Vierjährige war zum Vater auf den Traktor aufgestiegen. Wie soft oft, wie wir es alle gerne machten. Er wollte hinten auf der Ackerschiene mitgenommen werden, auf dem Weg an der Haustür vorbei bis zum Gattertor. Das haben die Kinder auf anderen Höfen ebenfalls gerne gemacht, auch wenn es verboten war. Es ist ja nie etwas passiert. Es war ja stets gutgegangen.

Dieses eine Mal jedoch nicht. Das Kind wurde vom Reifenprofil mit der Kleidung unter den Kotflügel gezogen. Es ging alles so schnell. Zu schnell für Vater, noch irgendwie reagieren zu können, außer zu bremsen.

Panisches Hämmern an der Haustür: *„Christa, Christa, du musst kommen, schnell, Hilfe!"* Ein fassungsloser Vater rief nach der Kindesmutter, der Traktor mit dem eingeklemmten Kind stand direkt hinter ihm auf dem Weg. Der größere Bruder und ein Cousin bleich und stumm etwas abseits. Auch sie konnten weder verhindern noch helfen.

In meiner Erinnerung gibt es Bildsegmente, wie ich hinter Mutter herlaufe, einer Blutspur ins Haus folgend. Sie trug den kleinen Bruder auf den Armen, an der Oma vorbei, die weinend in der weit geöffneten Tür stand. Da wusste ich, es ist etwas Schlimmes passiert, weil die Oma sonst nie weinte.

Erst sehr viel später habe ich begriffen, dass hier der Anfang vom Ende lag. Hier schon schlug im Nachhinein betrachtet die Schicksalskeule gnadenlos zu und Gewesenes entzwei.

Dieser Schmerz über den Verlust des Kindes, über den leichtsinnigen Unfall war nicht zu verkraften. Dazu kamen Schuldgefühle beim Vater und bei der Mutter. *„Ich hätte besser aufpassen müssen. Ich habe mein Kind nicht genug beschützt. Ich hätte das nicht zulassen dürfen."*

Der Hof, die Feldarbeiten, die Kühe, Schweine, Hühner, Hunde und ein Pferd, die übrigen Kinder, die noch nicht verstanden, ließen jedoch keinen Raum für ihre Trauer. Beide mussten weiter funktionieren und ihre Pflichten erfüllen. Verdrängung war Rettung und Damoklesschwert in einem.

Lässt sich das verzeihen, fragte ich mich etliche Jahre später – ihm und sich selbst? Kann man diesen Mann noch anhimmeln? Ihn weiterhin lieben? Unvorstellbar, wie es zwischen den Eltern als Eheleute wieder werden sollte wie vorher. So ganz ohne Hilfe, auf sich allein gestellt.

Konnten sich meine Eltern gegenseitig trösten? Konnte Mutter sich vom Vater in den Arm nehmen lassen, an seiner Schulter die Qual ausweinen? Und er, wie fand er Trost? Für sich und die anderen war er doch schuld. Auch er hatte ein Kind, seinen jüngsten Sohn, verloren. *„Nein Werner, lass mich. Ich kann jetzt nicht."* Viele gemeinsame einsame Nächte im Ehebett mögen ihnen das Leben zusätzlich erschwert haben.

Verzweiflung, die tagsüber kaschiert werden musste. Für uns Kinder war Mutter weiterhin liebevoll, fürsorglich und fröhlich. Und Vater ging der gewohnten Arbeit nach. Doch zunächst war er nach diesem Unfall für einige Wochen im Urlaub, wurde uns zumindest erzählt. Jahre später erst erfuhr ich die Wahrheit dahinter, er wurde zunächst in Untersuchungshaft genommen. Wie doppelt tragisch muss das gewesen sein?

In seiner Not wandte sich unser Vater stärker dem Alkohol zu. Für ein paar Stunden ließ er ihn vergessen. Ein falscher Freund war das, denn er hat ihn verändert, hat den Schaden noch vergrößert. Das erkannte Vater zu spät.

Verdrängung ist keine dauerhafte Rettung

Unsere Mutter wollte unbedingt den verlorenen Sohn zurück. Ihr Wunsch wurde sogar erhört. Ein Jahr nach dem Unfall bekam sie einen weiteren Jungen. Das gleiche blonde Lockenhaar, die gleichen strahlend-blauen Augen, derselbe Name. Er war wieder da. Konnte das die Heilung werden? Ein Deal mit Gott? *„Bitte, gib mir mein Kind zurück, dann …"*

Sollte Vaters Schuld an dem Unfall damit gelindert werden? Hat sie diesen Sohn für ihn oder für sich haben wollen? *„Hier Werner, hier hast du deinen Sohn wieder. Jetzt vergiss, verzeihe dir und komm wieder zu uns, werd' wieder der Alte."*

Nur, der Kleine, der gestorben war, blieb so alleine und schutzlos zurück. Oft musste Mutter heimlich nachts zum Friedhof rausfahren, um bei ihm zu sein, sich auszuweinen, um Verzeihung zu bitten, sich anzuklagen?

´Es tut mir so leid. Ich hätte besser auf dich aufpassen müssen. Du hast gar nicht verstehen können, was mit dir passiert ist.´

Nach außen hin war die Familie wieder intakt und hatte den schlimmen Kindestod beim Unfall verkraftet. Selbst nach innen sah für mich mit ihnen zusammen die Welt wieder heil aus.

Die Seelenpein, die sah man nicht. Die durfte auch nicht gezeigt werden. Unsere Familien kannten Arbeit, Sorgen, Härte, Verluste und Entbehrungen seit Generationen. Das hat sie stark gemacht und durchhalten lassen. Die Mütter konnten mit anpacken, den Großhaushalt meistern, Kinder bekommen und Kinder verlieren, ohne zusammen zu brechen.

„Christa, jetzt lass gut sein. Wir haben alle schon Kinder verloren. Sei Gott dankbar, dass die anderen gesund sind." Beide Mütter und Großmütter hatten ebenfalls verstorbene Kinder zu beklagen, eins oder zwei von den sechs bis acht Kindern auf ihrem eigenen Hof.

Nur meiner Mutter muss es das Herz zerrissen haben, die Wunde wollte nicht verheilen. Die Lücke blieb leer und schwarz. Es konnte keinen Ersatz für das verstorbene Brüderchen geben. Hatte er nach ihr gerufen?

Wieder hat sie nächtelang für uns genäht oder gestrickt. Damit war sie abgelenkt, denn der Schlaf wollte nicht kommen. Und der traurige Ehemann, selbst noch mit unverarbeitetem Schock, öfter nun mit einer Alkoholfahne, musste sich alleine schlafen legen. Wenn er denn schon zu Hause war.

Ihr Unglück habe ich nicht erkennen können. Ihren zunehmenden Kummer hat sie gut abgeschirmt und mit sich selber tief drinnen ausgemacht. Versteckt, verdrängt, um funktionieren zu können. Sie musste weiterhin ihre Rollen erfüllen, als Mutter, Bäuerin, Schwiegertochter und Ehefrau, so gut es ging.

Der Boden unter ihren Füßen schmolz jedoch, er verlor an Stärke und Tragkraft.

Auf Dauer kann Verdrängung nicht funktionieren. Das Thema kommt irgendwann wieder hoch, vielleicht an völlig unerwarteter Stelle. Vielleicht trifft dich eine körperliche Störung, die für einen Laien noch in keiner Weise auf etwas Verdrängtes hinweist.

Es kann Jahrzehnte dauern, dich innerlich zernagen, dein Herz abhärten, Krankheiten oder soziale Störungen bringen. Verdrängung ist wie ein leise eiterndes Geschwür, das mit Salben, Verband oder Ablenkung klein gehalten und aus der bewussten Ebene versteckt gehalten wird. Doch der Eiter will raus!

Die Eisdecke trägt nicht mehr

Ich habe nicht mitbekommen, ob Demütigungen und Verletzungen die Ehe meiner Eltern zermürbt haben. Die mögliche Kluft zwischen ihnen blieb, wo sie hingehörte, verborgen vor den Kindern. Auch die Auseinandersetzungen zwischen den Großeltern und unserem Vater blieben von mir unbemerkt. Erst viele Jahre später, als ich hartnäckiger nachfragte, kamen Bröckchen einer anderen Wahrheit ans Licht. Mutter wollte gehen, hörte ich da. Doch vorerst, über Jahrzehnte, lagen der Hof wie die Menschen, die dort einmal lebten, hinter einer undurchdringlichen Mauer des Schweigens.

Meine Großmutter, die Mutter meiner Mutter, hatte sie zurückgeschickt, als sie sich einmal mit ihren Sorgen an sie wandte. *„Geh zurück, Christa, du hast ihn dir ausgesucht. Bei uns kannst du nicht bleiben. Was sollen denn die Leute sagen?"* Die eigene, leibliche Mutter, die selber ein hartes Leben führen musste. Die ebenfalls nicht zurückkonnte, als sie merkte, wie es beim Gatten lief, was von ihr erwartet wurde und die aushalten gelernt hatte. Ihre Pflichten erfüllen, dem Manne dienen. Die ihre Empathie verloren hatte.

Mit fünfunddreißig Jahren waren Mutters Reserven restlos verbraucht, war all ihr Lebensmut erloschen, ihre Zukunftsvorstellungen düster und inakzeptabel. Es schien für sie keinen Ausweg zu geben. So weitermachen wie bisher ging nicht. Ohne Kinder zu gehen? Dann wäre sie als Rabenmutter abgestempelt und in beiden Familien unten durch gewesen. Gehen und die Kinder mitnehmen? Das hätte die Familie vom Vater nie erlaubt. Und selbst wenn es möglich gewesen wäre, wer nähme eine Frau mit vier Kindern im Gepäck? Und wovon leben? Keine helfenden, aufbauenden, tröstenden Worte und Hände. Also bleiben, sich arrangieren und fügen. Eigene Wünsche und Erwartungen herunterfahren, fremde klaglos bedienen.

Wie lange trägt sich ein Mensch mit so schweren Gedanken durchs Leben? Wie lange lässt sich ausharren, wo man längst nicht mehr sein will? Wie lange die Fassade für die Familie, für die Nachbarn aufrecht erhalten? Den Kindern zuliebe bleiben und wegstecken, Ärger und Frust runterschlucken, auf Funktionsmodus umschalten.

Gab es einen besonderen Auslöser am Tag ihrer Entscheidung? Einen letzten schweren Stein in Mutters längst übervollem Rucksack? Hatte es zuvor eine Aussprache gegeben? Bei der sie erkennen musste, ihre Abhängigkeit war vollkommen, war ihre Falle? *„Werner, ich halte das nicht länger aus."* Die mögliche Antwort vom Vater, weil er so sicher war, dass es nicht passieren würde? *„Dann geh doch, Christa. Aber die Kinder bleiben hier."*

Das Eis trug nicht länger.

Suizid als Rückkehr zum Frieden?

Mutters letzte Gedanken werde ich nie erfahren. Sie ist stumm gegangen. E605 war ihr Begleiter in den Frieden. An einem Adventssonntag vor über fünfzig Jahren, da war ich acht. Zu jung, um Erklärungen zu bekommen und zu jung, die Konsequenzen zu erkennen.

Die Oma hatte mich zu ihr ins Totenzimmer geschickt: *„Geh – und verabschiede dich von deiner Mutter!"*

Ich bin dann auch folgsam alleine in das Zimmer neben der Haustür am Ende der Diele gegangen. Es war kalt in dem Raum und meine Mutter lag ganz blass in einem weißen, wolkigen Daunenbett unter dem Fenster, mit gefalteten Händen. Von draußen hat der Schnee etwas das weiß gestrichene Zimmer erhellt. Bis in die Mitte des Zimmers bin ich gekommen. Ab da – Blackout.

Sicherlich wurde in unserer Familie, der Nachbarschaft und im Ort viel über die Ursachen dieses Dramas spekuliert. Doch nicht vor uns Kindern, wir blieben im Dunkeln.

Meine Familie war erneut in Schockstarre, schlimmer noch als drei Jahre zuvor beim Unfalltod des Vierjährigen.

Hatte meine Mutter ein Versprechen am Grab meines verstorbenen Bruders abgegeben? *„Ich komme bald zu dir. Dann beschütz ich dich besser. Du bist ganz alleine und brauchst mich mehr als die anderen."* Um ihre Seele zu heilen und endlich Frieden zu finden. Wurde ihr zu viel aufgeladen? War ihre Entscheidung ein Resultat kraftloser Resignation? Vier Kinder, die sie nicht halten konnten. Ich stelle mir uns vier am Ende eines Seiles vor, wir ziehen und halten, doch auf der Gegenseite ist etwas stärker, schwerer. Was?

Kann jemand in so einer Situation richtig denken? Oder wird man von depressiven Gefühlen und Gedanken nur weggeschwemmt? Lieber tot als so zu leben, tot als Erlösung vom zu Schweren.

Sollte ihr Tod der heilsame Schock für Vater werden? Dass er eine Bestrafung darin erkennt, die ihn läutern sollte oder eine empfundene Schuld tilgt? Er dadurch den Absprung vom Alkohol schaffte und sich wieder stärker um die Arbeiten auf dem Hof und das Wohl der verbliebenen Kinder kümmerte?

Dass je wieder Frieden einkehren könnte, der Vater mit den Kindern neues Glück fände? Ohne die Mutter nun erreichbar wäre, was ihr nicht mehr zu gelingen schien?

Es hätte so kommen können. Der Schock als Gegenschock. Mit einem geläuterten Vater, der Wiedergutmachung als sein heilendes Ziel erkennt.
Der Hof, die Feldarbeiten, die Kühe, Schweine, Hühner, Hunde und ein Pferd, die Kinder, die noch nicht verstanden, ließen erneut keinen Raum für Trauer. Die Familie musste übergangslos weiter funktionieren und ihre Pflichten erfüllen. Eine weitere Verdrängung wurde der Pfad zum Weiterleben für die Familie.

Es musste ja irgendwie weitergehen. Noch mehr Schuldgefühle beim Vater? Wie stand er jetzt da? Das Kind beim Traktorunfall verloren, die Frau durch Suizid. Der Hof als sein Eigentum in unerreichbarer Ferne. Welche andere Frau könnte unter diesen Umständen je hier einheiraten und neues Glück und Zuversicht bringen oder erleben?

Dass das Thema Suizid immer noch aktuell ist, zeigen amtliche Statistiken. Auch heutzutage noch nehmen sich in Deutschland jährlich mehr als 10.000 Menschen das Leben. Ohne Dunkelziffer, offiziell attestiert. Das sind mehr Tote als durch Verkehrsunfälle, Drogen und HIV zusammen genommen. Die Anzahl der Selbsttötungsversuche liegt geschätzt zehnfach so hoch. Und die grob kalkulierte Zahl betroffener enger Angehörige ist nochmal um den Faktor sechs höher.

Diese Zahlen kann jeder googeln. Die finden sich jedoch nicht in den Nachrichten oder der Tageszeitung. Denn Suizid ist immer noch ein stark tabuisiertes Thema in unserer Gesellschaft. Aus aller Welt dringen Katastrophennachrichten zu uns durch, doch jede Familie ist sorgsam bemüht, so eine Tragödie zu verschweigen. Weil es zu nah ist. Und weil es zu sehr schmerzt.

Angehörige und Freunde sind neben der großen Trauer auch in einer sehr hilflosen Situation, sie fühlen sich überfordert, wissen nicht die richtigen Worte.

Auch tauchen oft eigene Schuldgefühle und Fragen auf: „Warum?" – So beginnen die meisten davon.

„Warum ist er/sie fortgegangen, … haben wir ihn/sie nicht halten können, … hat es niemand kommen sehen, … habe ich nicht mitbekommen, wie schlecht es ihm/ihr geht, … hat er/sie nichts gesagt oder hinterlassen???????"

Dann folgen die gedanklichen oder gesprochenen Sätze, die ein „hätte" enthalten: „Hätte ich doch angerufen, … mich mehr gekümmert, … mehr Anteil an seinem/ihrem Unglück genommen,…"

Betroffene Angehörige und Freunde verspüren den starken Wunsch, das Geschehene rückgängig zu machen: 'Könnte ich doch…'

Diese Endgültigkeit schockt. Die Erkenntnis, jemand, den wir kennen oder glaubten zu kennen oder sogar lieben, dieser jemand wollte nicht mehr leben. Nichts und Niemand erschienen ihm/ihr lebens- und bleibenswert auf dieser Erde.

Das ist so unvorstellbar - hier in meiner Nähe — und doch wird es immer noch brutale Realität.

Als betroffene Angehörige lehne ich den Lösungsweg meiner Eltern unbedingt ab, weil er auch viele Unschuldige trifft und Elend verlagert. So sehr ich auch als Erwachsene versucht habe, die schwierige Situation meiner Eltern nachzuvollziehen, so schwer ist ihr Ausweg für mich akzeptabel. Ihr Leben war immer noch zu kostbar, um es wegzuwerfen. Für uns Kinder auf jeden Fall. Das sind schon vier sehr gute Gründe, andere Optionen zu suchen. Sich helfen zu lassen.

Ich argumentiere nicht ebenso gegen ein selbstbestimmtes Ableben mit ärztlicher Betreuung für unheilbar erkrankte Menschen. Hier kann es Situationen geben, die unter humanen Gesichtspunkten eine Verkürzung der Existenz ermöglichen sollten. Wenn Leben für den Betroffenen nur noch Leid, Schmerz,

Vegetieren oder Siechtum bedeutet. Und auch nur, wenn mit der Familie sorgfältig dieser Abschied vorbereitet werden kann. Diese Einschränkung kann ich machen, seitdem ich das Buch und den Film von Jojo Moyes kenne: *Ein ganzes halbes Jahr*.

Zum Weinen schön und schrecklich zugleich, ohne das erwünschte Happy End für die Protagonisten. Ich fieberte mit den Eltern sowie der Freundin und Betreuerin und hoffte, der schwerst verletzte junge Mann hinge noch genug am Leben, um den bereits gefassten aber aufgeschobenen Beschluss zu ändern. Bleib! Tu´s nicht!

Niemand will der Unglücksbote sein

Nach Mutters Tod wollte uns damals, es konnte uns keiner aus der Familie sagen, was passiert war. Eine unserer Tanten kam mit ihrem weißen VW-Käfer zu uns, mein Bruder und ich sollten mit ihr wegfahren, wir wussten weder warum noch wohin. „Fragt nicht, steigt ein." Wir selbst hatten weder Auto noch Telefon. Der ganze Tag war anders als sonst. Eine andere, düstere Stimmung lag im Haus. Mutter sei zu Besuch weg, Vater irgendwo draußen bei der Arbeit.

Nach ungefähr zwei Kilometern hielten wir vor einem unbekannten Haus. Also das Haus kannten wir schon, denn es lag auf dem Weg zur Sonntagskirche, jedoch kannten wir niemanden, der dort wohnte. Dachte ich zumindest. Wir wurden von der Tante in die Wohnung meiner Religionslehrerin gebracht. Dort sollten mein Bruder und ich auf der Küchenbank Platz nehmen. Die Lehrerin stand vor uns und dozierte etwas über Gott, Himmel, Mutter sei tot. Nur Fragmente blieben bei mir haften.

Mein Bruder musste sogleich weinen. Darum setzte sich die Lehrerin neben ihn und nahm ihn tröstend in den Arm. Ich konnte diese Frau nicht leiden, denn sie hatte mich in der Schule beim Unterricht vor allen Klassenkameraden einmal geohrfeigt, weil ich nicht so aufmerksam war, wie sie es wollte. Das fand ich so falsch. Es war demütigend und verlogen. Wie kann man denn christliche Nächstenliebe predigen und schlagen? Ein Mädchen schlagen? Darum habe ich mir das Weinen verkniffen. Ich wollte nicht, dass sie mich in den Arm nimmt. Auf keinen Fall sollte die mich in den Arm nehmen und trösten. Ich wollte nach Hause.

Für meine Familie war damit die Hiobsbotschaft überbracht. Mehr gab es dazu für ein Kind nicht zu sagen. Ich fragte vorerst auch nicht, sondern habe mich eingeigelt, glaube ich zumindest, denn für eine lange Zeit ging vieles an mir vorbei.

Meine Tränen kamen auch erst später, meistens wenn ich alleine war, aber das über Jahrzehnte. Wenn alle Tränen meines Lebens in einen Eimer passten und ich die ausschütten könnte, die ich um den Selbstmord meiner Mutter geweint habe, wäre der Eimer fast leer.

Vaters Tod verschlimmert die Not

Bald sah auch unser Vater kein Ziel mehr für sich auf Erden. Vier Monate hielt er diesen Zustand aus, dann entschied auch er sich für E605 und folgte meiner Mutter. *„Ich gehe dahin, wo Christa ist."*, sollen seine letzten Worte bei einem Nachbarn gewesen sein. Mehr hat er nicht hinterlassen.

Die ganze Familie wurde erneut hart getroffen und stigmatisiert, denn so ein Abgang ist ein bleibender Schock und Makel.

Plötzlich war nun auch kein erfahrener Hoferbe mehr da. Ich bin sicher, unsere Mutter wollte keine Vollwaisen hinterlassen. Das war außerhalb jeglicher Vorstellung, dass Vater ihr würde folgen wollen. Und doch ist es passiert. Nun waren der Hof und wir vier Kinder dem Geschick und der Gnade der Großeltern und den Geschwistern meiner Eltern überlassen.

Welche Vorstellungen hatte Vater für seine zurückgelassenen Kinder? Er übergab uns mit seiner Entscheidung der vollen Verantwortung und Obhut der Familie.

Dieses Mal erfuhr ich die Hiobsbotschaft in der Küche von meiner Oma: „Dein Vater ist heute Nacht gestorben." Punkt.

„Das stimmt nicht", rief ich sogleich. „Er schuldet mir noch zehn Mark."

Bestürzt verließ meine Oma die Küche, ich blieb alleine zurück. Kurz darauf kehrte sie jedoch wieder und drückte mir mit verbissenen Lippen zehn Mark in die Hand.

Nun erst merkte ich, wie schlimm mein Ausspruch war, wie er gewirkt haben musste. Ich war zutiefst beschämt.

Was wollte ich denn da sagen? „Nein, der geht nicht. Der verdrückt sich nicht. Schulden muss man zurückgeben, wenn man Ehre hat? Und die hat er, mein Papa tut nichts Unehrenhaftes."

Es war zu spät, der Satz war raus. Und ich hatte mich dermaßen geschämt, weil meine Oma nun denken musste, mir seien die zehn Mark so wichtig, dass ich mich nicht mehr traute, irgendetwas zu fragen oder zu sagen.

Ausgesprochene Worte sind wie verschüttetes Wasser – man kann sie nicht zurückholen.

Bei Vaters Beerdigung wurde ich dieses Mal von einer Tante gefragt, ob ich mich am offenen Sarg im Schwesterheim von ihm verabschieden möchte.

Sie hatte nicht gesagt „Ich komme mit" oder „Ich halte deine Hand und helfe dir". Darum dachte ich, ich solle da wieder alleine reingehen und habe entsetzt den Kopf verneinend geschüttelt.

Von beiden Elternteilen verlassen zu werden, aufgegeben wie ihr eigenes Leben, auf das Geschick und die Gnade der Familie angewiesen zu sein, fühlt sich an wie… Es gibt keinen Einzelausdruck dafür, der die Gefühlslage dieses achtjährigen Mädchens widergibt.

Mindestens ein Jahr, in dem zwei Tanten und ein Onkel zu uns auf den Hof kamen, ist nur ansatzweise in meiner Erinnerung vorhanden. Ich habe gegessen, bin zur Schule gegangen, habe mich an- und ausgekleidet, geschlafen. War ich ein Zombie?

Fiel unserem Vater das Gehen leichter oder schwerer als unserer Mutter? Sein innerer Kampf dauerte keine vier Monate, und ihrer?

Seine Todesursache hatte ich erst viel später in der Schule erfahren, ungefähr mit zwölf Jahren. Ich traute mich ja kaum noch, zu fragen. „Kind frag' nicht."

Eine Mitschülerin hatte mich angesprochen: „Stimmt das, dass sich dein Papa vergiftet hat?"

„Nein.", schoss es sogleich aus mir heraus. Doch Tatsache war, ich wusste es nicht. Jetzt musste ich die Antwort aber kennen und fragte daheim. Meine Tante schickte mich mit den Worten „Darüber kann ich nicht reden." zum Onkel. Diesen wollte ich zwar nicht fragen, musste es aber. Weil der lügt, manchmal. Zum ersten und einzigen Mal saß ich aus diesem Anlass auf seinem Schoß, weinend. So erfuhr ich die Todesursache. Dazu noch seine Vermutungen über einen Ehezustand, den ich so nie wahrgenommen hatte. Alles gut kaschiert.

Wollte ich ihm glauben? Sollte ich glauben, dass mein Vater meine Mutter schlecht behandelt hatte?

Dunkles Familienerbe

Zwei am Ende sehr unglückliche und kraftlose Menschen sind in meiner unmittelbaren Familie mit ihrem auferlegten Lebensgepäck durch die dünne Eisschicht gebrochen und qualvoll erfroren. Sie wurden von nichts und niemanden mehr getragen und gehalten. Eine Verzweiflungstat mit vielen inneren Nöten bereits einige Zeit im Voraus.

Niemand sah es so kommen. Alle erwarteten die Pflichterfüllung, mit welchem Einsatz auch immer. Fehlte dem ganzen System Aufmerksamkeit und Einfühlungsvermögen? Mangelte es meiner Familie an Empathie? Die Erwachsenen wussten so genau, wie die Tiere bestmöglich versorgt werden mussten, oder wie und wann die Felder zu bestellen und abzuernten waren. Wurden sie durch ihre Lebensumstände zu hart gegen sich und andere Mitmenschen?

Die Familie hüllte sich erneut in eine Mauer des Schweigens. Wozu auch reden, wem half das noch? Alle mussten irgendwie weiterleben und funktionieren.

Handelte es sich beim Vater auch um eine Verzweiflungstat, oder war es ein Akt der Reue bei ihm? Wie war sein Umfeld nach Mutters Tod mit ihm umgegangen? Vorwurfsvoll? Ausgrenzend? Unterstützend?

Hatte Opa die beiden zu arg getrieben, hatte er durch psychischen Druck diesen Ausgang in Kauf genommen?

Weitere Jahrzehnte später, durch Gespräche mit zwei Cousinen, einer Tante und meinem Patenonkel schimmerten Verdachtsmomente gegen meinen Vater durch, er habe bei Mutters Tod nachgeholfen. Mutters Familie wollte nicht glauben, dass sie aus freien Stücken gegangen war. „Glaub mir, Lara, eure Mutter hätte euch nie verlassen.", sagte eine Tante. „Ja was denn dann?", wollte ich unbedingt erfahren. Vaters Familie schützte natürlich ihn und sein Ansehen im Nachhinein.

Es hätte damals eine polizeiliche Untersuchung gegen ihn gegeben - mit dem offiziellen Ergebnis „Keinerlei Fremdeinwirkung". Wie schrecklich ist so ein Verdacht. Was musste Vater da zusätzlich aushalten? Was machte insbesondere dadurch inoffiziell die Runde?

Erneutes Gefühlschaos bei mir mit vielen Tränen und Entsetzen. Was sollte ich denn nun lieber glauben, was wäre für mich leichter? Eine Mutter gehabt zu haben, die vier Kinder verlässt oder einen Vater, der sie ermordete?

Wie es letztlich zu diesen Tragödien kam, bleibt ein Geheimnis, ein dunkles Familienerbe.

Als Kind fragte ich nicht hartnäckig genug. Später wanden sich einige von mir Befragten um eine Antwort. Das sei damals alles so schlimm gewesen. Man spreche nicht über Dinge, die man nicht wisse. Wozu das alles aufwühlen?

'Weil ich das wissen muss! Weil es einen Riesenunterschied macht.', tobte es in mir. Ich möchte es verstehen können, daraus lernen und damit abschließen.

Schwere Zeiten - schwere Entscheidungen

Wer sollte nach Vaters Tod künftig den Hof bewirtschaften? Opa starb im selben Jahr wie sein Sohn, er bekam einen Herzinfarkt.

Auch er habe meiner Mutter zugesetzt, erfuhr ich viel, viel später. Was auch immer sie gearbeitet und gemacht hatte, es sei ihm nicht recht oder genug gewesen. Nie genug?

Vier Todesfälle in vier Jahren, in der engsten Familiengemeinschaft, im selben Haus. Vielleicht hatte der eine den anderen nach sich gezogen? Ein riesengroßer Scherbenhaufen blieb für die Verwandten übrig. Der Bauernhof musste schnellstmöglich in andere Hände übergehen. Nach der Höfeordnung kommt bei Ausbleiben oder Ausfallen des Jungen als Erben das älteste Kind mit landwirtschaftlicher Ausbildung zum Zuge. Der Hof soll ja in seiner wirtschaftlichen Substanz erhalten bleiben. Doch wohin nur mit den vier unmündigen Kindern?

Schwere Zeiten erforderten schwere Entscheidungen von den Erwachsenen.

Ein Waisenhaus für uns alle gemeinsam ließ sich nicht finden. Das war der Plan A, um uns Geschwister nicht auch noch voneinander zu trennen. Der scheiterte jedoch, weil kein Waisenhaus dazu bereit war. Schließlich wurde in der Familie herumgefragt, zunächst bei den Paten. Denn dafür sind Paten ja schließlich da: einzuspringen, wenn die Eltern nicht mehr da sind und das Kind Hilfe braucht, weil es noch zu klein ist, um alleine durchzukommen. Tja, und wenn der Pate dann so etwas sagt wie "Wir haben doch schon…", „Wir können nicht" – „Was ist denn mit Euch?"

So jedenfalls habe ich mir später den Verlauf vorgestellt. Denn ich wurde nicht einbezogen oder gefragt. Da liefen ganz viele Szenen im Hintergrund.

Wir vier Geschwister kamen letztlich in drei Pflegefamilien, allesamt Schwestern des Vaters.

Die drei aufnehmenden Familien haben sich einer moralischen Verpflichtung unterworfen. Sie haben zugelassen, dass ihr Lebensplan, völlig unverschuldet, nun ebenfalls einen neuen Verlauf nimmt. Sie waren bereit, sich um eins oder zwei der verwaisten Kinder zu kümmern, sie in ihren eigenen, gewohnten Alltag zu integrieren und sie zu versorgen. Mit allen Konsequenzen – im Guten wie im Schlechten.

Wie sah dabei der Kampf in ihrem Inneren aus? Danach wurde nicht gefragt.

Wurden wir ausgesucht oder zugeschoben? Auch darauf kam es nicht an. Eine Lösung musste her.

Auch mir und meinen Geschwistern wurde ein neuer, erweiterter Marschrucksack mitgegeben. Die Veränderungen waren deutlich spürbar. Die Veränderungen waren leider auch unumkehrbar.

Uns alle setzte diese nachhaltige Keule des Schicksals auf ein neues Lebensgleis.

Ab da lag auch der Brocken der Dankbarkeit in meinem Gepäck. Erwartet und aus heutiger Sicht geschuldet – doch gefühlt noch lange nicht. Gefühlt hatte ich alles verloren und nichts davon haben wollen. Ich wollte nur meine Familie zurück. Doch das war nicht mehr zu haben.

Wir alle mussten uns arrangieren und etwas mittragen, was wir uns nicht ausgesucht hatten. Ohne leibliche Eltern, in diesem fremden Haus, war für mich nichts mehr selbstverständlich. Und von nun an war in mir die Gewissheit, alles kann auch wieder genommen werden. Wie Gnadenbrot. Wie bei einem ausgedienten Ackergaul, der noch Hafer und Stall bekommt, obwohl er nicht mehr arbeiten kann. Der Gnade seines Herren ausgeliefert. So ein Gaul wird sich nichts dabei denken und friedlich seinen Hafer fressen wie zuvor. Doch ich war völlig verunsichert. Was noch an Gutem kommen sollte, musste ich mir verdienen. Und lieb sein und pflegeleicht, damit ich bleiben durfte.

So entstehen Glaubenssätze.

Omas Erziehungsmodell: Redewendungen

Meine Oma, Vaters Mutter, kam mit mir zusammen in den Neubau der Pflegefamilie. Ursprünglich sollte mein Kinderzimmer ihre (Witwen)küche werden. Jetzt wohnten Oma und ich in der oberen Etage, die Pflegeeltern im Erdgeschoss. Damit blieb etwas Vertrautes für mich erhalten und diese Oma weiterhin eine wichtige Bezugsperson, auch unter erzieherischen Aspekten.

Sie war eine tüchtige, bauernschlaue, gläubige Frau, korpulent und mit einem silbergrauen, hochgesteckten Dutt aus hauchdünnen Haarsträhnen. So, wie ich mir eine Märchen erzählende Oma vorstelle. Nur an erzählte Märchen auf ihrem Schoß kann ich mich gar nicht erinnern. Dafür aber an viele Bauernregeln, Sprichwörter oder Redewendungen, die sie immer mal wieder eingeworfen hat. Doch diese saßen, denn sie passten zur jeweiligen Situation.

„Wer nicht hören will, muss fühlen."

„Was du nicht willst, dass man dir tu, das füg auch keinem andern zu."

„Jeder ist seines Glückes Schmied."

Interpretation: Du musst selber etwas für dein Glück tun, es fällt dir nicht in den Schoß. Es kommt niemand mit dem Silbertablett auf mich zu und sagt: „Nimm."

„Hochmut kommt vor dem Fall."

„Kräht der Hahn auf dem Mist, ändert sich das Wetter, oder es bleibt, wie es ist."

„Reden ist Silber, Schweigen ist Gold."

Interpretation: Man muss nicht über alles reden (wollen). Meine Familie beherrscht die Schweigekultur. Sie müsste daher einen Goldvorrat wie Dagobert Duck angehäuft haben.

„Mädchen die pfeifen und Hühner die krähen, soll man beizeiten die Hälse umdrehen."

„Es ist nicht alles Gold, was glänzt."

Situation/Interpretation: Die Tochter der Nachbarin hatte immer so schicke, neue Sachen an. Ich war neidisch und wollte ebenfalls hübscher aussehen. Das hat keinen Wert, denn es ist nur die Oberfläche. Das Innere ist wichtiger.

„Wer A sagt, muss auch B sagen."

Situation/Interpretation: Mein Vater bestellte sich sein Abendbrot nach getaner Arbeit: „Schnitte mit Speck und Senf." „Das will ich auch", tönte ich als Kleine, vielleicht fünf? „Bist du sicher", fragte die Mutter, „willst du nicht erst einmal probieren?" „Nein, ich will das, was der Papa hat", bestätigte die Kröte ihr Anliegen und bekam es auch. Strahlend biss ich also in das Brot und war schlagartig ernüchtert. Das schmeckte so ekelig. 'Wie kann der Papa so etwas essen?', ich schielte zu ihm herüber. Dann kamen die Tränen mit dem Schrecken der Erkenntnis, ich müsse das nun auch zu Ende essen, hatte ich ja schließlich so bestellt. Die Redewendung kannte ich bereits, sie konnte nur dies bedeuten. Doch die Eltern hatten Erbarmen und nahmen das Brot wieder von meinem Teller. Große Erleichterung bei mir plus der Lerneffekt, künftig mit meinen Wünschen vorsichtiger zu sein. Es hätte auch anders ausgehen können.

„Was Hänschen nicht lernt, lernt Hans nimmermehr."

„Wat mutt, dat mutt."

Interpretation: Was getan werden muss, muss eben getan werden. Ob du willst, ob du kannst – spielt keine Rolle. Da muss man manchmal die Zähne zusammenbeißen und durch.

„Schuster, bleib bei deinen Leisten."

Interpretation: Rede nicht von Dingen, von denen du nichts verstehst. Kümmer' dich um deinen Kram, nicht um den anderer.

„Was du heute kannst besorgen, das verschiebe nicht auf morgen."

„Wat de Buer nich kennt, dat frett he nich."

Interpretation: Genau das, was der Bauer nicht kennt, isst er nicht.

„Wer einmal lügt, dem glaubt man nicht, und wenn er auch die Wahrheit spricht."

Interpretation: Lüg nicht. Das fällt sowieso auf und dann stehst du dumm da. Dann hast du das Vertrauen versplelt.

Immer, wenn ich glaube, nun habe ich alle Sprüche von Oma zusammen, fallen mir noch weitere ein. Ich habe wohl stets genau hingehört, weil diese Oma ansonsten nicht so viel erzählt hat. Doch sie war die beständigste Bezugsperson für mich, wirkte stets ruhig, schimpfte so gut wie nie, kochte super und nahm alles so gelassen hin. Und sie hatte überlebt: ihren Sohn, dann ihren Gatten. Damit strahlte sie eine gewisse Stärke für mich aus.

„Eine Schwalbe macht noch keinen Sommer."

„Wer den Pfennig nicht ehrt, ist des Talers nicht wert."

„Der Apfel fällt nicht weit vom Stamm."

War sie mit einem gesunden, realistischen Pragmatismus ausgestattet oder nur genügsam und angepasst, weil abhängig?

„Wer fragt, der gibt nicht gern."

Situation/Interpretation: Bekam ich alleine etwas Süßes (seltenst), sollte ich reihum gehen und die übrigen auffordern „Hier, nimm dir auch etwas" und nicht aus der Ecke heraus meine z. B. kostbare Schokolade umklammernd nur fragen „Möchtest du auch ein Stück?" Natürlich möchten meine Brüder, meine Schwester auch etwas davon haben, die Frage wäre scheinheilig. Sie drückt eine verlogene Grundhaltung aus, die Hoffnung, sie sagten aus Höflichkeit „Nein danke".

„Was man verspricht, muss man auch halten."

Ich sollte mir gut überlegen, welche Zusagen ich machte. Andere sollen sich auf mich verlassen können. Im Gegenzug darf ich auch darauf vertrauen, dass andere ihr Versprechen mir gegenüber einlösen.

„Hauptsache ein Mann im Haus, und wenn er im Bett liegt und schnarcht."

Situation/Interpretation: Da war ich dreizehn, als sie mir diese Lebensphilosophie vortrug. Es hatte mich sehr erschrocken, dass sie nicht mehr erwartete, vom Leben und von ihrem Gatten. Im Gegensatz zu mir, die ich so viele schöne Geschichten las und mir vorstellte, so könnte es werden. Ich hörte heraus, damit habe ich mich ebenfalls zu begnügen. Durfte ich ebenfalls nicht mehr vom Leben erwarten? Oder von einem Ehemann?

„Denk an die armen Negerkinder..."

Interpretation: Denk daran, wie gut es dir im Vergleich dazu geht. Mecker' nicht, sei zufrieden.

„Halt doch dein Maul, du weißt doch, wie er ist."

Situation/Interpretation: Ich hatte eine Auseinandersetzung mit meinem Pflegevater. Alleine schon meine Bereitschaft zu Widerworten machte ihn zunehmend wütend. Dann zischte meine Oma mir diese Worte beim Verlassen des Zimmers zu, in Plattdeutsch: "Hol doch di Mul." Worte wie Geste machten mir klar, es gäbe keinerlei Rückendeckung oder Schutz, wenn ich mich gegen den Pflegevater wehre. Ich soll ihn gewähren lassen, selbst wenn ich mich im Recht fühle. Schlimmer noch, ich verärgere damit auch meine Familie.

So verfestigen sich Muster.

Doch jeden Monat hatte diese Oma mein Taschengeld aufgestockt. Dann kam sie zu mir ins Zimmer und legte mir stumm einen Geldschein hin. Ich bedankte mich stets und sagte niemandem etwas davon.

„Der Kummer, der nicht spricht, nagt leise an dem Herzen, bis es bricht." (William Shakespeare)

58

Zwischen den Stühlen

Mit neun Jahren kam dann für mich auch der Auszug aus dem bekannten materiell-räumlichen Zuhause, in ein neues Haus in der gleichen Straße. Die übrigen drei Geschwister waren schon woanders, bei anderen Tanten. Wir wuchsen nun miteinander auf wie mit Cousins und Cousinen. Zumindest wir Älteren wussten noch, wir sind Geschwister. Mein jüngster Bruder glaubte viele Jahre, dass der Junge, der gelegentlich bei Besuchen mitkam, sein Cousin sei, dabei war dieser doch sein älterer Bruder.

Die beiden Jüngsten (vier und zwei Jahre) gingen als erste weg (so ungefähr wurde es später einmal erklärt), doch sie blieben zusammen und wurden von Tante A., einer kinderlosen Witwe, aufgenommen. Mein um ein Jahr älterer Bruder habe gut auf den Betrieb von Tante B. gepasst und zu ihren eigenen zwei Jungs. Bei mir wäre es am schwierigsten gewesen. (Das fühlte sich nicht gut an. Mich loszuwerden? Jemandem anzudrehen?)

Es sagte niemand: „Wir wollten schon immer gerne ein Mädchen, du würdest so gut in unsere Familie und zu unserem kleinen Jungen passen, willst du?"

'Wat mutt, dat mutt eben.'

Ich wollte da gar nicht hin. Doch was ich wollte, war nicht mehr zu haben. Oma und ich lebten fortan bei Tante C. in diesem Neubau. Der Rasen war frisch gesät, er durfte noch nicht betreten werden. Im Hauseingang mussten alle die Schuhe ausziehen.

Mein Zimmer war oben, doch gegessen wurde unten, auf die Minute. Wegen der Wechselschicht des Pflegevaters gab es strikte Ruhezeiten einzuhalten, weil er manchmal tagsüber eben vorschlafen musste. Viele neue Regeln und andere Gepflogenheiten wollten beachtet werden.

Tante A. wurde von meinen jüngeren Geschwistern später „Mama" genannt, denn Erinnerungen an die Ursprungseltern waren gar nicht da oder sehr verblasst. Als Tante A. wieder heiratete und ein eigenes Mädchen gebar, wurde dieses Baby die neue Schwester – meiner Geschwister, für mich eine kleine Cousine.

Als bei uns im Haus Tante C. noch ein Mädchen bekam, war klar – sie wird meine Cousine. Meine Pflegeeltern hatten später dann zwei Kinder, und mich, das Pflegekind. Das hörte ich bei einem Spaziergang gegenüber Fremden einmal so heraus: „Wir haben zwei Kinder… und die Lara… das ist (aber nur) unser Pflegekind." Die Wörtchen „aber nur" hörte ich in diesen Satz hinein. Es klang nicht schön, fühlte sich für mich ausgrenzend an und legte eine Reihenfolge fest. Aus Sicht der Pflegeeltern war alles völlig korrekt formuliert. Doch mir dämmerte dadurch erst so nach und nach, welche Konsequenzen die Entscheidung meiner Eltern für mich haben würde. Nie wieder würde jemand sagen: „Das ist meine Tochter." Auch ich würde nicht mehr sagen können: „Das ist meine Mutter, ist mein Vater."

Ich weiß bis heute nicht, welche Rechte ein Pflegekind hat bzw. zu der damaligen Zeit hatte. Ein Recht auf Gleichbehandlung in der neuen Familie?, auf ein eigenes Zimmer?, in brauchbarer Größe?, auf arbeitsfreie Ferien?, auf mehr als ein Kosthaus? einen eigenen Führerschein?

Eine Pflegefamilie bekommt Geld, muss aber nicht für den Unterhalt eines Pflegekindes aufkommen, z. B. für ein Studium. Diese Unterschiede zu einer Adoption kannte ich irgendwann. Doch was genau wäre noch anders? Ich bin völlig blind und ahnungslos in diese Situation geraten und ich ahne, den übrigen Familienmitgliedern ging es nicht viel besser.

Gab es für mich als Pflegekind irgendwelche Pflichten? Wie lange könnte ich dort bleiben? Wird man wie in einem Heim mit achtzehn, als Erwachsene, rausgeworfen?

Völlig unklare Verhältnisse auf meiner Seite, also ausloten.

'Was darf ich noch, was bekomme ich hier, was steht mir überhaupt noch zu?' und natürlich 'Was muss ich dafür tun, was wird von mir erwartet?' waren wichtige Fragen, die ich nicht stellen konnte und daher keine Antworten wusste.

Das Selbstverständliche fehlte. Alles, was Kinder von Eltern bekommen, erwarten und erwarten dürfen, es war weg. Verwirrende Familienverhältnisse brachten verwirrende Gedanken und Gefühle mit sich. Sicherheit? Ich fühlte mich um eine Familie betrogen.

Was sehr lange blieb, war ein Gefühl der Verlorenheit und diffuser Traurigkeit, eine Sehnsucht und Suche nach Zugehörigkeit. `Wer sind die Meinen?`

Dünnes Eis unter mir. Also versuchte ich, den Boden zu stärken, durch Anpassung, Hilfsbereitschaft sowie gute Noten in der Schule, um die Pflegeeltern zu erfreuen. Natürlich waren gute Noten bei Klausuren und im Zeugnis auch für mein Empfinden gut. Sie bestätigten mir, wenn ich fleißig bin, konzentriert und strukturiert lerne, schaffe ich die Aufgaben und gehöre zu den Guten. Sie vermittelten somit Anerkennung und Wert.

Erst im letzten Jahr starb unsere Tante A. An ihrem Krankenbett standen meine Schwester, die Cousine (die „Schwester" meiner Schwester) und ich, als eine nette Krankenpflegerin ins Zimmer trat, mir die Hand reichte und freundlich fragte „Und wer sind Sie?" Bevor ich antworten konnte, hörte ich meine Schwester sagen „Das ist meine Cousine."

Ich riss erstaunt die Augenbrauen hoch, musste schlucken. Ja, ich hatte sofort verstanden, dass es schwer ist, zu erklären, warum sie „Mama" sagt zu der kranken Frau, die ich „Tante A." nenne. Das will man auch nicht, es geht auch nicht alle Welt etwas an. Hätte sie doch geantwortet „Eine Nichte von unserer Mutter". So hatte ich den Gedanken, ich habe auch meine Schwester verloren.

Zwischen den Stühlen sitzen zu müssen, ist keine komfortable Position, die Zerrissenheit liegt bereits in diesem Ausdruck.

Es ist wichtig, wie etwas, wie ein Mensch genannt wird. Ich war – nur – das Pflegekind, die Cousine und jetzt nicht einmal mehr die Schwester.

Ich verstehe meinen Vater in diesem Punkt, denn es macht einen Unterschied, im Gefühl und in der Außenwirkung, ob ich Großbauer bin oder der Erfüllungsgehilfe des Alten. Ob ich Rechte habe oder auf Gnade angewiesen und abhängig bin. Familienmuster?

Mein älterer Bruder hat seine Pflegefamilie sehr früh verlassen. Ich sehr spät, ich klammerte, um nicht alleine dazustehen. Dafür war ich zu vielen Kompromissen und Zugeständnissen bereit.

Irgendwann war ich auch ganz ehrlich zu mir: wenn meine Eltern wiederkämen und sagten „Kind, wir sind wieder da und wollen dich mitnehmen." – würde mich da irgendetwas bei den Pflegeeltern halten? Nein – ganz eindeutig, zu jedem beliebigen Zeitpunkt – ich hätte sofort alles zurückgelassen und wäre mit wehenden Fahnen in die Arme meiner Eltern gelaufen!

Die Sehnsucht nach dem Verlorenen blieb. Ich hatte mit acht Jahren bereits so viel „Eltern" mitbekommen, dass es schwer viel, mich auf eine Pflegefamilie einzustellen.

Nie konnte ich wütend aufstampfen und drohen: „Ich geh zurück zu meiner Mama" oder „Das sag ich dem Papa." Ich hatte keinen solchen Joker in der Hand.

Nur die beiden Jüngsten bekamen eine richtige neue Familie, ein neues Zuhause wie ein Elternhaus. Tante A. achtete pingelig genau darauf, alle drei Kinder gleich zu behandeln. Wenn sich die herangewachsene Tochter später zu Weihnachten ein Geschenk für sagen wir einmal einhundertfünfundzwanzig DM wünschte, mussten meine Geschwister mithalten oder bekamen den Differenzbetrag in bar dazu. Mit diesem Modell lässt sich doch klarkommen, fand ich.

Mein Studium verlief noch völlig analog mit Büchern, Kopien, bestenfalls Mikrofilme in der Uni-Bibliothek, die Hausaufgaben mühsam mit einer mechanischen Schreibmaschine getippt. Computer, E-Books, Internetrecherche? Fehlanzeige. Mit der digitalen Welt kam ich erst nach und nach auf der Arbeit in Berührung.

Durch mein Studium und die spätere Arbeit lernte ich auch erst detaillierter einige Unterschiede der Gesellschaftsschichten kennen. Verfügbares Einkommen und Lebensstandard waren das eine; Verhalten und Gesprächsthemen das andere. Weder bei den Eltern noch den Pflegeeltern ging es je um Dienstreisen, Präsentationen, FAZ, angesagte Urlaubsadressen, edle Weinsorten, Tennisclub, Investitionen in z. B. Aktien oder Markenkleidung, nicht einmal Fliegen oder Ausland war etwas Bekanntes für mich. Ich fühlte mich wie eine Grenzgängerin, die in zwei Welten balancierte und klarkommen wollte. Ich war nicht mehr ganz Bauernmädchen bzw. Arbeiterkind, doch genauso wenig Managerin oder Führungskraft. Von allem etwas, irgendwie dazwischen. Völlig verschiedene Rollen. Nicht abgehoben wirken auf der einen Seite, gleichzeitig nicht unpassend aus dem Rahmen fallen auf der anderen. Ziele und Zugehörigkeitsempfinden waren sowohl-als-auch vermengt mit weder-noch.

Auch im Berufsleben mochte ich diese Zwischen-Irgendwas-Position nicht sonderlich. Als der Geschäftsführer mit Aufgaben direkt an mich herantrat,

64

passte das meinem damaligen Abteilungsleiter nicht in den Kram. Er wollte gefragt und angesprochen werden, doch ich sollte das mit dem Chef von diesem Chef regeln. 'Das ist nicht meine Baustelle", war mein Empfinden. Wenn der oberste Boss mir Aufgaben gibt, was er darf, habe nicht ich den richtigen hierarchischen Dienstweg zu klären. Wenn das zu Spannungen führt, sollen die beiden das untereinander klären, statt beide an mir zu ziehen. Im Zweifel arbeitete ich dann nach der Devise „Hoch sticht Tief". Das brachte aber Minuspunkte beim Abteilungsleiter.

Noch undankbarer fand ich die spätere Matrixorganisation, mit zwei verschiedenen Vorgesetzten plus phasenweise noch einen weiteren Projektleiter. Alle drei wollten vorrangig bedient werden, keiner wollte klare Prioritäten vorgeben oder selber zurückstecken. Also versuchte ich nach bestem Wissen und Können, meine Zeit auf die verschiedenen Aufgaben selber zu verteilen. Termine zogen als Kriterium zur Priorisierung immer. Und Stressvermeidung, nur nicht irgendetwas vor die Wand fahren oder verpatzen, denn dann hätte ich Fehler oder Versäumnisse rechtfertigen müssen. Damit hätte ich mich richtig schlecht gefühlt. Dann lieber alle Reserven mobilisieren und das Hamsterrad drehen.

„Es geht im Leben nicht darum, gute Karten zu haben, sondern mit einem schlechten Blatt ein gutes Spiel zu machen." (Robert Louis Stevenson).

Was sollen denn die Leute sagen?

Erst Jahre später erkannte ich auch die Verunsicherung meiner Pflegeeltern hinter dieser Frage: „Was sollen denn die Leute sagen?"

Sie fühlten sich unter Beobachtung. Und wohl ganz speziell wegen mir. Denn so ziemlich alle im Ort kannten die Vorgeschichte zu dieser Familienzusammenführung. Vielleicht war da Angst, schlecht dazustehen, sich rechtfertigen zu müssen?

„Was sollen denn die Leute sagen, …?"

„… wenn du so dünn bist?" Darum gab es oft am Abend zwei aufgezwungene Schnitten Brot für mich, obwohl ich gar nicht so viel Hunger hatte.

Jeden Schulmorgen stand meine Pflegemutter für mich auf, damit ich ja nicht ohne Frühstück aus dem Haus ging. Ganz wichtig war ihr dabei, mir das Brot mit guter Butter zu bestreichen. Mir nicht, ich fand das eher ekelig, wie dick die Butter darauf war. Und ich wollte lieber länger schlafen, statt morgens zu frühstücken. Ich rang mir jede Minute ab: „Wenn ich jetzt noch liegen bleibe, packe ich mein Frühstücksbrot eben ein"; „Wenn ich nachher zur Haltestelle renne, kann ich noch fünf Minuten länger im Bett bleiben." Meine Tante konnte das nie verstehen und hatte sich vielfach die Arbeit mit warmen Kakao am Morgen vergebens gemacht. Das war wahrscheinlich noch ein Überbleibsel aus ihrer Kriegserinnerung, Frühstück und gute Butter müssen ihr da sehr gefehlt haben. In der Schule habe ich dann später die Butter

66

aus den Brotlöchern rausgepuhlt oder mein Brot ver-
schenkt.

„… wenn du in so billigen Sachen herumläufst?"
Deshalb wurde für mich, für uns alle, in etwas hö-
herwertigen Geschäften eingekauft. Mir hätte es
nichts ausgemacht. Ich hätte stattdessen lieber mehr
Kleidung zum Anziehen und Wechseln gehabt. Und
ich fand den Hosenanzug meiner Nachbarin ausgesprochen chic, trotz „Palomino."

Statt Parka, den alle in meiner Schule getragen
haben, bekam ich einen schicken (fandet die Tante),
teuren, gefütterten, blauen Teddy-Mantel. In Größe
42 mit 16 Jahren, da hatte ich Kleidergröße 38 oder
weniger? Da hieß es wieder : "Was sollen denn die
Leute sagen, wenn Du in so einem Gammelparka
rumläufst?" und zur Größe „Kind, da wächst Du doch
schnell rein." (´Ja klar, so in 20 - 30 Jahren´).

*„… wenn du mit einem Motorradfahrer daher-
kommst?"*
In den Augen meiner Pflegeeltern waren das alles Rocker, mit ungepflegten Haaren, schlechten Ma-
nieren und Öl unter den Fingernägeln. Dabei kam
Bernd doch aus einer grundsoliden Lehrerfamilie und
auch er würde später auf Lehramt studieren. Bernd
war stets lustig und hat so beeindruckende Sachen
für mich gemacht: mich trotz großem Umweg abge-
holt oder irgendwo hingebracht, mir sogar sein Motorrad geliehen, um Fahrpraxis zu bekommen, als er
es selbst einmal eine Woche nicht brauchte.

„… wenn ihr nicht einmal verheiratet seid?"
Appell an mein schlechtes Gewissen vor dem
ersten gemeinsamen Urlaub mit Bernd. Ich hatte eine

Karte geschrieben, auf der unser Hotel abgebildet war und darauf unser Zimmer markiert. Als ich zurückkam, wurde ich von der Pflegemutter beschimpft. Was solle denn der Cousin (wohl 12 Jahre) denken? Ich verstand zunächst nicht, was sie meinte. Dann erklärte sie mir ihre Verärgerung: ihr Sohn sehe ja dann, dass wir ein Zimmer hatten und glaubt, wir hätten in einem Bett geschlafen. Für sie sei es wichtig, als Jungfrau in die Ehe zu gehen – so sei sie erzogen – sonst hätte der Onkel sie auch nicht genommen. Hier war ein Glaubenssatz meiner Pflegemutter verletzt: „Du musst bis zur Hochzeit Jungfrau bleiben." Sie steckte in einer anderen Zeit und einer anderen Haut.

Ich fand das schräg, oldschool und mein Benehmen völlig normal. Ich wollte mehr vom Leben und rauskommen aus der Enge daheim. Ich traute mich nur nie, meine Gedanken auszusprechen: 'Wer soll das denn sein, die Leute? Macht ihr das hier für mich oder für die? Ihr wollt mich gar nicht.'

Nach dieser Urlaubswoche mit seinem Motorrad kam ich mit kaputter Jeans und bandagiertem Knie zurück, weil wir am Tag zuvor einen Unfall hatten. Ich hinkte also ins Haus. Niemand fragte irgendetwas oder nahm Anteil. Ein Gedeck mehr wurde auf die sonntägliche Kaffeetafel gelegt, der Fernseher lief weiter. Auch als wir zu sechst stumm am Esstisch saßen und selbstgebackenen Kuchen aßen, kam das einzige Geräusch im Zimmer aus der Fernsehecke. Oder nicht? Ich hörte mich deutlich schlucken: den Kuchen, den Kaffee und den Kloß im Hals durch die aufsteigenden Tränen, die nicht kommen sollten.

'Wer nicht hören will, muss fühlen', brauchte mir niemand mehr zu sagen, denn dieser Satz und seine Bedeutung tauchten automatisch in mir auf.

Meine Entscheidung – mein Handeln – meine Konsequenzen.

„Es ist egal, wie du dich verhältst. Die Leute reden. Immer." (Pinterest)

Kindliche Prägung verfolgt dich lange

Was Eltern oder Erziehende ihren Kindern mitgeben, im Guten wie im Schlechten, prägt. Die ersten Lebensjahre seien dafür entscheidend, vertreten viele Pädagogen und Psychologen. Manche machen es an den ersten drei, andere an den ersten fünf Lebensjahren fest. Und natürlich gibt es die pränatalen Hinterlassenschaften, den Einfluss der Gene und der Umwelt, die Anregungen oder Einschränkungen insgesamt, mit denen ein Kind aufwächst. Der Zusammenhang ist komplex und die wechselseitigen Wirkungsweisen bleiben ein spannendes Feld pädagogischer und neurologischer Forschung.

Hat ein Kind Angst vor Spinnen oder vor einem Hund, muss es das gesehen und erlernt haben. Es beobachtet und erfühlt genau das Verhalten oder die Mimik der engsten Bezugspersonen.

Aus Kindersicht bin ich in einer heilen Welt aufgewachsen. Den Stress der Erwachsenen untereinander und miteinander habe ich nicht mitbekommen. Es war sehr schön, mit Geschwistern und Tieren aufzuwachsen. Wir hatten deutlich mehr Freiheiten als manche Klassenkameraden aus einer kleinen Mietwohnung. Es gab so viel zu entdecken, unendlich viele gute Verstecke.

„Man kann in der Wahl seiner Eltern nicht vorsichtig genug sein." (Psychologe Paul Watzlawick)

In den ersten Jahren bekommst du auch „passiv" deinen Startrucksack fürs Leben. Manche bekommen Mangel und unerfüllte Bedürfnisse reingepackt. Die meisten Kinder, zumindest im Deutschland der Neuzeit, erhalten bedarfs- und entwicklungsgerecht Zuwendung, Sicherheit und Freiheit. Die Wirkung solcher elterlichen Gaben ist dann mehr wie ein mit Helium gefüllter Ballon, der den Sack zum Tragen leichter macht. Ein Anteil an Kindern wird zu viel des Guten mitbekommen, daraus können Egoisten, Hilflose und Abhängige erwachsen.

Eltern geben nach bestem Können und Wissen. Auch sie sind vorgeprägt, waren einmal Kind und empfanden Mangel, erlitten Verletzungen, hatten gestresste oder verängstigte eigene Eltern (Kriegserinnerungen?). Sie haben heute neben der Elternrolle noch viele andere, die nach Zeit, Energie und Aufmerksamkeit rufen: Chef, Kollegin, Kassenwart im Verein, Sohn, Schwiegertochter, Nachbar, Pflegerin, Köchin. All das zehrt an ihnen.

Im Wesentlichen sind Eltern Vorbilder für die eigenen Verhaltensweisen und Werte des Kindes. Diese schnappen so viel auf und imitieren die erlebten Rollen. Kinder merken genau, wenn Regeln nicht für alle gleich gelten. Primär schauen Kinder dabei auf das Verhalten der Bezugspersonen und prüfen irgendwann auch, passt es zu dem Gesagten? Vorbild können Eltern auch in umgekehrter Weise werden. Dann nimmt sich ein Kind vor, es genau anders zu machen als die Eltern. Das funktioniert auch in späteren Jahren noch.

Bei mir waren Launenhaftigkeit und Aggression sehr stark negativ belegt. Durch die abschreckenden Vorbilder gab ich mir selber eine konträre Handlungsmaxime. 'Ich will kein Kind schlagen, nicht herumschreien oder ungerecht werden. Und auch keinen Mann, der sich so gebärdet.'

Ich hatte zuvor mit Erschrecken festgestellt, wie leicht man da hineinrutscht. Als Teenager sollte ich auf die kleine Cousine aufpassen. Fast noch ein Baby, lag sie einmal in meinem Zimmer auf dem Bett. Sie quengelte und störte mich bei den Hausaufgaben. Sie konnte keinen Hunger haben, die Windel war frisch, sie wollte nur getragen und beschäftigt werden. Erst schrie ich sie an: "Bist du jetzt ruhig!" Sie riss erschrocken die Augen auf und fing an zu brüllen. Dann gab ich ihr eine Ohrfeige, schaute ihr dabei fest in die Augen und sagte in Gedanken zu ihr: „Dein Papa schlägt mich ja auch, ich bin auch viel kleiner als er." Sie gab sofort Ruhe, was mich überraschte. Nur in mir tobte es sogleich. Wie mies war das denn? Was hatte ich denn da getan? Die Kleine kann doch gar nichts dafür. Mir kullerten Tränen der Scham aus den Augen, als ich sie vorsichtig hochnahm. Ich küsste sie und entschuldigte mich. „Es tut mir leid. Das passiert nie wieder." 'Ich will nicht so werden.'

Was Eltern geben und was Kinder brauchen, ist leider nicht zwingend kongruent. Es werden natürlich Fehler gemacht, es bleiben Bedürfnissen unbefriedigt. Danach ruft das innere Kind auch noch im Erwachsenenleben. So hungert ein Narzisst sein Leben lang nach Bewunderung.

Als Erwachsener ist es wichtig, diese Rücksprünge in die Kindheit zu erkennen. Und, wesentlicher noch, zu erkennen, dass sich die Zuständigkeiten für die Befriedigung des Kindheitsbedürfnisses verändert haben. Als Erwachsener bin ich zwei „Eigenschaften" in einem: der gebende Elternanteil und das beschützte, empfangende Kind. Das Kind darf all diese Bedürfnisse haben, doch es dominiert nicht im Leben des Großen. Das Ruder hat nicht das Kind in der Hand. Es darf nicht das Kind sein, das den Erwachsenen erzieht. Wie in einer realen Eltern-Kind-Beziehung müssen auch hier Grenzen gesetzt werden.

„Das Leben der Eltern ist das Buch, in dem die Kinder lesen." (Augustinus von Hippo)

Wenige Fotos und Erinnerungen sind geblieben

Wir Geschwister hatten Jahre nach dem Tod der Eltern unser Familienalbum vervielfachen lassen, damit jeder von uns eigene Fotos behalten konnte. Zu der Zeit musste man mit dem Foto in ein Fachgeschäft, um das Bild abknipsen zu lassen, wodurch ein Negativ entstand, welches für die Abzüge verwendet werden konnte. Ab und zu blättere ich meinem Album vom Elternhaus, um mich zu erinnern.

Die wenigen Fotos, die von uns oder dem Zuhause gemacht wurden, stammten von Mutter. Wir Kinder beim Spiel, der Jüngste im Kinderwagen unter der alten Eiche, die kleine Schwester als Rotkäppchen verkleidet neben dem bösen Wolf, unserem schwarzen Spitzmischling. Ich selber, als ich an der Hand des Bruders auf der Wiese laufen lernte, mich aber lieber nach der gelben Dotterblume streckte als in die Kameralinse zu schauen. Ein Bild mit Vater? Ja, aus dem Krankenhaus, kurz nach der Geburt eines Kindes. Danach selten, er war ja meistens draußen auf dem Feld oder im Waldstück. Doch Mutter war stets präsent.

Ein Foto mit der Mutter und den drei älteren Kindern, aufgenommen im Sonnenschein auf der Wiese vor dem Haus. Alle vier sitzen auf Stühlen und döppen die Erbsenschoten. Wie bei Aschenputtel „die guten in die Metallwanne zum späteren Einmachen, die schlechten, die mit dem kleinen Wurm, zusammen mit der Schote in den Futtereimer für die Schweine". Auch der Vierjährige arbeitet eifrig mit.

Bei mir, der Fünfjährigen, sehe ich Tränen. Das wird mir erkennbar nicht gefallen haben, ich hätte wohl lieber gespielt.

Die Kleine in dem karierten Baumwollkleid, mit der ungewohnten Frisur, einem Schwalbennest, die lächelnd vor der geschnitzten Eichenholztür in die Kamera schaute, das war ich. Den Kopf leicht zur Seite geneigt, die Augen durch die Blendung der Sonne verkleinert, eine dünne Falte zwischen den Brauen. Das Kind wirkt zufrieden, obwohl das dunkelblaue Kleid für eine Siebenjährige offensichtlich zu groß ist. Ein Geschenk von einer älteren Cousine, die Kleine sollte erst noch hineinwachsen. Nichts Ungewöhnliches.

Das Foto könnte an einem Sonntag geknipst worden sein, das haselnussbraune, taillenlange Mädchenhaar besonders hübsch zurechtgemacht von der Mutter. Da wussten beide noch nicht, dass knapp ein Jahr später ihre Welt eine andere sein würde.

Vielleicht wurde das Bild kurz vor einem Spaziergang aufgenommen? Mutter, Vater, die vier Kinder bei einem der seltenen Ausflüge. Wir alle in Sonntagskleidung, wie es sich gehörte. Unsere Mutter war sehr geschickt und fantasievoll bei ihrer Handarbeit. Daher trugen wir oftmals identische, selbstgestrickte Norwegerpullover oder meine Schwester und ich einen Rock aus demselben Stoff, aus dem die Westen für die Brüder genäht waren. So konnte jeder erkennen, wir gehörten zusammen, waren eine Familie.

Blaue Kleidung trage ich auch heute noch gerne, überwiegend sogar. Es passe gut zu meinen Augen, hatte ich als Kind manchmal gehört. Auch Ausflüge am Sonntag liebe ich weiterhin.

Der Tag stand für Erholung, für weniger Arbeit als sonst, stets bereichert mit selbstgebackenem Kuchen. Oft bekamen wir Besuch von Verwandten aus der Stadt. Sehr selten sind wir selber fortgegangen. Warum sollten wir? Wir hatten ja alles auf dem Bauernhof, nur kein Auto.

Unsere dunkle Eingangstür aus Eichenholz, deren Fensterscheiben mit kunstvollen Blumenranken aus geschmiedetem, schwarz lackierten Eisen bedeckt werden. Die Haustür ist geblieben, sie trägt immer noch unseren Familiennamen. Nur die Familie lebt dort seit Jahrzehnten nicht mehr. Der verlassene Hof, erschreckend ungepflegt und verwildert, ist in fremden Händen. Er ist Erinnerung geworden. Einige wenige Fotos halten sie weiterhin fest.

„Die richtige Einstellung, Berufsrisiko der Politiker wie der Fotografen." (Martin Gerhard Reisenberg)

Killersprüche aus der Kindheit

„Das kannst du nicht, dafür bist du zu dumm, zu klein, zu ungeschickt."

Diese Klassiker der generationsübergreifenden Kindererziehung kennen wir alle.

„Das mache ich ..., ... macht dein Bruder besser, lass mal."

Für einen Erwachsenen ist so ein Spruch, meistens sogar ohne böse Absicht, schnell einmal ausgesprochen. Für eine Kinderseele kann es empfindliche und nachhaltige Auswirkungen haben. Es drückt einen Stempel auf und pflegt den Nährboden für die „self fulfilling prophecy"- die sich selbst erfüllende Vorhersage.

Im Guten funktioniert das Modell gerechterweise ebenso gut. Sage ich meinem Kind oft genug, auch vor anderen, gerne lobend oder stolz, es sei besonders niedlich, lustig oder kreativ, dann glaubt mir das Kind nicht nur, es verhält sich bald auch entsprechend. Und so erschaffe ich durch mein Verhalten, durch meine Erwartungen die Grundlagen zur Entstehung eines niedlichen, lustigen und kreativen Kindes.

Manchmal ist nicht einmal die Wiederholung erforderlich. Eine Wahrsagerin hatte ihrer Klientin einen Unfall prophezeit. Diese Klientin ist dann eine Woche lang völlig verunsichert und verkrampft Auto gefahren, stets in der Erwartung ihres Unfalls, dass sie ihn tatsächlich noch herbeigeführt hatte.

Zum Glück können sich negative Prophezeiungen auch ins Gegenteil verkehren. Wie viele Promis oder Reiche haben öffentlich bereits zugegeben, dass ihr Vater oder Lehrer ihnen düstere Zukunftsprognosen mitgegeben hatte „Aus dir wird nichts."

Fast jeder Erwachsene haut schon einmal in einer Wutsituation gemeine Sätze gegen sein Kind heraus. § 1631 BGB (Bürgerliches Gesetzbuch) regelt den Anspruch von Kindern auf gewaltfreie Erziehung, es umfasst auch das Verbot psychischer Verletzungen. Doch erst seit dem Jahr 2000. Beschimpfungen, Demütigungen und die „Tracht Prügel" haben meine Großeltern und Eltern in ihrer Kindheit noch allzu gut kennen gelernt. Das Bewusstsein für die Unrechtmäßigkeit körperlicher Züchtigungen war auch in meiner Kindheit oder Jugend noch nicht vorhanden, nicht in der Schule, meiner Familie, der Nachbarschaft oder bei mir selbst. Verübelt habe ich dem Pflegevater eher, dass es nur mich traf und nie seine eigenen Kinder. Damit kam eine Wertigkeit in seine Pädagogik.

In den 70-er Jahren hat unsere ganze Familie daheim gerne die Fernsehserie „Ein Herz und eine Seele" angeschaut. Der Hauptdarsteller Alfred Tetzlaff titulierte seine Gattin Else gerne mit „dusselige Kuh". Darüber konnten wir sogar lachen, denn die ganze Serie, die Figuren waren so drastisch überzeichnet dargestellt.

Das lief unter „derber Sprache" in einer Kleinbürgerfamilie, die mit diesem Jargon vertraut war, wie auch die Bezeichnungen für den Schwiegersohn aus dem Osten als „kommunistischer Drecksack„ oder „rote Rotznase".

Viele solcher Beschimpfungen steckt ein Kind weg, wenn ansonsten die Erziehungsumgebung liebevoll und wertschätzend ist.

Nur die ganz fiesen Sprüche bleiben haften und brennen sich in der kleinen Seele für immer ein. Die nenne ich Killersprüche. An drei davon aus meiner Pflegefamilie kann ich mich gut erinnern:

„Deine Mutter würde sich im Grab umdrehen, wenn sie wüsste, wie undankbar du bist."
Interpretation und Wirkung: Sei gefälligst dankbar, wir machen schon genug für dich/wegen dir. Sonderwünsche anmelden ist nicht. (Doch was genau wurde in diese Kategorie gepackt? Poster in meinem Zimmer aufhängen dürfen?). Einschüchterung, ich muss dankbar sein für alles, meine Wünsche sind/wirken unverschämt.

„Such dir doch ein anderes Kosthaus, wenn es dir bei uns nicht gefällt."
Interpretation und Wirkung: Erschrecken, sei gefälligst mit dem zufrieden, was dir gewährt wird und meckere nicht herum („Ich will auch das frische Brot essen."). Den Ausdruck „Kosthaus" hatte ich zuvor noch nie gehört, doch sofort war mir der Unterschied zu einem „Zuhause" klar. Einnordung und Provokation - wenn du mehr willst, such doch.

Die Botschaften für mich, am Ende der Nahrungskette, ohne Alternativen, waren deutlich: nicht zu viel erwarten, genügsam sein, nicht kritisieren und meine Wünsche hinterfragen.

„Du bist doch ein doofes Stück Scheiße."

Interpretation und Wirkung: Schock, das war eine ganz schlimme Beleidigung. Eigentlich gleich drei fiese Beleidigungen in nur einem Satz. Dabei brüllte mein inneres Kind: „Bin ich nicht! Das werde ich dir beweisen!" Nach außen blieb ich stumm und schluckte meine Empörung herunter. Vermutlich läuft seitdem mein Leistungsturbo.

An alle Erziehungsberechtigten: ihr seid auch nur Menschen – und Menschen machen Fehler – sie sind nicht immer entspannt und pädagogisch top drauf, hatten Stress oder einen schlimmen Tag. Aber wenn euch so ein Spruch rausgekommen ist, dann unbedingt SOFORT entschuldigen!

Euer Verhalten prägt das Kind.

Aus der Rückschau betrachtet legte das spürbare Gefälle zwischen den Gebenden und der Nehmenden, also mir, den Grundstein für einige meiner persönlichen Werte: Unabhängigkeit, Gerechtigkeit und Wertschätzung.

Wäre mein stummes Ertragen mit einer normalen familiären Vorgeschichte in aktive Wutäußerungen umgeschlagen? Hätte ich da selbstbewusst z. B. dem Pflegevater die gerade für ihn verrichtete Arbeit vor die Füße geknallt und ihn angeschrien? Eine Entschuldigung eingefordert?

Viel zu lange galten ungeschriebene Gesetze: man redet nicht schlecht über die Familie, über Tote, sexuelle Belästigung am Arbeitsplatz, Missbrauch in der Kirche. Mit welchem Zweck eigentlich? Hat das eine Veränderung zum Guten bewirkt? Unrechtes zu verschweigen schützt doch die Täter weiterhin und erleichtert ein Fortsetzen.

Erst wenn solche Themen auch nach außen dringen können, wird die Hemmschwelle hochgesetzt. Erst wenn ich nicht mehr sicher sein kann, dass mein Fehlverhalten, oder schlimmstenfalls meine Misshandlung eines schutzbedürftigen Wesens unter dem Mantel der Verschwiegenheit oder Scham oder Familienloyalität versteckt wird, zögere ich, bedenke die Konsequenzen und lasse davon ab.

Die #MeToo-Aktion ist daher wichtig und richtig, weil sie nach meiner Überzeugung in Zukunft vielen Frauen derartige Erniedrigungen oder Traumata ersparen hilft. Hoffentlich allen. Die Bremse beziehungsweise das STOPP-Schild ist bei den meisten Tätern erst die Gefahr der Öffentlichkeit.

Wie hatte sich meine Zukunft durch die familiären Ereignisse verändert? Welche Veränderungen kämen noch auf mich zu? Was vor allem hatte sich in mir dadurch verändert? Das erfuhr ich erst viel später.

„Beleidigungen sind die Argumente derer, die Unrecht haben." (Jean-Jacques Rousseau)

Ohne Moos nix los

„Wozu brauchst du denn einen Führerschein? Mein Auto bekommst du sowieso nicht.", antwortete mein Pflegevater, als ich mit ca. sechzehn einmal vorsichtig mein künftiges Anliegen antestete.

Für den Führerschein und einen alten VW Käfer bin ich dann in den Schulferien arbeiten gegangen. Am Ende hat es sich sogar gut angefühlt, denn ich musste nicht dankbar sein, stand nicht in irgendeiner Schuld.

Mein älterer Bruder fuhr mit mir zum Aussuchen. Einen einzigen Händler hatte zuvor der Pflegevater mit mir aufgesucht. Doch nachdem ich nicht den erstbesten Wagen dort kaufen wollte, hatte sich das erledigt. Für mich ging es um viel Geld, fleißig verdient, da musste ich doch Vergleichsmöglichkeiten haben. So kaufen Frauen nun mal ein. Sie studieren den Markt, bevor sie sich entscheiden. „Passt schon", geht bei mir nicht.

Ich kam dann freudestrahlend mit einem zehn Jahre alten VW Käfer zurück, gerade über den TÜV gebracht und frisch in silbermetallic lackiert. Genau im Budget von 1500 DM. Perfekt. Zuhause wurde der Wagen einer ernsten Inspektion unterzogen: alle vier Reifen abgefahren (offensichtlich für den Onkel dann wohl nach dem TÜV wieder rückgetauscht), Bremswirkung zu lasch, der Wagen zog nach einer Seite, bei Feuchtigkeit wollte er nicht anspringen. Buff - mein Traum schmolz dahin. Ich fand es auch nicht schön von ihm, mir nun den Wagen so zu zerreißen. Dann hätte er doch mehr Geduld haben und mit aussuchen sollen. Mein Bruder und ich reklamierten anschließend mit Erfolg die Reifen. Für die übrigen Reparaturen musste ich wieder ansparen und Geld nachlegen, bis alles okay war.

So erkannte ich, Oma hatte Recht: „Es ist nicht alles Gold, was glänzt." Jetzt war das für mich mehr als nur ein Spruch. Jetzt standen eigene Erfahrungswerte dahinter.

Es hatte mir nicht viel ausgemacht, dass für meinen Führerschein oder Auto kein Geld da war und ich darum in den Ferien arbeiten gehen musste. Wir waren eine lustige, lockere Mädchentruppe an den Fließbändern. Für uns war das gut verdienter Lohn, in sechs Wochen wären wir damit durch, jede mit einem eigenen Ziel vor Augen. Nur die Frauen und Männer, die das tagein, tagaus, ihr Leben lang machen mussten, taten mir sehr leid. Die Arbeit stumpfte ab, die Maschinen gaben den Takt vor. Im Gruppenakkord konnten manche Kolleginnen der Stammbelegschaft richtig biestig werden, wenn eine von uns Schülerinnen zur Toilette wollte. Wir Mädchen konnten darüber lachen, denn für uns ging es ja nicht um die Existenzgrundlage. Wir mussten davon keine Miete bezahlen oder Lebensmittel. Wir mussten auch nach dieser Arbeitsschicht keinen Haushalt mehr führen. Ich brauchte vorerst nur das Geld für meinen Führerschein.

Weil wir es zu anstrengend fanden, acht Stunden am Tag dieselben Handverrichtungen zu machen, hatten wir abgesprochen, regelmäßig untereinander die Arbeitsposition zu tauschen. Kartons für die Verpackung zu nageln und aufzustapeln, fand ich am ödesten. Aber zwei Stunden damit zu verbringen war okay. Den fest angestellten Arbeitern gefiel unser Rotationssystem nicht, auch nicht dem Chef. Doch das war uns egal, denn wir sahen den Grund für diese verordnete Starre nicht ein. Wir waren sogar davon überzeugt, schneller und motivierter zu arbeiten. Das Vorrecht der Jugend, alles in Frage zu stellen und optimieren zu wollen, wir hatten es noch in uns. Irgendwann wird das ausgemerzt und glatt geschliffen.

Aus diesen Ferieneinsätzen wurde mir klar, dass Lernen wichtig ist, um nicht dauerhaft unter solchen Bedingungen arbeiten zu müssen. Geld ist unabdingbar zum Leben und mehr Geld reduzierte folglich Sorgen wie Knapsereien. Viel Geld zu verdienen wäre dann wohl der Königsweg, der Schlüssel zu mehr Freiheiten für eigene Wünsche und Wohlbefinden.

Da dieser Ferienlohn überwiesen wurde, musste ich natürlich ein eigenes Bankkonto haben, mit sechszehn. Auch da war ich gegenüber meiner Großmutter und selbst gegenüber meiner Mutter im Vorteil. Ich glaube, die mussten beide beim Gatten um Geld fragen und ihre Ausgaben genauestens rechtfertigen. Auch meine Pflegemutter hatten mit Geldeingängen oder Bankangelegenheiten nichts zu tun. Das war die Zuständigkeit ihres Ehemannes, im gegenseitigen Einvernehmen. Und der Pflegevater achtete sorgsam auf alle Ausgaben, schließlich war sein Geld als Arbeiter in Wechselschicht sauer genug verdient.

Dieses Lebensmodell kam für mich folglich gar nicht in Frage. Um Geld zu betteln, fand ich unwürdig. Mich dann auch noch rechtfertigen zu müssen

„Wozu denn?" und eine Absage zu bekommen, war abschreckend genug, um selber ausreichend verdienen zu wollen. Den Führerschein zu machen, war in meinen Augen selbstverständlich, auch wenn die meisten Frauen in meinem familiären Umfeld ohne auskamen. Die waren als Folge darauf angewiesen, dass der Gatte sie führe oder mussten sich den Zeiten und Routen der öffentlichen Verkehrsmittel anpassen. Himmel, wer will denn das noch?

Bei der Finanzierung meines Studiums half das BAföG-Amt (Bundesausbildungsförderungsgesetz), ohne mit der Wimper zu zucken. Als Vollwaise kam ich in den Genuss des Höchstsatzes. Dann noch ein Semester mit einem AStA-Darlehen (Allgemeine Studierendenausschuss), das 200 DM weniger im Monat betrug. Darum hatte ich als erste Maßnahme mein heißgeliebtes, mittlerweile sechzehn Jahre altes Auto verkauft. Das gab mir finanziell etwas Luft, nahm mir im Gegenzug aber einen guten Freund. Denn als solches betrachtete ich mein erstes Auto: einen guten Freund, der mir Freiheiten verschaffte und mich unabhängiger machte. Fahrtechnisch hatte ich danach das Riesenglück, dass mich meine Schulfreundin, die am Studienort arbeitete, alle 14 Tage freitags mit nach Hause nahm und am kommenden Montag vor ihrer Arbeit wieder zum Studentenwohnheim brachte. Fällt das unter die Nummer mit den Türen, die sich schließen und im Gegenzug neue öffnen?

Als zweites fragte ich meinen Bruder nach einem monatlichen Darlehen zu banküblichen Zinsen. Er würde es zurückbekommen, wenn ich später selber arbeiten ging.

Meine Entscheidungen – meine Konsequenzen.

Für das Darlehen musste ich Formulare ausfüllen und einmal tapfer durch, Wildfremden meine finanzielle Bedürftigkeit erklären. Unangenehm aber erforderlich. Mit diesen beiden Darlehen zusammen reduzierte sich mein Monatseinkommen nur noch um 100 DM. Das war eng, aber zu schaffen. Es ging ja nicht nur um Existieren sondern auch, um im Studentenleben nicht sofort erkennbar die „Draußen-Position" zu bekleiden. Klar konnte ich mich bei einer öffentlichen Studentenfete den ganzen Abend an einer Cola festhalten oder einem Bier. Aber gemeinsames Kino, Essen gehen, Eintritt zahlen?

Nur für das letzte Halbjahr musste ich dann doch Zuhause bei meinem Pflegevater um ein Darlehen bitten, was mir schwerer fiel, als die Anfragen bei den offiziellen Stellen. Ich hatte ja keinerlei Anspruch auf seine Unterstützung beim Studium. Das hätte er auch ablehnen können. Es war gefühlt ein Betteln um Gutherzigkeit, ein Eingeständnis 'ich schaffe es nicht ganz ohne dich', damit wurde es auch emotionaler. Das Ziel so knapp vor Augen konnte ich meinen Stolz aber überwinden.

Um Geld bitten zu müssen, ist wenig cool, sagte ich das schon? Du bist entweder auf Gnade angewiesen oder musst dich (vor einer Behörde) erklären und rechtfertigen und blöde Formulare ausfüllen. Da passt von vornherein die Augenhöhe nicht.

Schulden zu haben, macht einen Unterschied, bei wem. Gegenüber offiziellen Stellen ist es eine sachliche, zeitlich versetzte Transkation auf einem Konto. Mehr nicht. In der Schuld eines anderen Menschen zu stehen bedeutet sofort Ungleichgewicht, einer steht dabei oben, der andere zwangsläufig unten. Grundeinkommen für alle war noch nicht einmal als gedankliches Samenkörnchen existent. Den Aspekt der Würde dahinter kann ich sofort nachvollziehen.

Warum hat die sich denn keinen Job gesucht, denken jetzt manche, wetten?

Ich hatte mich auch nach Arbeit am Studienort umgesehen. In meinem ersten Vorstellungsgespräch ging es um eine Putzstelle in einer Edelvilla. Die Dame des Hauses erklärte, was wie wann zu tun sei. Alles war wie geleckt in diesem Haus, hochempfindlich und eben blitzblank. Sie fragte mich direkt, ob ich denn putzen könne. „Na klar." Vermutlich klang das nicht so glaubwürdig, unser Gespräch war beendet, die Putzstelle bekam ich nicht. Die nächste geplante Aktion war bei einem Burger Restaurant. Ich schaute mir das bunte Treiben und Hetzen der Mädels mit den albernen Hütchen eine Weile an. Dann beschloss ich: "Es muss auch anders gehen."

Kellnern in einer Kneipe wollte ich ebenfalls nicht. Ich kann nicht so gut mit Betrunkenen. Ich musste früher von jeder Party stets irgendwie wieder nach Hause kommen und blieb daher nüchtern. Viele Jungs waren da längst auf einem höheren Alkoholpegel und wurden oft so anhänglich und grapschig oder redeten dummes Zeug.

Zum Ausgleich setzte ich auf Ferienjobs, denn an Urlaub war eh nicht zu denken.

Familiensysteme tendieren dazu, sich aufrecht zu erhalten. Was schon immer so war, musste doch gut genug sein für die Zukunft und die Nachkommen. Und Mädchen heiraten, bekommen Kinder, deren Mädchen wiederum heiraten… usw. Über Generationen hinweg lief das in meinen Ursprungsfamilien nach diesem Rollenschema.

Die Mütter hatten es auch für ihre Töchter gar nicht mehr in Frage gestellt.

Abhängigkeit verengt den Blick und begrenzt die Möglichkeiten. Und kein eigenes Geld zu haben ist abhängig. Mehr los mit Moos.

„Abhängigkeit ist heiser, wagt nicht laut zu reden." (William Shakespeare)

Glaubenssätze fürs Leben

„Alle persönlichen Durchbrüche beginnen mit einer Änderung unserer Glaubensmuster." (Anthony Robbins)

Wie nehme ich meine Welt wahr? Was glaube ich von der Welt (zu wissen) und insbesondere über mich selbst? Welche Meinung oder Einstellung oder persönliche Überzeugung habe ich zu...?

Darum geht es bei den Glaubenssätzen, die uns oftmals gar nicht bewusst sind. Dennoch beeinflussen sie unsere Wahrnehmung, unser Denken, Fühlen und Verhalten. Echt heimtückisch. Wär doch gut, sie dann zu kennen, oder?

„Ich glaube an das Gute im Menschen" zeigt eine positive Grundhaltung. Damit ist die Wahrscheinlichkeit groß, dass der so Denkende selektiv seine Umwelt entsprechend positiv wahrnimmt. Seine Bewertung von äußeren Situationen und die damit verbundenen Gefühle sind dann ebenfalls positiv gefärbt.

„Geld verdirbt den Charakter" ist ein limitierender Glaubenssatz. Denn hier muss ich mich zwischen zwei Optionen scheinbar entscheiden: will ich viel Geld oder einen guten Charakter haben?

„Ich kann nichts, bin nichts wert" – zwei der negativsten Glaubenssätze, die verständlicherweise auch am meisten mich selber ausbremsen.

"Was der Denker denkt, wird der Beweisführer beweisen." (Robert Anton Wilson).

Unser Köpfchen ist so angelegt, die bestehenden Glaubenssätze bestätigen zu wollen.

So läuft die Kettenreaktion bei aktiven Glaubenssätzen:

Unser Glaube(nssatz) legt einen Filter über die → Wahrnehmung → resultiert in Bewertung (meist unbewusst) → verursacht ein Gefühl → bestimmt unser Verhalten / Handlungen → bringt ein Ergebnis.

„Alle wollen mir was" - mit diesem Glauben gebe ich in meiner Haltung entsprechend negativ anziehende Signale und locke zur Bestätigung genau diejenigen Menschen an, die ich gar nicht um mich haben möchte. Doch sie bestätigen so schön meinen Glauben an diesen Satz. Ist das nicht blöd?

Oft geraten wir in einen Zielkonflikt, wenn sich zwei unserer Glaubenssätze geradezu widersprechen.

„Ich muss arbeiten, um Geld zu verdienen" - harmoniert nicht konfliktfrei mit *„Arbeiten gehen ist doof"*. Es bringt unsere Gefühlswelt durcheinander und verwirrt ebenso unsere Schaltzentrale im Hirn. Die Lösung sind (faule) Kompromisse oder Anpassungsreaktionen wie: ich fühl mich krank, ich kann nicht arbeiten... okay, die Tasche brauchte ich zwar nicht, sie war aber ein Sonderangebot.

„Es sind nicht die Dinge, die uns beunruhigen, sondern unsere Meinung über die Dinge." (Lucius Seneca – römischer Philosoph)

Folglich ist es doch sehr hilfreich, die eigenen Glaubenssätze zu kennen. Sich dann im nächsten Schritt konsequent zu fragen, helfen die mir oder behindern die mich?

Denn alle unsere Glaubenssätze zusammen ergeben unser Weltbild, die innere Straßenkarte, mit der wir außen Sicherheit gewinnen und uns orientieren können. Sie suggerieren uns scheinbar Wahres über die Außenwelt. Andere Menschen können zu demselben Ereignis jedoch einen völlig anderen Blick und Standpunkt haben, das empfinden sie ebenfalls als ihre Wahrheit. Alles rein subjektiv.

Das Aufspüren solcher Glaubenssätze gelingt mit *„Warum-Fragen"* und konsequenten *„Weil-Antworten"*. Der Kern wird oft erst nach mindestens dreimaliger Fragewiederholung erreicht.

Mögliches Beispiel: Du fühlst dich unwohl gegenüber Autoritäten (Polizei, Hartz IV Behörde).

Warum (1) fühlst du dich dabei unwohl? Weil die mir Strafen auferlegen können.

Warum (2) sollten die dich bestrafen? Weil ich etwas falsch machen könnte.

Warum (3) könntest du etwas falsch machen? Weil ich die Regeln nicht kenne.

Warum (4) kennst du die Regeln nicht? Weil ich sie nicht gelernt habe.

Warum (5) hast du sie nicht gelernt? Weil ich dumm bin.

Hier erst wäre der negative und stark einschränkende Glaubenssatz ans Licht gekommen: *„Ich bin dumm."*

Für den eigenen Lebensweg, mit Gepäck auf dem Rücken bzw. der Seele, kommen zwingend die nächsten Fragen hinzu: Glaube ich selbst, dass das ohne Einschränkungen richtig/wahr ist plus brauche ich diesen Glaubenssatz? Oftmals hilft ein „wo kommt der Satz her?", um eigen von fremd zu unterscheiden. Fremd geht eindeutig zu 'das haben andere, Vater, Mutter, über mich gedacht und über mich gesagt'. Mich damit vielleicht erst in diese Ecke gestellt? Wo ich gar nicht hingehöre?!

Schema zum Überprüfen und Selektieren:

Glaubenssatz erkennen (Fragenkette) → Wo kommt der her? → Ist der richtig? (Was spricht dafür? Und was dagegen?!) → Will ich den behalten? → (bei Nein) Ersatz finden, der mir gut tut

So könnte die Vorgeschichte zu dem inneren Glauben 'ich bin dumm' aussehen:

→ Das hatte der Vater einmal bei einem Familientreffen gesagt *„Unser Junge ist auch zu dumm fürs Gymnasium."*

→ Du hast ihm geglaubt; Du hattest dich nicht getraut, ihm zu widersprechen oder ihn zu übertrumpfen (Kinder sind loyal mit den Eltern); Du warst zu der Zeit noch unreif und faul, später hast du besser gelernt und das Abi in der Abendschule nachgeholt; weil er es dir nicht zutraute, hattest du keine Motivation

→ Heute weißt du, dumm bist du keinesfalls; wenn du konzentriert lernst, kann dir vieles gelingen

Positive, also motivierende, bestätigende Beispiele für eine Selbsteinschätzung wären:

Das Schicksal meint es gut mit mir, es sendet mir Glück.

Ich habe mir die Gehaltserhöhung verdient.

Ich bin zuversichtlich, dass ich das (lernen) kann.

Ich bestimme selbst über meine Gefühle – ich möchte mich gut fühlen.

„Ob du denkst, du kannst oder du kannst nicht, in beiden Fällen wirst du Recht behalten." (Henry Ford)

Negative Überzeugungen beginnen oft mit: *„Ich kann nicht…"* oder *„Ich bin zu …"*

Wichtig ist, erkenne sie und zweifle ihre vermutete Wahrheit an, finde Gegenbeispiele oder stelle sie dir zumindest vor. Vorausgesetzt, dieses Nichtkönnen schränkt dich ein und vermittelt ein schlechtes Gefühl. Wenn dem so ist, finde Argumente, den „Gedanken" aufzugeben. Brächte es dir einen Vorteil, wenn dieser Glaubenssatz nicht existierte? Welchen? Stelle dir vor, unter welchen veränderten Umständen du eben doch könntest. Welche Fähigkeit müsstest du dafür erlernen, wie die Rahmenbedingungen abwandeln?

Am besten wirkt jegliche Form der Visualisierung, in Verbindung mit Wiederholung.

Ergo – schreibe zunächst eine Übersicht mit deinen positiv (wollen wir ja behalten, evtl. verstärken) und negativ wirkenden Glaubenssätzen (wollen wir loslassen oder abmildern oder umwandeln). Das Aufschreiben aktiviert eben auch das Unterbewusstsein, mit dem Wollen an der erwünschten Änderung zu arbeiten.

Beispiel zur Visualisierung eines sportlichen Ziels:

Ein richtig schönes Beispiel wäre ein Bild mit mir und einem Siegerpokal in der Hand. Ich tue gedanklich einfach so, als hätte ich mein Ziel (sportlichen Erfolg genießen) bereits erreicht und strahle stolz in die Kamera, umringt von Menschen, die sich mächtig mit mir freuen und feiern werden.

Zu meinen Glaubens-, nein, zu meinen Irr-Glaubenssätzen gehörte:

„Mir steht nichts mehr zu - ich muss für alles dankbar sein."

„Ich bin weniger wert ... als die leiblichen Kinder der Pflegeeltern."

„Ich kann eh' nichts ändern – muss das so hinnehmen."

Nix mit regnenden roten Rosen für mich. Das Gedankengut einer Hildegard Knef war für mich sehr erstaunlich. Damit hatte ich schon viel Erschreckendes über mein Selbstbild erkannt. 'Stimmt das auch, ist das wahr und richtig?' Ich stellte meine Denkweisen infrage mit dem Fazit: Alles übergestülpt, das hatte ich bestimmt nicht selber so für mich erfunden. 'Veto Leute, das akzeptiere ich nicht länger!' Damit begann der Lösungsprozess.

„Die größte Entscheidung deines Lebens liegt darin, dass du dein Leben ändern kannst, indem du deine Geisteshaltung änderst." (Albert Schweitzer)

Und erst sehr spät habe ich erkannt, dass ich mehr entscheiden oder ändern kann, als ich vorher glaubte. Ich musste mich nur trauen. Oder anders denken.

Frühkindliche Priorisierungen

Intuitiv habe ich wohl mit acht Jahren eine simple Priorisierung für mein weiteres Leben gefunden.

Simpel deshalb, weil es im Wesentlichen nur diese Kategorien gab:

A - Muss ich unbedingt haben – must be – dafür bin ich auch bereit, einiges zu tun oder auszuhalten.

Darauf kann ich verzichten – nice to have – B.

Was unabdingbar im A-Block stehen blieb, war ein Zuhause. Und ein Zuhause wurde sehr stark durch das gemeinsame, familiäre Weihnachtsfest definiert. Der gedankliche Horror, Heiligabend alleine verbringen zu müssen, nirgendwo erwartet zu werden und hingehen zu können, hat mich sehr kompromissbereit werden lassen. Weihnachten musste alles passen und harmonieren. Hatte es auch. Die Stimmung war spätestens ab dem Abend des 24. friedvoll, die Teller gleich groß und gleich gefüllt, die Zuwendungen vergleichbar mit denen der leiblichen Kinder meiner Pflegeeltern.

Auch wenn mein innerer Vergleich unterjährig manches Mal ein anderes Ergebnis brachte, so hat das gemeinsame Weihnachtsfest alles wieder rausgeholt. Denn Zuhause war ein „must be". Jede Form von Zuhause war besser als keins.

Der zweite Punkt aus der A-Kategorie war meine Unabhängigkeit. Gemeint war hauptsächlich die Unabhängigkeit von einem Mann in wirtschaftlicher Hinsicht. Ich wollte mein eigenes Geld verdienen, statt die von mir erwartete Versorgungsehe einzugehen. Das, so hatte ich ja gesehen, kann ganz übel enden. Bist du von einem Mann abhängig, gar noch mit Kindern an ihn gebunden, hast du die schlechteren Karten. Wann genau ich mir diese Logik bewusst gemacht habe, kann ich nicht mehr rekonstruieren. Doch durch Beobachtungen in meiner Familie, auch bei meiner Pflegemutter, kam mir eheliche Abhängigkeit wenig nachahmenswert vor.

Und intuitiv habe ich wohl alles vermieden, was meine Mutter gelebt hatte. Ich konnte nicht den gleichen Weg gehen, um nicht das gleiche Ende zu finden. Wo hatte ihr Kummer angefangen, was hatte jeweils zu ihrem Entschluss beigetragen?

Der Führerschein und mein eigenes Auto gehörten ebenfalls auf die A-Liste, denn sie trugen wesentlich zu mehr Unabhängigkeit und Freiheit bei. Die Freiheit, besser wegzukommen, spontan rauszufahren, zu Parties zu gelangen und zurück, statt nachts alleine von der Bushaltestelle nach Hause zu laufen.

Der Preis für diese meine Freiheit war unvermeidbar jedoch eine wirtschaftliche Abhängigkeit von einem Arbeitgeber oder einer Firma. Das musste ich in Kauf nehmen. Ich wusste noch nicht, wie schwach beziehungsweise überangepasst ich mich nun generell in Situationen verhalten würde, die ich als „ich bin abhängig" empfand.

Ich war auf Durchhalten, Zurückstecken und Schweigen (Mund halten, Runterschlucken) programmiert.

Kategorie B enthielt z. B. den Luxus eines größeren eigenen Zimmers (statt meiner ca. 6 qm), Urlaube, Boutique Kleidung, regelmäßige Besuche beim

Friseur, Kino, kostspielige Freizeitaktivitäten generell wie Reitunterricht, Chauffeursdienste, großzügig ausgerichtete Geburtstagsfeiern (statt zwei Freundinnen zum Tortenboden in den Bügelkeller einzuladen), Zeitschriften (die BRAVO durfte ich auch gar nicht lesen, das konnte ich bei der Nachbarstochter aber nachholen), echter Schmuck.

Bücher bekam ich umsonst aus unserer Pfarrbücherei, weil ich dort am Sonntagmorgen, nach der Messe, für einige Stunden zusammen mit einer Freundin ehrenamtlich die Ausleihe betreute.

Darum war ich keine verwöhnte, anspruchsvolle Göre. Einmal beim Abendessen sagte der Pflegevater zu mir: „Du bist ja echt nicht verwöhnt." Ich sah ihn erstaunt an und erwiderte: „Woher auch?" Es gab Momente, da konnte ich so eine Erwiderung unbeschadet rausbringen.

Mir fiel daher der Übergang ins Studentenleben, in ein 8 qm Zimmerchen mit limitiertem Budget, nicht schwer. Der Gewinn war Freiheit. Die Freiheit, das zu tun, was ich mir vorgenommen hatte. Ich wohnte in einer schönen Studienstadt, lernte viele nette Kommilitonen kennen und hatte ein gutes Gefühl, zu dieser lustigen Truppe zu gehören.

Hier durfte ich auch einmal Fünfe gerade sein lassen, wie den langweiligen Statistikunterricht um acht Uhr am Morgen zu schwänzen. Zu meiner Schulzeit wäre das undenkbar gewesen. Denn zur Schule im Ort musste ich bei Wind und Wetter, selbst mit einer Erkältung, pünktlich die drei Kilometer radeln. Ein Mitschüler gab mir einmal den freundschaftlich spöttischen Kommentar mit: „auf deine Waden wäre Gerd Müller stolz." 'Lustig – haha.'

Für die weiterführende Schule konnte ich einen Bus nehmen, was morgens oft einen Galopp zur Haltestelle mit sich brachte. Ich kostete gerne jede weitere Minute in meinem molligen Bett am Morgen aus, auch wenn ich später hetzen musste, um den Bus ja noch zu erwischen.

„Wer ein Warum hat, dem ist kein Wie zu schwer."
(Friedrich Nietzsche)

Fantasiewelten

Bücher hatte ich also immer reichlich. Ich las sehr gerne Abenteuergeschichten, Romane, Krimis. Auch Fantasy und Märchen haben mich angezogen. Ich ließ mich oft in fremde Welten ziehen, fieberte solidarisch mit den 5-Freunden oder stellte mir auch eine Zwillingsschwester wie beim doppelten Lottchen vor.

Ich bin nie unwillig zu Bett gegangen. Denn für die Nacht hatte ich einen guten Trick parat. Mein Kopfkissen war eine Art Schaltzentrale, versehen mit verschiedenen Knöpfen und Reglern. Dort konnte ich mir, wie bei einer Musikbox, einen Traum für die Nacht wünschen. Natürlich spielte ich in diesem Traum mit, oft sogar in einer Hauptrolle. Gleichzeitig durfte ich auch Regie führen, nachdem ich vorher das Drehbuch vorgegeben hatte.

Bei „Raumschiff Enterprise" tüftelte ich zusammen mit Spock knifflige Rettungsversuche aus. Wir zwei waren ein unschlagbares Team. In einem anderen Traum verwandelte ich mich in die hofierte Schöne, der Little Joe Komplimente und Geschenke machte. Doch ich schwärmte für Adam Cartwright und wollte ihn für mich gewinnen. Bei Daktari und Flipper erlebte ich schöne Abenteuer mit Tieren, ich konnte Black Beauty reiten und freundete mich mit Jeff und Lassie an. Am liebsten hätte ich selber diesen Hund gehabt, doch ich wusste, wie sehr der kleine Junge daran hing und konnte ihn ihm darum nicht wegnehmen.

Alle Szenen konnte ich verändern, solange, bis sie gut aussahen und sich schön anfühlten.

'Das machen bestimmt alle Kinder so', nahm ich selbstverständlich lange an. Bis ich beim Erzählen darüber einen erstaunten Blick erhielt, von einer Mitschülerin. Danach habe ich einfach nicht mehr drüber gesprochen. Es war wichtig, dass nach außen alles normal wirkte. Ich wollte kein Mitleid, weil es ausgrenzt. Du bist nicht auf Augenhöhe mit jemanden, den du bemitleidest.

„Spiel nicht mit den Schmuddelkindern, sing nicht ihre Lieder." (Album von Franz Josef Degenhardt). Für mich bedeutete dieser Liedtext, mich ja unauffällig zu benehmen, keinen Anlass für Rechtfertigungen oder Erklärungsnöte zu geben.

Wann genau ich mit meinen nächtlichen Serienerfolgen anfing, wann es aufhörte, kann ich nicht mehr sagen. Es war, im Nachhinein betrachtet, eine gute Bewältigungsstrategie, weil sie beruhigte und kompensierte.

„Die Phantasie tröstet die Menschen über das hinweg, was sie nicht sein können, und der Humor über das, was sie tatsächlich sind." (Albert Camus)

Mobbing als zeitübergreifendes Phänomen

Meine erste Arbeitsstelle wurde ein Desaster. Im Ergebnis, weil es mir an Sensibilität und sprachlicher Diplomatie fehlte. In meiner Familie wurde ja eher wenig und wenn, dann Klartext geredet.

Zuversichtlich hatte ich die Stelle angetreten, froh, endlich Geld zu verdienen, nicht mehr jede auszugebende Mark zweimal überdenken zu müssen. Irgendwann im zweiten Monat meiner Probezeit kippte die Stimmung. Ich fühlte mich vorgeführt und abgeschnitten. Die Einarbeitung hinkte, viel Zeit verbrachte ich mit Lesen oder Aufschnappen und Beobachten. „Learning by watching" – wenn es so etwas gibt. Schnell war ich sehr verunsichert, wo ich schon alleine loslegen sollte oder das „Go" meiner Kollegin brauchte, für die ich zunächst als Schwangerschaftsvertretung eingestellt worden war.

Zu viert saßen wir in einem Büro. Der Kopierer stand im Nachbargebäude. Also hatte es sich eingebürgert, dass jeder von uns, der zum Kopierer hinüberging, die Kollegen fragte, ob sie auch etwas vervielfältigt haben möchten. Macht ja Sinn.

„Ich gehe zum Kopieren. Brauchen Sie auch etwas?", fragte ich also in die Runde. „Nein danke Frau X, ich habe nichts".

Kaum war ich aber wieder zurück im Büro, stand meine Kollegin mit derselben Frage auf: „Ich gehe zum Kopieren. Braucht noch jemand Kopien?"

Prompt antwortete Kollege 1: „Ja gerne Frau Y" und Kollegin 2: „Ach das ist lieb von Ihnen, wenn Sie für mich bitte dieses…."

Nee, ist klar.

Drei Tage später kam morgens eine Kollegin einer anderen Abteilung aus dem Nachbarzimmer in unser Büro, was sie durchaus regelmäßig machte. Man grüßte dann freundlich, plauderte ein wenig. Sowas eben.

An diesem Morgen standen meine Zimmergenossen jedoch alle auf und gratulierten ihr herzlich zum Geburtstag, überreichten einen schönen Blumenstrauß und eine Glückwunschkarte. Mein Name stand da nicht drauf, denn ich wusste von diesem Geburtstag gar nichts. Niemand hatte mich gefragt, ob ich mich an dem Geschenk beteiligen und ebenfalls unterschreiben möchte.

Natürlich stand ich ebenfalls auf und gratulierte der netten Kollegin. Und natürlich führte ich meine eigenen Kollegen nicht vor mit der Frage „Warum haben Sie mir denn nichts gesagt?" Doch genau diese Frage brannte in mir. 'Wird die jetzt denken, ich mag sie nicht und wollte nicht gratulieren oder mich am Geschenk beteiligen?' Ich fand es peinlich, war verärgert, habe aber den Mund gehalten.

„… Schweigen ist Gold…"

Erst nach der dritten derartigen „Aktion", bei der ich gefühlt zu Unrecht vor anderen heruntergeputzt wurde, habe ich ein klärendes Gespräch unter vier Augen gesucht.

„Ich habe den Eindruck…, habe ich etwas falsch gemacht?", so ungefähr habe ich das Gespräch eingeleitet. Die Gegenreaktion war mehr ein süffisantes Abwiegeln, so ein „am ausgestreckten Arm verhungern lassen". Kurz, das Gespräch brachte keinerlei Klärung oder Verbesserung.

Zuhause bei meinem damaligen Freund ging es mir mittlerweile schon am Samstagabend mies, weil der Montag wieder so nah an mir war. Ich fühlte mich in der Abteilung zunehmend unwohler, unerwünschter und sah fachlich meine Felle schwimmen, weil ich zu wenig mitbekam.

An einem Wochenende erzählte ich den Eltern meines damaligen Freundes davon und musste dabei weinen. Ich liebe den Vater noch heute für seine Reaktion, denn er sagte: „Weißt du was, Lara? Das hast du nicht nötig, dich so behandeln zu lassen. Gib deine Kündigung ab. Wir bringen dich auch noch durch."

Das habe ich dann auch gemacht. Völlig erleichtert, dass ich das durfte. Dass mir jemand Unterstützung für eine unbestimmte Übergangszeit anbot. Und beschämt über meine Familie, von der ich diese Reaktion niemals erwartet hätte. Wir sind mehr die Durchhalter. Meinen Freund hatte ich sehr um diese Eltern beneidet.

Vierzehn Tage musste ich dann nur noch in der Firma aushalten. Ehrensache, dass ich die schaffte und mich nicht etwa krankmeldete.

An meinem letzten Arbeitstag erst, so eine Stunde vor meinem Abschied, erfuhr ich von unserem Abteilungsleiter den Grund der Aversionen gegen mich.

Ich hatte eine Kollegin zu lasch angesprochen und ihr das Gefühl von Abwertung gegeben.

Die erinnerte Situation war die folgende: wir beide saßen am späten Abend Rücken an Rücken stumm an unserer Arbeit. Ich wollte das Schweigen auflösen, mit ihr reden und überlegte, worüber. Da ich wusste, dass ich auch für sie Urlaubsvertretung machen sollte, bot sich natürlich ihr Aufgabengebiet an. Zusätzlich wollte ich nicht so übertrieben förmlich klingen, da wir beide ungefähr im gleichen Alter waren.

Die förmlich korrekte Frage hätte ungefähr so gelautet: „Frau B, hätten Sie einen Moment Zeit für mich? Ich interessiere mich für Ihr Aufgabengebiet, zumal ich ja für ihre Urlaubsvertretung vorgesehen bin…. " Meine laxe Variante hingegen kam ungefähr so herüber: „Frau B, was machen Sie hier eigentlich so?"

Böser Fehler, ganz böses Foul. Aus ihrer Sicht. Da musste ich quasi ihre Existenzberechtigung in Frage gestellt haben.

Aus meiner Sicht, unter Berücksichtigung von Absicht, Mimik, Gestik, Stimmlage, meinem bisherigen Verhalten ihr gegenüber, blieb eine ganz unglückliche Formulierung.

Und doch war hier nichts mehr zu retten, nur noch zu lernen.

„Achte auf deine Worte! Was ich meine ist nicht das, was beim Gegenüber ankommt."

Das Verhalten der Kolleginnen (speziell – leider) wurde zu der Zeit noch nicht Mobbing genannt. Vielleicht hätte es da „Zickenalarm" geheißen.

1969 wurde der Begriff „Mobbing" von dem schwedischen Arzt Peter-Paul Heinemann benutzt, um eine Form von Gruppendynamik zu benennen:

das Attackieren einer Gruppe gegen eine Person, die von der Norm abweicht. Erst ein aus Deutschland ausgewanderter Arzt und Psychologe, Heinz Leymann, verwendete diesen Begriff im Zusammenhang mit dem Arbeitsleben. Publikationen zu seinen entsprechenden Forschungen sind seit Anfang der 90er Jahre zugänglich.

Unsere Kinder lernen heutzutage schon in der Schule, sich gegen Mobbing zu wehren. Firmen etablieren einen Mobbing-Beauftragten, weil sie erkennen, dass durch die resultierenden Arbeitsausfälle ein deutlicher wirtschaftlicher Schaden entsteht.

Auch Krankenkassen sind längst alarmiert.

Cyber-Mobbing betraf nach einer Studie (aus 2011) der Techniker Krankenkasse zusammen mit der Universität Münster bereits 32 % der Jugendlichen (in NRW 36 %) als Opfer.

„Die Welt ist viel zu gefährlich, um darin zu leben – nicht wegen der Menschen, die Böses tun, sondern wegen der Menschen, die daneben stehen und sie gewähren lassen." (Albert Einstein)

Die Energie der Gefühle

Angst, Freude, Scham, Trauer oder Wut sind Basisgefühle bei allen Menschen, die eine wichtige Funktion in unserem Leben haben. Gefühle sind Energien in uns, die uns die Kraft geben, auf eine Situation zu reagieren. Sie drücken sich weltweit auch in erkennbarer Mimik aus. Gefühle entstehen meistens aus einer gedanklichen Bewertung eines Ereignisses oder einer Wahrnehmung. Das ist individuell sehr unterschiedlich, so wie die Reaktion auf das verspürte Gefühl.

Gefühle können hingegen auch völlig unbewusst anspringen, der Auslöser liegt dabei tief im Unterbewusstsein – triggern sagen psychologisch versierte Fachleute zu diesem Phänomen. Erst nach der Wahrnehmung eines diffusen Gefühls in uns kommen die Fragen 'Was für ein Gefühl kommt da hoch? Wo kommt das her?' und oftmals verdrängen wir zu schnell mit unserer Abwertung 'passt hier nicht hin.'
Für mich waren Gefühle entweder Antriebskräfte oder Bremsen, je nachdem.

Geäußerte Wut war bei mir stark negativ belegt. Sie hatte mit Schreien und Toben zu tun, mit Ungerechtigkeit und Einschüchterung. Wut war Ausdruck von Launenhaftigkeit oder Machtgebaren eines Alphamännchens. Kam daher für mich gar nicht in Frage, ein selbst auferlegtes Verbot. Nur, wohin damit?

Die Energie aus der Wut konnte ich umwandeln, in „Durchhalten" oder „Handeln". Daraus hatte ich oft die Kraft gezogen, Alternativen für mich zu erkennen und umzusetzen. 'Ihr helft mir nicht bei Führerschein, Auto, Studium? Will ich trotzdem, das schaffe ich auch ohne euch.' Oder im Berufsleben 'Ich darf nicht in euer Förderprogramm? Dann versuche ich mein Glück eben woanders.'

Darf man auf jemanden wütend sein, der sich seiner Qual aber auch Verantwortung durch Suizid entzieht? Erst mein älterer Bruder und ein Buch von Hape Kerkeling brachten mich auf diese Frage.

Mein Bruder wollte als Erwachsener nicht mehr zum Grab unserer verstorbenen Mutter fahren. Eine Mutter, die ihre Kinder verlässt, sei für ihn keine richtige Mutter. Ich war erschrocken über diese Einstellung, über diese Verärgerung. Mir war immer klar, sie war eine prima Mama und es musste etwas wirklich ganz Schlimmes passiert sein, damals. So schlimm für sie, dass sie keinen anderen Ausweg mehr sehen konnte.

„Frag nicht" oder „Ich kann nicht darüber reden" waren aber lange meine STOPP-Limits, um Näheres zu erfahren. Ausgebremst.

Das muss ein gewaltig verzweifelter, einsamer, mutiger Schritt sein, dem vermutlich viel Enttäuschung sowie Verlust an Kraft und Hoffnung vorausgingen. So hatte ich darüber gedacht, daher dominierten bei mir immer Bedauern und Mitleid. Doch individuell darf natürlich auch Wut auftauchen und sollte wahrgenommen werden.

Aus Angst vor Strafe, Zurückweisung oder Blamage habe ich vieles nicht getan oder nicht gesagt.

Angst ist ja in erster Linie ein Schutzmechanismus, der vor Gefahren warnt und entsprechende

Kampf- oder Fluchtreserven mobilisiert. Sie darf nur nicht unnötig anschlagen, nur noch Fluchtinstinkte also Vermeidungsverhalten wecken und uns damit ausbremsen.

Ich kannte auch die Abwärtsspirale zwischen Denken und Fühlen.

„Wir sind, was wir denken. Alles, was wir sind, entsteht aus unseren Gedanken. Mit unseren Gedanken formen wir die Welt." (Buddha)

Dazu gab es in der REHA einen Übungsfragebogen, der den Zusammenhang ungefähr in dieser Weise darstellte.

Frage: Was macht dir momentan Angst?
Antwort: *Meine Arbeit zu verlieren.*
Frage: Wie fühlt sich das an?
Antwort: *Herzrasen, Atemnot, Unruhe, Schlafstörung*
Frage: Welche Gedanken kommen dir dabei?
Antwort: *Düstere, mich will keiner mehr, ich verliere meine Wohnung, rutsche in Hartz IV.*
Frage: Was machen diese Gedanken mit deinen Gefühlen?
Antwort: *Sie verstärken die negativen Gefühle, die Angst wird größer.*

Dieser Einfluss der Gedanken auf die Gefühle lässt sich fairerweise auch zum Positiven einsetzen.

Frage: Verlierst du auch deine Familie oder Freunde, wenn du deine Arbeit verlierst?
Antwort: *Vermutlich nein, vielleicht ein paar.*
Frage: Wie fühlt sich das an?

Antwort: *Beruhigend.*

Frage: An wen kannst du dich wenden, wenn du keine Arbeit hast?

Antwort: *An das Arbeitsamt.*

Frage: Wie fühlt sich das an?

Antwort: *Etwas zuversichtlicher.*

Frage: Könntest du mit einer kleineren Wohnung zurechtkommen?

Antwort: *Ja.*

Frage: Wie fühlt sich das an?

Antwort: *Es nimmt den Druck.*

Frage: Was hast du bisher alles in deinem Leben erreicht?

Antwort: *Ausbildung, Studium, Wohnung*

Frage: Was hast du dafür gebraucht?

Antwort: *Wille, Verstand, Disziplin, Fleiß*

Frage: Verlierst du das auch, wenn du deine Arbeit verlierst?

Antwort: *Nein.*

Frage: Wie fühlt sich das an?

Antwort: *Weniger sorgenvoll.*

Frage: Was machen diese Gedanken mit deinen Gefühlen?

Antwort: *Sie mildern die Sorgen, machen ruhiger.*

Als Folge beeinflusst das Gefühl wiederum das (Weiter)denken, wie eine Interaktion in Spiralform ist das, die zum Glück eben auch nach oben strebt.

Diese Übung half mir, die Angst vor dem Verlust meiner Arbeit in den Griff zu bekommen. Selbst wenn es geschähe, würde ich nicht untergehen. Dann könnte ich das auch als Chance betrachten, mich neu auszurichten. Fakt war, mit dieser geschürten Angst musste ich mich nicht (länger) in die Knie zwingen lassen.

Auch durch körperliche Aktionen (Lächeln, Hände in eine Siegerposition hochrecken, aufrechte Körperhaltung) können positive Gefühlsimpulse gesendet werden. Ich erinnere mich an eine Fernsehszene, bei der einige Kandidaten kurz vor einem Bungee Sprung für eine Minute verschiedene Körperhaltungen einnehmen sollten.

Gruppe A sollte sich ängstlich zusammenziehen, die Arme unter der Brust verschränken und den Kopf hängen lassen.

Gruppe B bekam den Auftrag, die Hände in den Himmel zu strecken und ein Siegerlächeln aufzusetzen.

In Gruppe A gab es Rückzieher, in Gruppe B sind alle gesprungen. Auch wenn die Gruppengrößen nicht repräsentativ waren, hatte mich das Experiment überzeugt.

In der Berufswelt ist in der Regel kein Platz für Gefühle. Wir sollen alle Profis sein und wie Maschinen, möglichst störungsfrei, arbeiten. Profis zeigen natürlich keine Wut, Scham oder Angst. Dafür dürfen wir stets jedoch falsche Freude vorgeben, z. B. bei dem x-ten-Zusatzprojekt, dem kommenden Überstundeneinsatz: „Ja, mach ich doch gerne." „Yes, great, we appreciate." „Chaka-chaka."

Gefühle sind zwar in mir, als Gefühle sind sie aber nur ein Teil von mir, sie sind nicht „Ich selbst". Auch wenn wir sagen „Ich bin traurig", weil wir uns gerade so fühlen. Korrekter wäre die Formulierung

„Ich fühle gerade Trauer." Das nehme ich einen Moment lang wahr, gib ihr Raum und lasse sie weiter ziehen. Ich bin immer mehr als ein momentanes Gefühl.

Stress, Gedanken, Süchte und exzessive Unterhaltung bzw. Ablenkung (einschließlich Smartphones) sind bewährte Helfer, sich der inneren Gefühlslage nicht stellen zu müssen. Vorerst jedenfalls.

Nur wer erkennt, dass die Palette unserer Gefühle zu einem lebenswerten, selbstbestimmten Leben gehört wie Licht und Schatten, der wird motiviert sein, ihnen Raum zu geben. Gefühle, die kommen, wahrzunehmen, zuzulassen und für eigene Ziele oder Bedürfnisse kraftspendend einzusetzen.

Besonders heftig schlugen meine Gedanken und Gefühle bei Vortragssituationen an, die ich (alleine stehend) vor einer Gruppe halten sollte. Da gab meine Dramaqueen alles. Ich sah mich im Vorfeld gedanklich erbärmlich scheitern, stottern und den roten Faden verlieren. Das hat meine Atmung verändert, meinen Herzschlag erhöht. Kurz – die Angst davor noch verstärkt.

Zunächst hatte ich es mit Desensibilisierung versucht. Ich belegte einen Rhetorikkurs und gab ein halbes Jahr samstags Frontalunterricht. Damit wollte ich mich zur Routine zwingen und durch den Gewöhnungseffekt allmählich angstfrei werden. Doch mein Lampenfieber ging damit nicht weg, von der ersten bis zur letzten Unterrichtsstunde stand ich unter Beruhigungsmitteln. Als nächstes versuchte ich mir einzureden, das sei okay, wenn ich kein Vortragender sein kann. Ich müsse mir nur eine Arbeit suchen, wo diese Fähigkeit nicht verlangt wird. Praktisch verfiel ich in die Vermeidung, wo es nur ging. Wenn ich partout nicht mehr ausweichen konnte, halfen stärkere Beruhigungsmittel.

Mit dem Kopf war der gewaltige Unterschied zwischen „Referat im Sitzen" oder „Referat im Stehen" nicht greifbar.

„Geh, und verabschiede dich…"

Erst durch meine Arbeit mit dem inneren Kind und der Imagination bekam ich meine negativen Gefühle besser in den Griff.

Eine passende Geschichte zum Thema Gefühle, die uns beherrschen, geht ungefähr so:

Ein weiser, alter Indianer erzählte seinem Enkel die Geschichte von zwei Wölfen, die in jedem Herzen lebten und gegeneinander um die Vorherrschaft rangen.

Der eine Wolf sei durchdrungen von negativen Gefühle, er sei bösartig und rachsüchtig, gierig und verbittert, voller Missgunst und Selbstmitleid.

Der andere jedoch sei gutartig, liebevoll und friedfertig, gütig und dankbar, voller Vertrauen und Wertschätzung.

Der Enkel hörte interessiert zu und fragte schließlich; „Und, wer gewinnt?"

Die schlichte Antwort: „Der, den du fütterst."

Der Esel geht aufs Eis

Mein erster Chef nach dem Firmenwechsel war sehr ruhig und nett, doch er konnte mir nur einen Zeitvertrag geben. Ich bewarb mich auf eine interne Stellenausschreibung und kam in eine neue Abteilung, zunächst wieder nur befristet. Der neue Chef war super, denn er setzte sich stets auch für mich ein. Er führte mich nach dem Prinzip „fördern und fordern", was ich sehr okay fand. Es gab harte Projektphasen bei ihm, in denen ich täglich bis zu mehr als 12 Stunden im Büro arbeitete, selbst das fand ich okay. Im Gegenzug hat er das Projektteam bei Laune gehalten, kam spät am Abend noch herein, bedankte sich mit Worten und einer schönen Essenseinladung. Und er hat sich von sich aus für meine Entfristung und Beförderungen eingesetzt. Ja, Plural. Er hat mir auch viel zurückgegeben. Und das ist heutzutage gar nicht mehr selbstverständlich.

Das hat sich auf das gesamte Team ausgewirkt. Wir wussten, was von uns erwartet wurde, eben auch die berühmte Schüppe obendrauf bei Engpässen oder Terminarbeiten. Doch stets wurde solch Mehreinsatz auch gewürdigt. Er konnte hart werden, sich unbedingt durchsetzen, Manager eben. Er hatte aber auch eine charmante, fast fürsorgliche Seite. In meinen Augen war er fair.

Die Kollegen gingen sehr offen und freundschaftlich miteinander um. Leistung wurde honoriert, nicht herumschleimen. Eine Abteilung zum Wohlfühlen trotz hoher Anforderungen. Unsere Betriebsfeste wurden gerne besucht, was den fairen Umgang zusätzlich gefördert hat.

Und doch hat es mich, wie den berühmten Esel auf dem Eis, geritten, erneut intern zu wechseln. Die Firma war sehr groß und bot noch viele interessante Bereiche. Mir ging es richtig gut und doch wollte ich weg? Nur um neue Erfahrungen zu machen und nicht bis zu meiner Rente in dieser Abteilung hocken zu bleiben. `Das macht sich auch schlecht im Lebenslauf`, dachte ich mir damals. Im Nachhinein betrachtet war das keine sehr schlaue Entscheidung.

Später erklärte mir eine Therapeutin dazu, so viel Gutes war mir ungeheuer, daran konnte ich nicht glauben, nicht damit umgehen. Es war zu fremd.

„Wenn es dem Esel zu wohl ist, geht er aufs Eis."
(Deutsches Sprichwort)

Überforderung am Arbeitsplatz

Am neuen Arbeitsplatz in der Großindustrie verstärkte sich oft mein altbekanntes Gefühl „Ich muss mehr geben, um weniger zurück zu bekommen als andere (Männer)". Doch das war mir ja vertraut und der Deal deshalb auch okay, weil ich das, was zurückkam, brauchte.

Zu Beginn meiner Arbeit dort befand ich mich oft als einzige Frau in einem Männermeeting, was ich unangenehm fand. Im Laufe der Zeit lockerte das etwas auf. Obwohl der Frauenanteil in dieser Firma bei ca. 25 % lag, war der Anteil unter den Führungskräften deutlich geringer. Die höchste Hierarchieebene für eine Frau war die Gruppenleiterin. 2010 arbeitete ich in einer paritätisch besetzten Abteilung, was ungewöhnlich genug war. Mir fiel jedoch sofort auf: alle Männer waren AT-Angestellte, alle Frauen im Tarif. Bei mir löste das sofort Störgefühle aus. Erst ungefähr 2017 durfte die erste Frau Dr. die Position eines Betriebsleiters übernehmen.

Da ist es gut zu wissen, wie die Wölfe heulen, wie Networking geht. Und wie du in einem Haifischbecken nicht untergehst. Mal ehrlich, wer von den Mädels (meiner Generation) lernt das von Hause aus?

Mit netten und fairen Vorgesetzten oder Kollegen kam ich prima klar, doch wer tut das nicht?

Im Job schaffte ich notfalls bis zum Umfallen, ließ mir von einigen Chefs oder Kollegen manchmal zu viel gefallen, weil ich nicht adäquat gegenhalten konnte. Machte den Mund nicht auf und jammerte still vor mich hin, wenn ich mich ungerecht behandelt oder hängen gelassen fühlte. Zur Stressvermeidung arbeitete ich als Projektleiterin sogar für Teamkollegen mit. Auseinandersetzungen ging ich aus dem Weg; allein der Gedanke daran reichte für Schlafstörung, Herzrasen, Tränen.

Genau die Falle, die ich im Privaten bei meiner Pflegemutter erlebt hatte. Ich steckte in den erfahrenen Verhaltensmustern, tappte nach ihrem Vorbild dann beruflich hinein. Sachliche Diskussionen hatte es bei uns daheim ja nicht gegeben. Mehr Ansagen vom Rudelführer, Oma schwieg, die Tante weinte. Folglich mochte ich den Ansagemodus nicht besonders. Auch Alphatier-Gehabe löste Negatives in mir aus.

Nach mehr als zwanzig Jahren wurde es wieder beängstigend und kalt, denn es kamen deutliche Signale auf mich zu 'Geh, du genügst nicht, du passt nicht in mein Hochleistungs-Team.'

Den folgenden Burn-out hatte ich mir hart verdient.

Zu Beginn stand eine Umorganisation. Mein Chef bekam eine neue Abteilung und musste seine Altaufgaben loswerden. Er fand es schlau, die einfach mal so in meine Stellenbeschreibung zu setzen. Problem gelöst, aus seiner Sicht. Nur damit fingen meine an. Mein Protest half nicht. Seine Begründung für diese Aktion war lapidar: „Ich bin ja noch da, du kannst mich ja jederzeit fragen. Wir haben alle etwas in der Beschreibung stehen, was wir nicht machen."

Doch kaum ein halbes Jahr später wurde durch weitere Re-Organisation ein neues globales Team geschaffen. Dieses Papier und ich wurden Teil davon. Meine neue Chefin, eine Doktorin, die frisch von Amerika in unsere deutsche Zentrale gewechselt hatte, rief nun Aufgaben ab, die ich noch nie zuvor erledigt hatte. Für die mir auch das fachliche Know-how fehlte. Sie glaubte, all das „Neue" mache ich schon seit Jahren und wollte meine Erwiderung nicht hören. „Lara, das steht da in deiner Stellenbeschreibung. Dafür wirst du bezahlt."

Sie wollte eine alte Auswertung meines damaligen Abteilungsleiters von mir aktualisiert haben. Ich ging daher zu ihm und fragte, woher diese Zahlen stammten, denn ich konnte sie in keiner Studie finden und nicht nachvollziehen. „Das sind persönliche Erfahrungswerte." Ja toll. Chancenlos für mich, darauf aufzubauen.

Tägliche Überstunden wurden nun völlig selbstverständlich, selbst mein Wochenende wurde für Terminaufgaben eingeplant. „Du hast noch 1,5 Tage + Wochenende. Das will ich Montagmorgen von dir haben." Ansagemodus - tak tak tak.

Hohe Erwartungen brachten mich in den Galopp. Ich musste effizienter werden und nach dem Pareto-Prinzip arbeiten – nach 80 % Erreichungsgrad in 20 % der absolvierten Zeit sollte ich mit Aufgabe A aufhören und mit B anfangen usw. So wäre dann rein rechnerisch in 100 % Arbeitszeit (5 x 20 %) 5 x 80 % (400 %!) an Arbeit zu schaffen. Klang für mich pervers. Woher weiß ich denn, dass die Arbeit zu 80 % erledigt ist? Ich wollte lieber fehlerfreie, belastbare Arbeitsergebnisse bringen. Ich sorgte mich um Rückläufe, Reklamationen und Nachfragen.

Für meinen Haushalt versuchte ich das Modell in Gedanken durchzuspielen: die Fenster zu 80 % putzen, den Kuchen nach 80 % der Garzeit herausrausnehmen, für vier Personen kochen und die Zutaten des Vier-Personen-Rezeptes um 20 % kürzen, die Bluse nur zu 80 % bügeln? Unmöglich, fand ich, mir wollte nichts einfallen, wo das funktionieren könnte. Brrr. Es waren ganz viele Widerstände in mir, auf diese Weise arbeiten zu müssen.

Mir fiel mein Hang zu Schnäppchen ein. Gerne argumentierte ich ironisch schon mal in dieser Weise „je mehr ich einkaufe, umso mehr spare ich". Denn, wenn ich bei einer Bluse 20 % sparen kann, wird die Ersparnis bei zwei Blusen mit demselben Rabatt ja noch höher. Und wenn ich fünf Teile mit je 20 % Rabatt erwerbe, spare ich rechnerisch betrachtet 5 x 20 % = 100 %. Das war doch reiner Selbstbetrug. So kann man sich leicht kaputt rechnen. Ab dem sechsten Teil bekäme ich sogar noch Geld zurück, denn da läge die Ersparnis bei 120 %? Ist doch Blödsinn. Bei fünf Teilen habe ich fünfmal Geld ausgegeben, der Betrag ist nur etwas niedriger als die Summe der Mondscheinpreise auf den Etiketten.

Doch ich musste die neuen Vorgaben irgendwie schaffen.

Multitasking, ein weiterer Arbeitsfavorit dieser Chefin, ist ebenfalls Selbstbetrug. Unser Gehirn verarbeitet logische Anforderungen nicht zur gleichen Zeit, nur unheimlich schnell nacheinander. Beim Bügeln kann ich durchaus noch Musik hören, beim Lesen mitbekommen, dass mein Freund durch die

Wohnung wuselt, doch Rechenaufgaben, Excel-Tabellen, Termine aussuchen geht nur nacheinander.

Diese Chefin sagte so komische Sachen wie: "Dass sich Frau Müller traut, solange in Mutterschaftsurlaub zu gehen." 'Wie jetzt?' Weil, in Amerika arbeiten die Frauen bis kurz vor den Presswehen durch, entschuldigen sich dann für einen Moment und fangen sehr früh nach einer Geburt wieder an zu arbeiten. (Das ist jetzt nur einen Hauch übertrieben weitergegeben).

Zwischen uns lagen eindeutig auch kulturelle Unterschiede.

Sehr erschüttert wurde ich durch diese Aussage: „There is no intelligence behind your work… a simple machine can do … go and find this machine." Das ging voll gegen mein Wertesystem. Meine Arbeit war also nicht intelligent, zu simpel und damit in ihren Augen überbezahlt. 'Bin ich nicht, das beweis ich dir.' War das Trotz in mir oder verzweifelter Ehrgeiz?

Ich bekam folglich den Auftrag, mich nach einer Maschine /Software umzusehen, die mir Arbeitsaufgaben abnimmt, für die ich aus Ihrer Sicht zu teuer war. Ich fühlte mich herablassend behandelt und angegriffen.

Doch folgsam suchte ich den Markt ab, fand, testete, analysierte, dokumentierte – und präsentierte die Resultate. Etwas erleichtert, denn sie waren unbrauchbar, so eine Software würde mich wohl nicht ersetzen. Doch nun kam die Order, einen Dienstleister zu finden, der diese Arbeiten statt meiner erledigen sollte. Bei mir kam an "Finde die Säge, mit der ich deinen Ast absäge." Ich war entsetzt über die Aufgabe, den Stil und die völlige Schmerzfreiheit bei ihr.

Zwischendurch immer wieder Smalltalk mit Botschaften: die Chinesen werden uns bald überrollen, die arbeiten zwölf Stunden täglich. Im Urlaub nehme meine Chefin selbstverständlich ihren Laptop mit und werde die halbe Zeit arbeiten. An ihrem Standort verbrächten alle Mitarbeiter gut fünfzig Stunden im Büro. Nach einem internationalen Ganztagsseminar haben nur die Deutschen Feierabend gemacht, die übrigen arbeiteten im Büro oder Hotel für die Firma weiter. 'Warum sagt die mir all das? Klarer Fall, ich soll noch mehr reinklotzen, grenzenlos.'

Unlösbare Aufgaben zerrten an meinen Nerven: ausgehend von einer teuer eingekauften, globalen Marktstudie über Produktionskapazitäten der Wettbewerber sollte ich das „Others" in den abgebildeten Tabellen erklären. Welche Firmen stecken dahinter, in welchen Ländern, welche Produkttypen?

Runterputzen raubte mir die Motivation. Eine Lern-CD von ihr in Englisch, um meine Excel-Kenntnisse zu verbessern, konnte ich nicht installieren, weil mir die Administratorenrechte dafür fehlten. Also bat ich unseren IT-Administrator um Hilfe. Er wollte eine schriftliche Anforderung, weil das Installieren von Fremdsoftware gegen Corporate-Richtlinien verstieß. Ich versprach, diese zu besorgen, da ich ja den Auftrag hatte, damit zu arbeiten. Der Kollege versuchte es vorab, schaffte es jedoch ebenfalls nicht, die Anwendung zum Laufen zu bringen. Als ich das meiner Chefin später erklärte und um ihre schriftliche Anforderung bat, warf sie mir vor: „Du hast auch immer Ausreden."

Jede Woche gab es neue Aufgaben, jede Woche lieferte ich und hörte kaum etwas zu meinen absolvierten Arbeiten, die verschwanden im Äther. Doch nach den unerledigten Teilen wurde stets gefragt.

Ich hetzte mich ab nach dem Motto „Mehr vom Gleichen, nur schneller.", doch meine Chefin wurde zunehmend unzufrieden mit mir: ich schaffte nicht genug oder in der falschen Reihenfolge.

Deshalb bat ich für den kommenden Aufgabenblock um ihre Prioritäten - Fehlanzeige. Hab ja noch ein Wochenende und ein Abend darf auch lang werden.

Meine Wochentage starteten nun mit Herzrasen und endeten mit Tränen in den Augen, noch bevor ich mein Auto auf dem Firmenparkplatz erreicht hatte.

Auch jetzt noch, im gedanklichen Rückblick meiner Krankheitsentwicklung, schlägt mein Herz schneller. Ich weiß, dass ich durchhalten und stark sein kann. Doch ich brauche Boden unter den Füßen.

Irgendwann schlug sie mir einen Persönlichkeitstest vor. Der passende Fragebogen unterschied im Ergebnis vier verschiedene Arbeitstypen – rot, blau, grün und gelb. Merkmale wie „starke Führungspersönlichkeit" weisen auf „Typ rot" hin. Und dieser Mensch hat spezifische Bedürfnisse und Erwartungen an seine Arbeit, speziell an die Art und Weise, wie er arbeiten und behandelt werden möchte. Nur gilt das für die anderen Menschentypen ebenfalls.

Wir beide waren uns wesensmäßig sehr fremd, um nicht zu sagen suspekt. Ihr Führungsstil und die von mir erwartete Arbeitsweise sowie die ausbildungsfremden Aufgaben brachten mir viel Sorgen, schlaflose Nächte und Herzrasen.

Eine lange und quälende Tortur wurde es mit ihr und mir. Ein Kämpfen gegen Windmühlen? Ich fühlte mich völlig unwohl, gehetzt, gedemütigt, verunsichert und zunehmend kraftlos. Ich wollte da nicht mehr hingehen. Es erschien mir so aussichtslos. Ich konnte nicht mehr erkennen, wie ich die Situation für mich zum Besseren wenden könnte. Ganz wie meine Mutter?

Doch aufgeben kam nicht in Frage, denn ich sah keine Alternative für mich. Ich war auf das Einkommen angewiesen. Durchhalten, unbedingt durchhalten. Auch wie meine Mutter? Sie konnte unserem Opa daheim nichts recht machen, hörte ich Jahrzehnte später.

Die Wochenenden verbrachte ich nur noch teilweise mit dem Studium von Fachliteratur. Es wollte nicht gelingen, der Kopf wollte nichts mehr aufnehmen. Nichts wollte mehr gelingen. Eines der letzten Gespräche mit ihr, zuckersüß am Telefon eingeleitet, wie eine harmlos interessierte Frage nach meinem Lieblingsitaliener, handelte von einem Outplacement, für mich. Sie hatte sich in der Personalabteilung nach Optionen erkundigt. Wenn ich die neue Stelle nicht zu ihrer Zufriedenheit ausfüllte, käme ein externes Bewerbertraining in Frage. Vorbereitend dafür würde ein Berater zunächst mit mir meine Stärken und

Schwächen analysieren. Horror, der Teil mit der Bewerbung zumindest.

Ich ging auf die fünfzig zu, die Wirtschaft befand sich in einer Rezession, einige Wettbewerber meldeten Kurzarbeit an und sie drohte mir mit Rauswurf.

Ab da saßen mir auch noch Angst und Schrecken im Nacken. Wenn sie das für eine gute Motivationsmethode hielt, lag sie bei mir voll daneben. Ich brachte, glaube ich zumindest, genügend Eigenmotivation mit. Das hier wurde nun sehr kontraproduktiv.

„Angst essen Seele auf", sagte die Putzfrau Emmi Kurowski alias Brigitte Mira in dem gleichnamigen Film aus dem Jahr 1974. Sie hatte so Recht.

In knapp einem Jahr mit dieser Chefin hatte ich elf Kilogramm abgenommen, ganz ohne Mühe, nur durch Stress und überlange Arbeitstage. Und durch unruhige Nächte, Magenprobleme sowie Migräne-Attacken. Gefühlt konnte ich jeden Moment einbrechen, denn ich stand nur noch auf hauchdünnem Eis.

Auch Kollegen und andere Vorgesetzte mussten erkannt haben, wie ich abbaute. Doch niemand half. Bedauern und Anteilnahme ja, nur auch die Sorge, selber in die Schusslinie zu geraten oder „nicht zuständig" sein. So läuft das System. Wie in der alten Werbung von Fisherman's Friend: „Sind sie zu stark, bist du zu schwach."

Es wurde auf beiden Seiten viel Energie für das Miteinander verbraucht. Nach dem letzten Eine-Woche-Aufgabenpaket von ihr, übertragen in einer globalen Team-Telefonkonferenz, wollte sie meine öffentliche Zusage, alles bis zur kommenden Woche zu erledigen. „Lara, can you promise to do?" 'Nein, kann ich nicht, das ist nicht zu schaffen.'

Ich fühlte mich erneut vorgeführt. Und jetzt brachte sie auch noch meine Ehre ins Spiel? 'Wenn ich das verspreche, muss ich das auch einhalten'. In meinen Augen war das nicht zu halten und damit konnte ich eine derartige Zusage nicht geben.

Ich war dauerentsetzt und permanent unter Anspannung.

Am nächsten Morgen ging ich zu meinem Hausarzt. Es folgte eine sehr lange Krankschreibung mit einer psychosomatischen REHA.

Meine Chefin erwartete auch da noch, dass ich meinen Laptop mitnehme, um wenigstens die Mails von dort zu beantworten. Ich lehnte ab: „Es ist geradezu Sinn dieser REHA, nicht zu arbeiten. Ich glaube nicht, dass das erlaubt ist." Ich fand ihr Anliegen unverschämt, sogar gesetzeswidrig und brauchte dringend die Ruhe. Dennoch hatte die angepasste, folgsame Kleine in mir Mühe mit dieser Antwort, immer noch. Hier erst kam meine völlige Verweigerung. Aus Selbstschutz? Mangels Reserven? Wegen der Aussichtslosigkeit?

Wiederholte sich damit ein Familienmuster?

Unsere Produktionsmaschinen liefen prozessgesteuert. Es waren Skalen eingebaut, die vor Überbelastung warnten oder eigenständig herunter regelten, um im Optimum zu bleiben, um die erwartet gute Qualität herstellen zu können, um Wartungskosten und Ausfälle zu minimieren. Doch bei den Menschen? Fehlanzeige. Keine Observation gegen Überbelastung, kein FI-Schalter, keine rot-grün-Anzeige, Systemfehler.

Kaum noch ein Chef, der sagt: „Meine Leute sind vollgepackt. Wenn …, dann … ich brauche mehr Ressourcen." Stattdessen hörte ich bei einem sehr interessanten aber auch zeitfressenden Zusatzprojekt, das ich mit meinen übrigen Aufgaben additiv nicht bewältigen konnte und daher priorisieren, abgeben oder liegenlassen wollte: „Such dir ein Team, verteil das auf viele Schultern." So leicht ist Führung. Doch such' mal nach Freiwilligen, wenn alle bis Unterkante Oberlippe dicht sind.

Ich war auf Durchhalten programmiert, selbst unter Ressentiments, nicht auf verteidigen *(„Halt doch dein Maul!")*, nicht auf Selbstfürsorge. Das hat die Qual verlängert, plus die Angst.

Solange, bis ich völlig platt war. Ich war selber erstaunt über meinen Zustand. Ich erlebte eine andere Lara, eine, die sich klein und unbrauchbar fühlte und ganz nah am Wasser stand.

Mein jahrzehntelanger Glaubenssatz; 'Lieber ein bisschen Zuhause als gar keins' ließ sich nun mühelos auf meinen Arbeitsplatz übertragen. Ich klammerte.

Daher musste ich mich irgendwie wieder auf die Beine bringen. Ich wollte nicht selber das Tuch werfen und kündigen. Das wäre leichtfertig. 'Das wollen die damit doch nur erreichen', kam mir in den Sinn.

„Wenn der Wind der Veränderung weht, bauen die einen Windmühlen und die anderen Mauern." (Chinesisches Sprichwort)

Minus und Plus gleicht sich (nicht) aus

Eine nicht unerhebliche Zeit meines Lebens lief ich emsig im Hamsterrad. Und fühlte mich noch nicht einmal unwohl damit. Zeigte es mir und anderen doch, dass ich leistungswillig war und –fähig. Ich hatte zwar kaum noch Zeit und Puste, meine verdienten Kröten auch schön für mich auszugeben. Doch am Abend war das gute Gefühl: 'Ich habe einiges geschafft, mein Chef kann mit mir zufrieden sein. '

Das erhöhte dann wiederum meine Chancen, gut behandelt zu werden. Dachte ich zumindest. Also win-win-deal: ich tue etwas Gutes für dich, du im Gegenzug für mich.

Als es dann zu viel wurde, kam mir eine mathematische Gleichung in den Sinn: '-1 +1 = 0. ' Gleicht sich folglich aus, wird neutral.

Also erschien es mir logisch, etwas Positives gegen etwas Negativem zu setzen, zum Ausgleich sozusagen. Konsequent habe ich dann in meine Freizeit möglichst viele schöne Termine und nette Aktivitäten gelegt, auch Sport, weil es ja gesund ist. Meine Wohnung sollte tippitoppi aussehen und mit vielen Blumen dekoriert eine gute Atmosphäre verbreiten. Ganz auf Effizienz und Effektivität eingestellt wurde jetzt auch meine Freizeit mit Checklisten verplant, die ich abarbeitete.

Ich hatte auf mein Privatleben übertragen, was mir von der Arbeit sehr vertraut war. Doch die Rechnung ging nicht auf. Es brachte nicht die benötigte frische Energie, es verbrannte sie ebenfalls.

Den Spiegel hat mir dann unbewusst mein älterer Bruder vorgehalten. Die Familie war zu seinem Geburtstag hoch an die Nordsee gekommen.

Das Wetter war fantastisch, wie saßen gemütlich bei Kaffee und Kuchen im Garten. Dann kam der Vorschlag aus der Runde: „Lasst uns doch an die Küste fahren."

Yeah, schöne Idee. Alle waren sofort einverstanden. Der Beschluss war schnell gefasst und galt - 14.00 Uhr. 14.10 Uhr war ich dann startklar, nachdem ich nur kurz noch zur Toilette gegangen war und andere Schuhe angezogen hatte. Dann wartete ich auf die übrigen, und wartete, wartete, schaute öfters auf die Uhr, etwas ungeduldig, etwas vorwurfsvoll.

Ganz viele Verzögerungen kamen hinein. Alle wollten natürlich noch zur Toilette, das war okay. Aber nun das Gesuche nach der richtigen Getränkeflasche, der roten und nicht der blauen Jacke, Sonnenmilch und –hut, Autoschlüssel, „Wer fährt denn und wer mit wem?", Kindersitze umpacken, … Um 15.20 Uhr konnten wir dann endlich losfahren. Für mich eine unvorstellbare Zeitdifferenz, die ich verplempert hatte. 'Kann denn meine Familie so gar nicht auf Effizienz?"

Ich habe in leicht angepisster Stimmung meinen Bruder darauf angesprochen, von verlorener Zeit geredet. Er schaute mich amüsiert an und erwiderte ungefähr so: „Was ist denn los, Schwesterchen? Wir sind doch hier nicht auf der Flucht. Wir haben ein gemütliches Wochenende vor uns. Und es ist egal, ob wir um vier oder halb vier an der Küste sind."

Er hatte ja so Recht. Der Gedanke fuhr sofort wie ein Blitz durch mich hindurch und ließ mich beschämt nicken.

Erst auf der Heimfahrt kamen Tränen hinzu, weil ich erkannte, wie sehr mich die Arbeit bereits verändert hatte. Das wollte ich doch eigentlich so gar nicht. Warum musste mich der Effizienzteufel auch noch in meiner Freizeit treiben? Wieso habe ich das zugelassen? Und vor allem, wie komme ich denn auf den Trichter, auch noch andere scheuchen zu wollen? Wo es mir doch selber nicht mehr gut tat.

Ich war auf einem falschen Weg. Nur, wie kam ich da wieder runter? Und welcher Weg war denn der richtige?

„Stress ist, wenn man nicht nur der Arbeit nachgeht, sondern die Arbeit einem selbst nachgeht." (Prof. Dr. med. Gerhard Uhlenbruck)

Depression / Burn-out

Meine Ärztin sagte, ich habe eine Depression. Ich wusste gar nicht so recht, was das ist, es klang aber nach psychisch krank, daher erwiderte ich sofort: „Nein, habe ich nicht. Ich habe nur gerade zu viel Stress um die Ohren und komme nicht durch mein Arbeitspensum." Burn-out war der andere Ausdruck, den sie verwendete. Damit konnte ich schon mehr anfangen. Müde, völlig erschöpft, zu nichts mehr Lust und als Folge daraus völlige Abwesenheit von Freude, soziales Desinteresse, Isolation. Alles war mir zu viel, selbst die einfachsten Dinge im Haushalt. Alles war mir egal. Ich wollte nur meine Ruhe haben, igelte mich stundenlang apathisch auf meiner Couch ein. Ging nicht ans Telefon, wenn es läutete. Keine Kraft. Und viel Traurigkeit. Das waren monatelang meine Grundstimmungen. Der Gedanke, zu diesen Rahmenbedingungen wieder zur Arbeitsstelle gehen zu müssen, war phasenweise im Bereich des Abwegigen. Aber ich musste doch arbeiten, musste eigenes Geld verdienen. Ich wollte meine Arbeit auch gut schaffen, wieder wie gewohnt und erwartet funktionieren, wollte zu den „Performern" gehören. Auf keinen Fall wollte ich krank sein und zur Seite geschoben werden. Psychisch angeschlagen zu sein, war ein nicht erklärbares Stigma, auch mir selbst gegenüber. Ein Beinbruch nach dem Skiunfall lässt sich besser darstellen.

Aus „Ich brauche nur ein paar Tage Luft, mal wieder schlafen, abschalten.", wurde schließlich mehr als ein Jahr Krankschreibung mit REHA. Und da erst lernte ich, besser auf mich zu achten. Da es andere nicht tun. Auch nicht müssen, denn es ist meine Verantwortung! Auch „nein" zu sagen, loslassen, Kräfte einteilen, Batterie wieder auffüllen erlernte ich dort. Und staunte, wie viele, nach außen durchaus selbstbewusst und stark wirkende Menschen in so eine Stimmung bzw. Krankheit sinken können. Die innerlich vernarbt sind und aus Kindheitswunden nässen. Irgendwann will der Eiter raus, er sucht sich immer einen Weg.

Viele Krankenkassen oder Firmen bieten aufgrund der Häufigkeit und Ausfallzeiten bei dieser Erkrankung mittlerweile diverse Präventivmaßnahmen an. Denn psychische Erkrankungen wie Depression (1/3 der psychosomatischen Krankheitsursachen) und verwandte Gesundheitsprobleme (ICD 10 - 10. Internationalen Klassifikation der Krankheiten) stiegen in den letzten zehn Jahren deutlich an und belegen Platz zwei in der Statistik für Arbeitsunfähigkeit. Damit entsteht auch ein alarmierender betriebs- und volkswirtschaftlicher Schaden.

Der Anteil an den Ausfalltagen betrug im Jahr 2017 lt. einer DAK-Versichertenstatistik 16,7 %. Nur Erkrankungen des Muskel-Skelett-Systems mit einem Anteil von 21,8 Prozent liegen noch höher.

Seit 2000 unterstützen die gesetzlichen Krankenkassen eine ambulante Soziotherapie per Überweisung. Fünf Probestunden darf ein Hausarzt verordnen, danach weitere 25 Zeitstunden mit einer Verordnung vom z. B. Nervenarzt. Damit soll eine schnelle Hilfe angeboten und eine Behandlung in einem Krankenhaus möglichst vermieden werden (Soziotherapie ist in § 37a SGB V geregelt – Fünftes Buch Sozialgesetzbuch).

Ich nahm jede Hilfe gerne an, weil ich erkannte, mit meinen Mitteln und Methoden wird es nicht besser. Alleine gelingt der Umschwung zu positiveren Gedanken sowie der Wechsel in besseres Verhalten eher nicht. Der Austausch mit anderen Betroffenen tat schon gut, weil sie natürlich andere Perspektiven reinbrachten.

Plus die Gewissheit, das kann jeden treffen. Dafür muss ich mich nicht schämen. Ganz viel Empathie um mich herum.

„Das Leben ist eine Komödie für den Denkenden und eine Tragödie für die, welche fühlen." (Hippokrates)

Degradierung

Nach der Wiedereingliederung wurde ich auf meinen Wunsch hin erneut versetzt, bekam einen anderen Vorgesetzten und damit auch andere Arbeit. Die konnte ich wieder gut schaffen, die könnte vielleicht auch wieder Freude machen. Nur war der Preis dafür eine dicke Degradierung. Selbst mit Besitzstand, also gleichem Gehalt, tat das weh. Ich hatte so hart dafür gekämpft, etwas aus mir zu machen. Mein Freund sagte „Ist doch egal, ich würde für das Geld auch den Hof kehren, wenn es der Chef so möchte und dabei noch ein Liedchen trällern."

Ich nicht, ich fühlte mich zu Unrecht sogar doppelt abgestraft. Ich hatte mir bis zum Umfallen die Beine für diese Firma ausgerissen. Und die Krankschreibung war auch kein ersehnter Wellness-Urlaub. Zu guter Letzt wurde ich dafür auch noch bestraft. Eine Attacke gegen meine Werte ganz oben auf der persönlichen Werteskala war das – gegen meine Erwartungen an Fairness, Gerechtigkeit, Loyalität.

Im Umgang mit Kollegen war ich nun völlig durcheinander. Diejenigen, die vorher mit mir auf Augenhöhe waren, standen nun vier Stufen über mir. „Sehen wir uns nächste Woche auf der Weihnachtsfeier?", fragte ein netter Kollege. „Ich bin nicht eingeladen, ich bin doch nicht mehr AT", musste ich antworten. Da gehörte ich nicht mehr hin.

Doch wohin gehörte ich denn nun? Vom Gehalt und der Arbeit betrachtet mehr nach oben, von der Einstufung mehr nach unten.

Ich hatte ein starkes Bedürfnis nach klaren Strukturen in mein Berufsleben eingebracht. Jetzt war ich Sowohl-als-auch und damit wieder zwischen den Stühlen. Ich wusste nicht mehr, welche Art Arbeit nun noch zu mir passte. Auf der einen Seite stand die Ausbildung und Vergütung, auf der anderen die betriebliche Gehaltshierarchie.

Eine Degradierung im Berufsleben kann sogar krank machen. „Wenn Menschen beruflich absteigen, leidet häufig die Gesundheit, belegt eine von der Hans-Böckler-Stiftung geförderte Untersuchung der Martin-Luther-Universität Halle-Wittenberg." (Quelle: Kompakt, Zeitschrift der IG BCE, Dezember 2017).

„Humanität besteht darin, dass niemals ein Mensch einem Zweck geopfert wird." (Albert Schweitzer)

My home is my castle

Mein Rückzugsort, egal wie groß, war stets ein wichtiger Bestandteil meiner Balance. Etwas, das ich „mein" nennen durfte, wo ich Bücher las, Musik hörte, faulenzte, unbeobachtet einige Tränen vergoss oder wegdrückte und mich kontrollfrei benehmen durfte, wie ich wollte. Und für meine eigene Wohnung später galt noch: nach meinen Wünschen einrichten und gestalten, selber entscheiden, wer Zugang bekommt und wen ich da nicht haben wollte.

Wenn ich mir gerade ein Bad einlasse oder esse, nehme ich mir auch das Recht, nicht zum klingelnden Telefon oder an die Wohnungstür zu gehen. Dann bin ich eben nicht da, bin nicht für Fremdwünsche erreichbar. Später wieder.

Solche Attitüden würden im Berufsleben nicht funktionieren, sie würden sofortige Sanktionen nach sich ziehen. Da wird jederzeitige Erreichbarkeit, Flexibilität und Multi-Tasking erwartet. Dafür bekommen wir ja auch letztlich unser Gehalt. Soweit ist dieser Deal dann auch okay für mich.

Erst spät habe ich gelernt, am Arbeitsplatz Grenzen zu ziehen, mich zu wehren und Kompromisslösungen zu finden. Nämlich dann, wenn die Arbeitserwartungen über Gebühr meine Reserven fraßen.

Ich bin vermutlich auch mit der Erwartung in mein Berufsleben gegangen, eine Art Zuhause zu finden. Im Sinne von: ein geschützter Raum mit festen Strukturen, gleichen Regeln für alle, wohlwollenden oder zumindest höflichen Umgangsformen, Leistungsprinzip wie Geben und Nehmen, Fördern und Fordern.

Naiv war das. Wünschenswert ja, doch nicht realistisch.

Ein Arbeitgeber ist eben per definitionem kein Castle-Home. Das ist ein Wirtschaftsunternehmen, Mitarbeiter sind austauschbar, müssen es auch sein, Profit steht am Ende des Tages hinter allem. Deine Einflussnahme darauf ist gering. Hier hast du oft nur Glück oder Pech, ob dein Arbeitsumfeld auf lange Sicht zu deinen Bedürfnissen und Werten passt. Und wenn kein Plan B vorhanden ist, die Miete zu bezahlen, ist Anpassung nicht die schlechteste Strategie.

"If you can't beat them, join them." (Unbekannt)

Ich las vor Jahren ein Buch, in dem aus einer empirischen Untersuchung heraus der Ratschlag resultierte „woanders ist es auch nicht besser, also kannst du genauso gut bleiben". Denn rund 80 % der Beschäftigten seien mit Ihrem Vorgesetzten, der Arbeit oder dem Gehalt unzufrieden. Zu glauben, ein Arbeitswechsel verbessere die Situation per se, sei daher unrealistisch, da ja auch beim neuen Zielarbeitgeber der gleiche Anteil Mitarbeiter aus den gleichen Gründen unzufrieden sei.

Ergo 1 – ändere die Einstellung, den Blickwinkel, deine Be-Wertung.

Ergo 2 – was für die Arbeit gilt, muss nicht auch im Privaten gelten. Lerne, die Arbeit hinter dir zu lassen, spätestens wenn du die Wohnungstür öffnest.

Ein Kollege erzählte mir einmal ein gutes Ritual, das er mit seiner Familie pflegte. Wenn er am Abend nach Hause kam, mit Anzug und Krawatte, Firmenlaptop und Bürotasche, ging er zuallererst in sein Büro in den Keller. Dort gab er sich etwas Zeit, anzukommen und wechselte bewusst in Kleidung und Gedanken-modus auf „privat".

"My home is my castle. Mein Haus ist meine Burg." (Edward Coke)

Killersprüche auf der Arbeit

Das Leben ist kein Ponyhof, wie wahr. Bezogen auf das Berufsleben sollte sich jeder, zumindest in den meisten Firmen, bei einigen Vorgesetzten, auf fiese Attacken, Arbeiten oder Fallen einstellen. Der wertschätzende Stil eines Hauses wird zwar gerne in Hochglanzbroschüren lobend erwähnt, doch in der Praxis hast du mit deinem jeweiligen Vorgesetzten eben mehr oder weniger Glück.

„Der Unterschied zwischen Theorie und Praxis ist in der Praxis weit höher als in der Theorie." (Ernst Ferstl)

Situation: Ein Kollege ist Vater geworden, zum ersten Mal, er strahlt und zeigt uns am Kopierer im Flur ein Babyfoto seiner Kleinen. Sein Abteilungsleiter (gebürtig aus Ungarn) kommt hinzu und gibt zu unserem Entsetzen diesen Kommentar ab:

„Sind wir jetzt schon so weit, dass wir selbst zur Geburt eines Mädchens gratulieren?"

Er mag auch Frauen zur Begrüßung nicht die Hand geben. Das weiß jeder. Nur niemand unternimmt etwas, denn er ist ein hohes Tier. Ab und zu bekomme auch ich Arbeitsaufträge von ihm, mag aber nicht mehr für ihn arbeiten. Traue mich nur ebenfalls nicht, etwas bei ihm abzulehnen. Ich sprach mit meinem Chef über diese Beleidigung, denn auch ich war ein Mädchen und fühlte mich abgewertet. Er lachte verlegen: „Ach Lara, du weißt doch, wie er ist".

Òh, den Spruch kenne ich.' Folglich passierte hier nichts.

Situation: Ein Kollege, der dafür bekannt ist, dass er viel und oft quatschend durch die Büros streift, gerne delegiert, gerne Privates am Rechner bearbeitet, bekommt vom Bereichsleiter vor versammelter Mannschaft im Besprechungsraum ein neues Projekt übertragen. Mit ebendiesen Worten.

„Oder können Sie das auch nicht?"

Situation: Mein Vorgesetzter zu seiner Sekretärin, die eine Zusatzqualifikation in ihrer Freizeit absolviert hat. Nun erkundigt Sie sich nach ihren Chancen für eine Gehaltsverbesserung.

„Für eine Frau verdienen Sie doch schon genug Geld."

Das war empörend, selbst den männlichen Kollegen war das unangenehm. Für mich war dahinter auch die Botschaft enthalten „versuch du es bloß nicht", denn ich verdiente ja jetzt schon mehr als die Sekretärin. In den Augen meines Vorgesetzten wäre ein entsprechendes Anliegen von meiner Seite damit wohl als völlig abwegig abgetan worden.

Situation: Meine neue Chefin hatte meine Stellenbeschreibung gesichtet. Daraufhin wollte sie einige Bestandteile loswerden, delegieren oder an extern vergeben, um mir höherwertige aber fachfremde Aufgaben übertragen zu können.

„Ich weiß gar nicht, warum du so viel Geld verdienst. Du trägst doch gar keine Verantwortung."

Jemand mit guter Resilienz, also auch Selbstbewusstsein, hätte gelacht oder etwas ironisch Freches gekontert. Jemand mit guter Resilienz hätte mit ihr argumentiert. Jemand … eigentlich weiß ich nicht, was so Jemand getan oder gesagt hätte. Denn mich hat es hart getroffen. Für mich klang deutlich durch. „Du bist dein Geld nicht wert, bist nichts wert." Und angesprochen, getriggert, wurde ein Gefühl, das weit zurück in meine Vergangenheit ging „ein doofes Stück Scheiße." Eingebrannt und nun wieder aufgeflammt.

Mir kamen sofort die Tränen im Büro. Zum Glück unbemerkt, vielleicht ja auch nicht, denn die Chefin war noch am Telefon. Ich konnte ihre neuen, vagen Päne für mich nicht pauschal ablehnen. Wusste nur 'da muss ich durch, irgendwie schaffe ich das.'

Situation: Nach meiner Wiedereingliederung im Anschluss an die Krankschreibung wegen Depression/Burn-out war meine Stelle wegrationalisiert. Ich hing einige Monate in der Luft. Niemand war mehr für mich zuständig. Ich kaufte mir daher zur sinnvollen Zeitnutzung ein dickes Excelbuch und arbeite es systematisch mit allen Übungen durch. Irgendwann folgte ein Gespräch mit einem möglichen neuen Vorgesetzten in einem anderen Aufgabengebiet. Er bezog sich in der Begrüßung auf diese Hängepartie.

"Haha, lange genug ausgesessen, Frau X."

Situation: Derselbe Big Boss. Wir sind uns einig geworden, ab wann welche Stelle mit welchen Aufgaben von mir eingenommen werden soll. Erst am Ende der Vorstellung erfuhr ich, dass die Einstufung in der Gehaltshierarchie vier Stufen unter meiner bisherigen Position liegen würde. Zum Abschied reichte er mir vor zwei weiteren Chefs die Hand, mit den Worten:

"Schlafen Sie heute Nacht gut, Frau X."

Das war für mich Vorführen und Nachtreten. Ganz übel. Verbrannte Erde, dünnes Eis. Auch wenn in der Folgezeit dieser Big Boss freundlich und durchaus unterstützend bei den Projekten half, die er mir gab, blieb ich in der Habachtstellung. Hier fehlte fortan das Vertrauen auf faire Behandlung. Ich wusste nun ja, der kann auch richtig fies.

„Das Erste, Nächste, Verbreitetste, Unausweichliche, womit man zu tun hat, ist die menschliche Gemeinheit." (Richard von Schaukal)

Muss Genießen wieder erlernt werden?

In meiner REHA hatte ich den Grundfehler meiner selbst erfundenen Anti-Stress-Methode erfahren. Nicht Viel gegen Viel (Plus gegen Minus), sondern genau das Gegenteil war angeraten: Weniger ist Mehr – doch das mit Bewusstsein und Spaß/Genuss. Und bewusst sollte eine Anzahl von Mitpatienten in der „Genießer Gruppe" lernen, was individuell Genuss verspricht. Denn dann füllen solche Eindrücke, Erlebnisse, Aktivitäten oder Ruhephasen unsere Energiespeicher auf.

Bei einem Spaziergang durch den Wald nahmen wir ein einzelnes Blatt in die Hand, rochen daran, befühlten es mit geschlossenen Augen. Führten uns gegenseitig ein Stückweit „blind" über den Waldpfad, um mit anderen Sinnen wahrzunehmen. Dann wird die Wärme der Sonnenstrahlen auf dem Gesicht spürbarer. Die Ohren nehmen die fröhlichen Vogelstimmen deutlicher wahr.

Kurzum – wir lernten zunächst, mit allen Sinnen unsere Umwelt zu erfahren.

Dieselbe Methode wurde bei einem Stück Schokolade angewandt: Riechen, Fühlen, Betrachten, Brechen und Hören, langsam im Mund zergehen lassen.

So nach und nach traten individuelle Favoriten hervor. Was für den Einen der Genuss beim Betrachten einer schönen Landschaft war, empfand der Nächste bei ansprechender Musik. Oder bei einem liebevoll angerichteten und mit Bedacht verzehrtem

Mahl. Beim Töpfern einer kleinen Vase. Bei einem Schaumbad mit Kerzenlicht und Sekt.

Genuss ist alles (Erlaubte), was unserer Seele gut tut, sie fliegen lässt, uns erfreut und innere Ruhe und Wohlbefinden bringt.

Und kleine Genussmomente lassen sich in jeden Arbeitstag einbauen. Lieber Wenig mit Genuss als Viel mit Hektik.

Gerade Hektik hat im Privaten nichts zu suchen, wenn sie uns schon tagsüber auf der Arbeit zusetzt. Die Effizienz und Planung auf der Arbeit waren erforderlich, um das Pensum zu schaffen. Dafür musste ich Reserven vorhalten. Doch daheim sollte ich diese Methoden nicht auch noch anwenden, auch wenn sie mir mittlerweile so schön ins Blut übergegangen waren.

Ich musste umlernen. Meine Ansprüche an den Haushalt und Freizeitaktivitäten auf gesunde Maße runterzufahren, um mehr Ruhe zu bekommen. Bei mir daheim nicht auch im – unnötigen - Dauerstress zu stehen. Ich war lange mein eigener Einpeitscher gewesen, mit Anspruch auf Perfektion (naja, fast jedenfalls) und Ästhetik – es sollte immer tipptopp bei mir aussehen.

Anfangs musste ich mich mit bewussten, inneren Dialogen abbremsen: 'Ruhig Brauner, lass die Wäsche Wäsche sein, nimm dir ein Buch und setz dich auf den Balkon. Koch dir einen Kaffee und tue NICHTS.'

„Die Arbeit ist etwas Unnatürliches. Die Faulheit allein ist göttlich." (Anatole France)

Größe ist mehr als Hierarchie

Nach einer der gelungenen, feuchtfröhlichen Betriebsfeiern in der ersten Abteilung in diesem Großunternehmen wurde meine Freundin gegen Ende der Veranstaltung von ihrem Hauptabteilungsleiter angegraben. Der Mann hätte gut und gerne ihr Vater sein können. Sein Sohn war in ihrem Alter. Das gab sie ihm auch zu verstehen und ließ ihn stehen, selbst erschrocken und tapfer zugleich. Doch das halbe Wochenende musste sie grübeln, welche Konsequenzen das für sie haben könnte. Ist das nicht verdreht? Sie machte sich Sorgen, ob sie nun möglicherweise ein schlechteres Klima erfahren könnte. Oder ob der in seiner Ehre vielleicht gekränkte Gockel sie nun drangsalieren würde.

Wie sollte sie sich am Montag ihm gegenüber benehmen? Wie würde er sich ihr gegenüber fortan verhalten? So tun, als sei nichts gewesen? So tun, als habe er in seinem Rausch alles vergessen?

Mit ungutem Gefühl ging sie zur Arbeit, obwohl sie weiterhin sicher war, richtig gehandelt zu haben. Irgendwann gegen Mittag kam besagter Chef zu ihr ins Büro. Er wirkte glaubwürdig verlegen, stammelte eine deutliche Entschuldigung für sein Verhalten, versprach, es werde nie wieder vorkommen und bot ihr die Hand zur Versöhnung. Dieser Mann hat sich den Respekt bei ihr damit zurückverdient.

Fehler können wir alle machen, auch Dummheiten im alkoholisierten Zustand. Doch den Anstand zu besitzen, sich für Fehlverhalten zu entschuldigen, das nenne ich wahre Größe. Hut ab.

Und meine Freundin musste nach der Klärung nicht um ihn herumschleichen oder ihm aus dem Weg gehen. Beide konnten sich weiterhin in die Augen sehen und miteinander harmonisch arbeiten.

„Bei den meisten Erfolgsmenschen ist der Erfolg größer als die Menschlichkeit." (Daphne du Maurier)

Eigene Werte – eigene Prioritäten

Mein Freund Peter sah pragmatisch auf das Geld, das ich nach der Degradierung im Anschluss an die lange Krankschreibung und dem Arbeitsplatzwechsel in derselben Firma weiterhin verdiente. Ich müsste doch dankbar dafür sein. Ich habe es in Gedanken 'Schmerzensgeld' genannt. Denn eine Degradierung schmerzt, sie kommt einer Demütigung gleich. Vielleicht habe ich das von meinem Vater, diesen Ehrgeiz und den Wunsch nach Anerkennung, nach einem verdienten Status?

Zugegeben, gutes Geld zu verdienen ist grundsätzlich angenehm und bestimmt nicht unwichtig. Und wenn andere für die gleiche Arbeit den Betrag X verdienen, möchte ich das auch, alleine schon wegen der Gleichbehandlung. Doch wichtiger finde ich Wertschätzung und Fairness, Respekt im Umgang miteinander, Loyalität, Verlässlichkeit, Vertrauenswürdigkeit,... aussterbende Werte?

Mein bisheriges Leben hatte meine Wertvorstellungen geprägt, sie angepasst oder verstärkt und gewichtet. Oder hatte ich das von meiner Mutter, diese Aversion und dünne Haut bei einer Demütigung?

Mit einer Therapeutin habe ich dann eine Übung absolviert, um meine persönlichen, momentanen Prioritäten und Werte zu ermitteln. Denn es schmerzt besonders, wenn eine Aktion oder ein Auftrag gegen deine inneren Wertesysteme laufen. Und es ist mit

Widerstand zu rechnen, aus dem Bereich des inneren Kindes genauso wie von der Schaltzentrale im Hirn.

Darum kann Person A etwas völlig kalt lassen, was bei Person B mächtiges Unwohlsein oder zumindest Irritationen auslöst.

Ergo – kenne deine persönliche Skala.

Unter Wert verstehe ich eine persönlich wichtige Lebensorientierung, die meistens auch mit einer Handlungsvorgabe verbunden ist.

Wenn dir beispielsweise der Wert „Wahrheit" sehr wichtig ist, ist deine Handlungsmaxime „Du darfst nicht lügen." Also wirst du dich entsprechend verhalten. Deinem Wert zu entsprechen gibt ein gutes Gefühl und auch deine kognitiven Helfer kommen damit gut klar.

Damit trifft jedoch ebenso das Gegenteil zu.

Wirst du „gezwungen", zu lügen, entstehen innere Spannungen, denn du verstößt gegen deine eigene Grundhaltung.

Hast du das Gefühl, jemand lügt dich an, wird dich das härter treffen als jemanden, der es für sich selbst auch mit der Wahrheit nicht so genau nimmt.

Meine Übung startete mit einer Auflistung von zehn subjektiv wichtigen Werten in der Reihenfolge, wie sie gerade einfallen. („Viel Geld verdienen" ist jedoch kein Wert – das könnte ein Ziel für dich sein.)

Werte sind ideell: Ehrlichkeit, Pünktlichkeit, Gerechtigkeit, Frieden, Loyalität, ...

Zur Definition und Abgrenzung kann Mr. Google helfen - Suchbegriffe: Enzyklopädie Wertvorstellungen

Nach Kenntnis dieser Übersicht wird es vermutlich schwer fallen, sich auf nur zehn zu begrenzen. Daher würde ich dort nur reinschnuppern, wenn mir partout nicht einmal so viele eigene, wichtige Werte einfallen wollten.

Haben wir unsere erste Zusammenstellung auf Papier geschrieben, wird nun von oben nach unten systematisch gegeneinander abgefragt.

Was ist dir wichtiger? Z. B. Ehrlichkeit oder Pünktlichkeit, Ehrlichkeit oder Gerechtigkeit, … Pünktlichkeit oder Gerechtigkeit, ...usw.

Intuitives Beantworten, also aus dem Bauch heraus, ohne langatmige Begriffsdefinition ist hier hilfreicher als Kopfarbeit. Denn das Unterbewusstsein arbeitet mit.

In jeder Paarabfrage bekommt der „Sieger" einen Punkt. Sind alle möglichen Paarkombinationen absolviert, ergibt sich ein Ranking anhand der Punktesummen je Wertbegriff – die persönliche „top 10".

Vermutlich wirst du an manchen Stellen erstaunt sein. Doch in der aktuellen Situation ist das Ergebnis für dich die „Hitliste". Nach dieser Liste möchtest du leben und mindestens genauso wichtig, möchtest du behandelt werden.

Und hoffentlich verstehst du jetzt persönliche Schmerzempfinden, die anderen nicht bekannt sind.

„Nicht weil es schwer ist, wagen wir es nicht, sondern weil wir es nicht wagen, ist es schwer." (Seneca)

Ich will gefragt werden

Ich kann es mittlerweile selbst bei Kleinigkeiten nicht leiden, wenn andere Personen über mich, meine Zeit oder meine Bedürfnisse bestimmen. Oder mir unterstellen, ich müsste dieses und jenes doch mögen, gerne machen und unbedingt ausprobieren.

Ganz unangenehm sind – oft sogar lieb gemeinte - Überredungsversuche mit „Du musst...". Das leitet bei mir eine sofortige innere Abwehr ein. Der kleine Rebell in mir ruft dann aus dem Stand: „Warum muss ich? Wer darf das denn bestimmen? Ich muss nicht!"

Für mich ist das einerseits sehr nachvollziehbar. Denn geradezu lebenswichtige Entscheidungen sind über seinen Kopf hinweg getroffen worden.

„Geh und verabschiede dich..." statt „Möchtest du...? Soll ich mitkommen?"

Ungefragt wurde über meinen Verbleib in dieser Pflegefamilie entschieden. Auch die Trennung von meinen drei Geschwistern bedurfte nicht einmal einer Erklärung für die mittlerweile Neunjährige.

Als ich schon längst erwachsen war, hörte ich von einer Frau Schneider. Eine herzensgute aber komische Frau – fanden meine Pflegeeltern, mit einem lieben Mann, der meinen Vater auf dem Bauernhof mit landwirtschaftlichen Waren belieferte. Und weil die beiden kinderlos waren und die Frau so oft alleine blieb, kam sie bei solchen Fahrten gelegentlich mit und hatte sich mit meiner Mutter angefreundet. Die

Schneiders hätten gerne so ein Mädchen wie mich gehabt, als meine Eltern tot waren.

Da könnte ich doch schreien: 'Wieso höre ich das jetzt erst? Warum durfte ich denn nicht da hingehen? Warum fragt mich denn keiner, was ich möchte?'

Natürlich erfolgen alle Restrukturierungen, Umorganisationen oder Vorgesetztenwechsel in Firmen, sogar ganze Firmenverkäufe ohne Befragung nach den Befindlichkeiten einzelner Mitarbeiter. Das ist Business und Berufsrisiko. Hier muss ich also hinnehmen lernen, dass über meinen Kopf hinweg entschieden wird, obwohl es mich auch direkt betrifft. Nur privat? Mag ich es gar nicht, wenn jemand über mich verfügt, mich in die Ecke stellt bzw. abschiebt, mich ausgrenzt oder mir Aufgaben zuteilt.

Leider muckt der kleine Meckerfritze zum Ausgleich privat nun schon aus Prinzip auf, er kann noch nicht ausgewogen abwägen.

Als mein Mann Peter mir beim Mittagessen bei seinen Eltern ein gutes Stück Fleisch auf den Teller legte (gut gemeint), schoss der Rebell sofort hoch: „Frag mich doch, das möchte ich nicht."

Verärgernd empfinde ich Fragen, die eigentlich keine sind, weil sie meine Antwort ignorieren werden. Rhetorische Fragen oder Scheinfragen nenne ich die. Wenn ich schon gefragt werde, was ich möchte (das finde ich grundsätzlich ausgesprochen gut), dann muss meine Antwort aber auch gelten.

„Möchtest du lieber A oder B?" Eine einfache Frage mit nur zwei Optionen. Wenn ich einen Favoriten habe, sage ich eben nicht „Ist mir egal" sondern

„Lieber A". Ich unterstelle bei dieser Frage automatisch, dass der Fragende sich selbst in der neutralen Egal-Position befindet und mir die Entscheidung überlassen möchte. Bekomme ich daraufhin jedoch die Antwort: „Lass uns lieber B nehmen, B machen.", ist das in meinen Augen Verarsche (`Tschuldigung).

Oder jemand stellt mir eine Frage nach einem gemeinsamen Laufweg „Sollen wir links oder rechts um den See laufen?", was im Grunde wurscht ist. Wenn derjenige danach jedoch meine Antwort gar nicht abwartet, sondern stramm in die von ihm bevorzugte Richtung marschiert, stößt das bei mir unangenehm auf. „Hast du Lust, in dieses Geschäft zu gehen?", wobei der Fragende dabei dem Laden schon näher ist als mir. So bin ich genötigt, hinterher zu laufen oder einen Miniaufstand zu veranstalten. Beides sind unerwünschte Optionen für einen schönen gemeinsamen Nachmittag.

Im Prinzip gebe ich der kleinen Meckerstimme in mir oft Recht. Nur, sie muss nach jahrzehntelanger Anpassung im Funktionsmodus das diplomatische Geschick für eine Absage noch lernen. Es klingt manchmal zu schroff und irritiert verständlicherweise den Adressaten.

Höflichkeitsanfragen nehme ich hier heraus. Im Beruf klingt eine Frage vom Chef einfach freundlicher als ein Imperativ. „Könntest du am Montag diese Präsentation für mich übernehmen?" Natürlich ist das keine ernstgemeinte, offene Frage. Die Antwort liegt auf der Hand.

So wie es im privaten Umgang nicht gegen mein Prinzip der Ehrlichkeit verstößt, eine höfliche Antwort zu geben. „Gefällt dir…?, Schmeckte das…?" „Ja".

Grundsätzlich möchte ich bei Auswahlmöglichkeiten und Entscheidungen gefragt werden. Doch wie bei Radio Eriwan gibt es auch Ausnahmen. Du kennst Radio Eriwan Witze noch? Die enthalten auf eine Frage immer eine „Im Prinzip ja, aber …"-Antwort, wobei der zweite Teil der Antwort den ersten schon wieder ausschließt.

Bsp:

Frage an Radio Eriwan: "Darf ich jetzt wieder Äpfel aus Tschernobyl essen?"
Antwort: "Im Prinzip ja. Aber die Kerne müssen Sie danach in einem Bleifass vergraben."

Frage an Radio Eriwan: "Ist es war, dass man die Partei kritisieren darf?"
Antwort: "Im Prinzip ja, aber es lebt sich in den eigenen vier Wänden angenehmer."

Also im Prinzip möchte ich gefragt werden. Aber meine Toleranz ist schnell verbraucht, wenn das Ziel der Fragerei auf Rechtfertigungen meinerseits hinausläuft oder ich auf eine andere Meinung oder Handlung gebracht werden soll.

„Sollen wir nicht einmal in ein veganes Restaurant gehen? Willst du denn nicht gesund essen? Isst du gerne Leichen?"

„Was, du willst schon gehen? Warum willst du denn schon gehen? Was hast du denn noch vor?"
„Wieviel Zigaretten rauchst du denn so am Tag?"

Bei einigen Fragen stehen die beiden Gesprächspartner ganz offensichtlich nicht auf Augenhöhe, weil sich der eine vor dem anderen erklären soll.

„Wo warst du denn schon wieder? Warum kommst du jetzt erst zurück? Warum bist du schon wieder zu spät dran? Wann findest du denn mal einen netten Freund?"

Im Prinzip will ich gefragt werden, ... doch manche Fragen braucht es nicht.

„Lieber zweimal fragen als einmal irregehen."
(Scholem Alejchem - Rabinowitsch)

Verschlossene Türen

Einige Türen in meinem Lebensweg sollten für mich versperrt bleiben. Sehr lange habe ich entsprechende Äußerungen kommentarlos heruntergeschluckt und mich gefügt. War mein Wunsch hingegen stark genug, habe ich mir Alternativen überlegt, die ich ohne Betteln sowie ohne Geld wie Unterstützung (der Familie) schaffen konnte. Dann war ich auch bereit, alle folgenden Konsequenzen auf mich zu nehmen.

Mein Ziel – meine Maßnahmen – meine Konsequenzen.

„Dieses betriebliche Förderprogramm ist (nur) für männliche Abiturienten."

Situation: Nach dem Abitur hatte ich eine betriebliche Ausbildung absolviert. Die Firma bot ein Förderprogramm, speziell für frisch ausgelernte Auszubildende an. Das Programm ging über zwei Jahre, umfasste Auslandseinsatz, zusätzlich Kennenlernen einer anderen Betriebsstätte in Deutschland und noch eine Jobrotation am Standort. Das alles hätte ich gerne absolviert. Meine Noten aus der Ausbildung in dieser Firma sowie aus der Berufsschule und von der IHK-Prüfung gaben keinen Grund zur Beanstandung.

Doch der zuständige Manager mauerte, er lehnte mir nur mündlich mein Anliegen grundlos ab. Erst in einem Vier-Augen-Gespräch mit meinem Vorgesetzten erfuhr ich den Grund dahinter. Durchaus mit Bedauern, durchaus mit Verständnis für meinen Wunsch. Aber es sei eine teure Ausbildung, andere

Firmen setzten dafür auch keine Frauen ein, weil diese das Risiko der Heirat und Kindsgeburt mitbrächten. Das Auswahlkriterium „männlicher Abiturient" konnte ich nicht erfüllen.

Ich war erstaunt, weil ich solche Selektion aus meiner Schulzeit nicht kannte. Dort galt, wer fleißig ist, lernt, sich am Unterricht beteiligt, bekommt auch gute Noten.

Im selben Jahr habe ich gekündigt, um ein Studium zu beginnen. Ich dachte, wenn ich intern nicht weiterkommen darf, versuche ich es eben extern. Auch dafür hatte mein Ex-Chef viel Verständnis. Und er hat sich netterweise dafür stark gemacht, dass ich bis zum Beginn des Studiums noch in der Firma, in seiner Abteilung, arbeiten und Geld verdienen durfte.

Das Allgemeine Gleichbehandlungsgesetz (AGG) trat (leider) erst im Jahr 2006 in Kraft. Vielleicht hätte ich mit dieser Rechtsgrundlage das Förderprogramm mitmachen dürfen? Vielleicht auch nur eine andere Antwort bekommen? Hätte, hätte, Fahrradkette.

„Warum willst du denn studieren? Du heiratest ja doch und bekommst Kinder."

Meine Pflegeeltern waren nicht ganz so verständnisvoll, als ich nach der Lehre mit diesem Anliegen ankam. Sie hatten andere Pläne für mich. Nur klang Heiraten und Kinderkriegen nicht so gut. Jedenfalls jetzt noch nicht. Irgendwann später ginge hoffentlich beides: Geld verdienen und eine eigene Familie haben.

Ich hatte keinerlei Gedanken daran verschwendet, dass sich meine Chancen auf dem Heiratsmarkt mit Diplom tendenziell verschlechtern würden, das belegen weiterhin Statistiken und Studien. Das hat einerseits mit dem fortgeschrittenen Alter zu tun, andererseits heiratet der Deutsche Michel gerne nach unten, weil er der Versorger der Familie bleiben möchte, wenn Kinder kommen (der Manager und die hübsche Sekretärin eben). Weil Männer, wissenschaftlich bewiesen, besser sehen als… (denken?). Und Frauen tendieren beim Ehepartner ebenfalls mehr nach oben (Krankenschwester wählt Arzt), achten zumindest auf Bildungsgleichstand. Es verträgt auch nicht jedes männliche Ego, wenn die Gattin finanziell erfolgreicher dasteht. Die Luft wird folglich dünner für eine Akademikerin, einen Akademiker zu ehelichen. Unter den Studentinnen kreiste später dieses Bonmot: „Wenn du bis zum siebten Semester noch keinen Doktor hast, musst du selbst einen machen."

„Never change the winning team."

Situation im Arbeitsleben nach Studienende: Ein neuer Vorgesetzter hatte seine Lieblinge, die er regelmäßig in sein Büro einlud, coachte, informierte und vor anderen auslobte. Ich fühlte mich so ausgeschlossen und bat ihn, mich mit einzubeziehen, damit ich schneller mitmachen könne.

Mein Chef wollte jedoch solche Veränderung nicht. 'Keine Chance für mich, da komme ich nicht hinein. Männerrunde. Oder etwas Persönliches.'

Innerlich habe ich dann mein Durchhalteprogramm aktiviert. Chefs kommen und Chefs gehen. Auch dieser würde mich nicht bis zu meiner Rente begleiten. Dieses Problem konnte ich aktuell nicht lösen. „If you can't beat it, join it'. Es würde sich über kurz oder lang auswachsen. Mit Alphatierchen kann ich nicht so gut.

"Es tut mir sehr leid, Lara, aber außer mehr Arbeit kommt hier nichts mehr für dich."

Situation in derselben Firma, Jahrzehnte später bei einem anderen Vorgesetzten: Ich fragte „Was muss ich tun, um die Degradierung wieder wettzumachen, um wieder weiter zu kommen?" Sein Bedauern war durchaus glaubwürdig. Aber half mir das? Ab da konnte mich das Prinzip Hoffnung oder Naivität nicht weiter motivieren. Jahrelang hielt mich der Glaube an Fairness aufrecht, die Überzeugung, wenn es in die eine Richtung gehen kann (nach unten), dann muss es auch in die andere möglich sein. Und hatte entsprechend reingeklotzt. Das dürfte keine Einbahnstraße bleiben. Wäre jedenfalls gerecht. Jetzt hatte ich Gewissheit, dass da für mich ein Status Quo gesetzt war.

Verschlossen Türen sind wie versperrte Wege „hier darfst du nicht hin" – eine Provokation und Bevormundung. Wer hat denn das Recht, meinen Weg zu limitieren? Lasst es mich doch wenigstens versuchen. Meine Grenzen selber ausloten.

Ich will doch gar nicht in der Schlossallee leben. Doch ich möchte auch nicht auf dem Nordbahnhof abgestellt werden.

„In dir selbst ist die ganze Welt verborgen, und wenn du weißt, wie man schaut und lernt, dann ist die Tür da und der Schlüssel ist in deiner Hand. Niemand kann dir diesen Schlüssel geben oder die Tür zeigen, nur du bist dazu in der Lage." (Jiddu Krishnamurti)

Monopoly des Lebens

Wir haben in der neuen Familie oft und gerne zusammen Spiele gemacht: Kartenspiele wie Skat, Canasta, Doppelkopf sowie die gängigen Brettspiele wie Dame, Mühle, Mensch ärgere Dich nicht und Monopoly, Memory, selten auch Schach. Manchmal spielten wir nur zu zweit, mein Pflegevater und ich. Und jedes Mal hat er mich gnadenlos abgezockt, ich konnte wirklich nie gewinnen. Wenn er schummelte, bemerkte ich es nicht. Ich erwartete nicht, betrogen zu werden, weil ich doch selber... Wenn ich es ausnahmsweise doch bemerkte und maulte und aufhören wollte, zwang er mich, weiter zu spielen. Doch Monopoly habe ich zunehmend gehasst. Er war ein listiger Stratege, ich spielte „just for fun". Gut, ich hätte natürlich auch gerne gewonnen. Und spätestens, wenn er seine guten Straßenlagen mit Hotels zupflasterte, meine wenigen Karten mehr und mehr umgedreht werden mussten, um Geld zu besorgen, war für mich das Spiel zu Ende. Stand der Sieger doch längst fest. Doch die Tortur ging weiter, bis mir wirklich gar nichts mehr an Aktivposten blieb.

Es gibt nicht nur schlechte Verlierer, es gibt auch schlechte Gewinner, möchte ich einmal erwähnen.

Das Faire an dem Spiel sind die identischen Startbedingungen und die allen bekannten gemeinsamen Regeln. Die werden sogar zum Nachlesen dazugelegt. Fair ist auch der Zufall, der sein Glückshorn mal hierhin und mal dorthin ausschüttet. Mal ziehst du eine Karte, die dir Geld bringt, mal schickt sie dich auf einen schlechteren Platz. Glück und Weiterkommen wird nicht nach persönlichen Kriterien verteilt, hat schon gar nichts mit Seilschaften (Networking) zu tun.

Im Gegensatz zu diesem Kinderspiel läuft das Monopoly des Lebens von Anfang an unfair weil unterschiedlich. Start- und Laufbedingungen weichen z. T. sehr deutlich voneinander ab. Nicht alle kennen die Regeln, nicht alle haben Zugang, nicht alle spielen fair und halten sich an Regeln.

Immer noch studieren überwiegend Kinder aus Akademikerfamilien (74 von 100 Akademikerkindern doch nur 21 von 100 aus Arbeiterfamilien). Die Schere zwischen reich und arm öffnet sich stetig. Frauen bekommen in vergleichbaren Positionen weniger Gehalt. Im statistischen Durchschnitt betrachtet, im Einzelfall geht es durchaus auch anders.

Nur Fakt ist, die Mehrheit kommt erst gar nicht in die Schlossallee. Da will man auch nicht jeden haben.

Auch bei dem Spiel gibt es einen frühen Punkt, der das finale Ergebnis schon erkennen lässt. Da wird der Wohlhabende immer reicher und die Spieler mit wenig Karten können nur noch mehr verlieren als gewinnen. Sie werden stetig ärmer. Das bremst die Spielfreude ungemein, natürlich nur für die Minderbemittelten.

Das Datum des letzten Equal Pay Day war der 18. März 2019. Bis dahin arbeiten Frauen im Vergleich zu männlichen Kollegen rechnerisch umsonst (unbereinigte Betrachtung – Vergleich auf Basis des durchschnittlichen Bruttostundenlohns – der Unterschied liegt bei 21 % in Deutschland).

„Wege entstehen dadurch, dass man sie geht." (Franz Kafka)

Ungleichheit beginnt schon in der Familie

Ungleichheit beginnt bereits in der Familie. Je nachdem, wo (und wann) du hineingeboren wurdest, es weist auf deinen beruflichen Werdegang hin. Je nachdem, an welcher Position in der zeitlichen Reihenfolge einer Geschwisterschar du geboren wurdest, es weist auf das Verhalten der Familienmitglieder dir gegenüber hin.

Innerhalb eines Familiensystems jammern die Sandwichkinder am meisten. Der älteste Junge bekommt den Hof, selbst wenn er ungeeignet ist und die kleine Schwester mit Können und Leidenschaft übernehmen wollte. Mädchen helfen beim Abwasch und putzen, räumen ihr Zimmer auf. Und die Brüder?

Das Nesthäkchen ist oftmals der Liebling aller. Es profitiert von den Kämpfen, die die Geschwister zuvor bereits ausgetragen haben.

Wie oft hört man später bei Familientreffen „Du warst doch der Liebling von...", „Du durftest doch immer..." Da steckt noch Groll und Eifersucht dahinter, nur mittlerweile gut getarnt oder fast vergessen. Die wenigsten Eltern würden zugeben, ihre Kinder ungleich zu behandeln oder ungleich zu lieben. Die meisten glauben sogar, Kinder merkten es nicht, wenn das Geschwisterchen (mental) vorgezogen wird. Falsch gedacht. Kinder haben ungeheuer feine Sensoren. Und in etlichen Kämpfen, die Kinder untereinander austragen, steckt das Bedürfnis, eine ausgleichende Gerechtigkeit herbeiführen zu müssen.

Erziehung ist anspruchsvolle Arbeit. Und wird doch so wenig wertgeschätzt.

Mädchen sind zwar in der Schule besser, finden aber weniger Zugang zu Universitäten oder Führungspositionen.

Das Risiko, alleinstehend Kinder zu betreuen und zu verarmen, trifft Frauen drastisch häufiger als Männer. Kindererziehung ist weiterhin Frauensache, was sich auf Einkommen und späterer Rente nachteilig auswirkt.

In meiner zweiten Familie, bei den Pflegeeltern, war ich gefühlt am Ende der Nahrungskette. Das sei immer so, sagte mir einmal die Pflegemutter, die Älteren müssten mehr nachgeben. Das fand ich sehr ungerecht, denn die Ältere würde ich doch stets bleiben. Und ich habe ihr den Grund dahinter nicht geglaubt. Für mich sah es nach Unterschieden zwischen den leiblichen und dem angenommenen Pflegekind aus. Das trieb meiner Fair-Play-Lady des Öfteren stumm die Zornesröte ins Gesicht. 'Warum müssen die nicht für den Führerschein arbeiten gehen?' Für die eigenen Kinder war das Geld dafür auf einmal da. Damit wurde vieles eine Frage von „wer ist es wert und wer nicht?" Das hatte bei mir sehr stark den Wunsch nach Gerechtigkeit in meinem späteren Berufsumfeld oder in einer Beziehung geprägt.

Rasenharken habe ich sehr gehasst. Wenn mein Pflegevater den Rasenmäher startete, wurde erwartet, dass ich mich freiwillig zum Helfen meldete. Das hieß dann 1,5 Std. ungeliebte Arbeit, denn das Grundstück war groß. Zunächst alles schön in Reihen zusammen harken, dann die Reihen zu Häufchen

aufschichten, um diese mit der Schubkarre zum Kom-
posthaufen zu bringen. Alles ungeschützt in der pral-
len Sonne. Ab und an kam meine Pflegemutter dazu,
um mir zu helfen, obwohl sie diese Arbeit ebenfalls
nicht mochte. Erst Jahre später, als die leiblichen
Kinder in mein Alter hineinwuchsen, wurde ein Mä-
her mit Auffangkorb angeschafft.

Einmal kam es dem Pflegevater in den Sinn, an
meinem Geburtstag den Rasen zu mähen. Er ließ
mich auch fast bis zum Ende alleine arbeiten, was
mich doppelt angesäuert hatte. Musste er mir den
Tag so vermiesen? Dann erst kam er mit meinem
Geburtstagsgeschenk nach draußen und überreichte
es strahlend. Strahlend falsch, fand ich. Ich hätte es
ihm am liebsten vor die Füße geknallt. Traute mich
jedoch nicht. Ein schönes Geschenk wäre gewesen zu
sagen: „Lara, weil du heute Geburtstag hast, musst
du nicht helfen."

*„Überdem ist die Ungleichheit der Menschen von
Natur nicht so groß, als sie durch die Erziehung wird."*
(Johann Gottfried von Herder)

162

Mein Umgang mit Unvorstellbarem

Mein Urweltbild, mit der Muttermilch eingesogen oder noch älteres Wissen in mir, enthielt eine liebevolle und fürsorgliche Mutter, die notfalls wie eine Löwin für ihre Kleinen kämpft.

Es war daher unvorstellbar für mich, dass eine Mutter fortgeht und ihre vier Kinder zurücklässt. Dass meine Mutter geht und auf diese Art und Weise, sind nochmal zwei Steigerungen, die ich sprachlich gar nicht richtig ausdrücken kann. Da es aber passierte und Realität wurde, musste etwas ebenso unvorstellbar Schlimmes mit ihr geschehen sein. Das wollte ich herausfinden, doch die Familie schwieg und verdrängte, mauerte, ewig.

Hätte mir jemand gesagt:" Deine Mutter ist schlimm erkrankt, sie hatte einen Tumor. Sie hätte fürchterliche Schmerzen aushalten müssen, ihr Gesicht hätte sich entstellt. Davor hatte sie Angst, und diesen Anblick wollte sie euch ersparen.", wäre es sogar für die Achtjährige nachvollziehbar gewesen, sie hätte verstehen und schneller Frieden mit dieser Situation machen können. Doch so? Heute noch gesund und wie immer und morgen tot, weil sie beschlossen hatte, ein Pflanzenschutzgift zu trinken.

Dass mein Vater ihr folgen würde, nur vier Monate später und sich ebenfalls für dieses Gift entschied, ist im Nachhinein betrachtet vorstellbar. Ein Vater kann seine Familie verlassen. Das passte in mein Weltbild. Und dieser Vater war für mich erkennbar in einer ganz üblen Lage mit enorm düsteren

Perspektiven. Er hatte den Unfalltod des Kindes verschuldet, die Frau zumindest nicht vom Suizid abhalten können, würde den Hof jetzt wohl gar nicht mehr überschrieben bekommen und musste künftig vier Kinder alleine versorgen. Er bekam zu seinem Schock und der Trauer noch den gewaltigen Ansehensverlust durch diese Stigma-behaftete Familienlast. Seinen Tod konnte ich daher besser verkraften. Weiterhin schrecklich für ihn und für uns alle, aber erklärbar. Seine Not konnte ich erkennen.

Warum hatte uns niemand gesagt: „Eure Eltern hatten euch bestimmt lieb, es hat nichts mit euch, hat nichts mit dir zu tun." Ich wusste das zwar, doch konnte die Achtjährige das auch so empfinden? Blieb da nicht tief drinnen ein Stachel zurück „Ich war nicht lieb genug, um Mama zu halten, sie wollte nicht bei mir bleiben."

Mit dreizehn fuhr ich arglos mit einem Onkel, der mit seiner Frau die Oma und uns besuchte, in die Stadt zum Eis essen. Zumindest hielt ich das für das Ziel der gemeinsamen Autofahrt. Stattdessen wurde ich von ihm „aufgeklärt", weil er das meiner „verklemmten Tante" nicht zutraute. Er fingerte an einem Waldrand im Wagen an mir herum. Ich war starr, wehrlos und voller Scham und Angst, wie ich ohne ihn nach Hause kommen sollte. Darum kam zu wenig Abwehr von mir.

Meine Welt des Vorstellbaren erweiterte sich schlagartig. Mit diesem Onkel wollte ich definitiv nie wieder alleine sein. Nur Zuhause konnte ich nichts davon sagen. Ich hätte es gerne gesehen, wenn mein Pflegevater sein aggressives Potenzial für mich eingesetzt und den Onkel hochkant hinausgeworfen hätte, ihm für alle Zeiten den Zutritt verböte. Doch es war im Bereich des Vorstellbaren, dass er mir nicht glaubte, mir vorwerfe, ich hätte es darauf angelegt und mir sogar noch eine Tracht Prügel verpasste.

Meine große Beschämung wäre überwindbar gewesen, doch ich hatte nicht das Vertrauen, das mir geholfen würde. Das ist ein großer Systemfehler. Traut sich dein Kind nicht, dir so etwas zu erzählen, hast du etwas falsch gemacht.

Und das die Dreizehnjährige nicht aus dem Auto gesprungen ist, nicht geschrien oder dem Onkel das Gesicht zerkratzt hat, ist der zweite Systemfehler. Vertrauen ist wichtig. Fehlt es, wirst du schwach.

Das gilt für mich umfassend, nicht nur für die Institution der Familie, auch für meine Arbeitsstelle, meine Freunde, das Land, in dem ich wohne, mein Wohnumfeld und für meinen Ehemann. Vertrauen ist umso wichtiger, je näher mir die Personen kommen.

Zweimal habe ich ganz übel auf der Arbeit versagt, weil ich einen mir übertragenen Vortrag nicht halten konnte. Das war im Bereich des Unvorstellbaren für mich.

Beim ersten dieser NoGo's trug mir ein netter Chef auf, von meiner Arbeit in seiner Abteilung vor neuen Azubis und einigen Doktoren zu berichten. Von der Sache her ganz easy. Natürlich kann ich von meiner Arbeit berichten, auf Knopfdruck, mitten in der Nacht aus dem Schlaf gerissen sogar, auch in Englisch. Nur die Bedingung „Ich muss dabei vor Allen stehen" machte mir richtig Stress. Ich erstellte eine Präsentation, übte in meiner Wohnung und mit einer lieben Kollegin in einem Besprechungsraum und nahm schon im Vorfeld Beruhigungsmittel. Ich versuchte es auch mit positiven Affirmationen „Das schaffe ich."

Ich steigerte mich jedoch hinein, denn je näher der Termin rückte, umso elender fühlte ich mich. Alles in mir sträubte sich gegen diese Situation. Das Eis unter und vor mir war zu dünn. Irgendjemand in mir rief verzweifelt „Nein, ich will das nicht. Ich kann das nicht." Und eine andere Stimme schimpfte „Stell dich doch nicht so an! Das ist doch lächerlich."

Es endete mit meiner Absage bei diesem Chef ungefähr eine Stunde vor dem Termin „Tut mir leid, ich kann das nicht." Dabei hatte ich Tränen in den Augen, so beschämt und verzweifelt war ich. Ich konnte ihm jedoch nicht erklären, warum das nicht ging, denn ich wusste es ja selbst nicht. Hätte er da gesagt: „Lara, dann kann ich dich hier nicht mehr gebrauchen", hätte ich meine Kündigung angeboten und wäre gegangen. Diese Konsequenz hatte ich mir im Vorfeld schon ausgemalt. Die war definitiv schlimm für mich, doch immer noch leichter, als diesen Vortrag vor der Runde halten zu müssen. Weil er aber ein freundlicher Chef war, obwohl er meine Absage sicherlich nicht nachvollziehen konnte, sagte er so etwas wie: „Ok, dann mache ich das. Aber komm mit und höre es dir an. Vielleicht möchtest du später ja doch selber?"

Natürlich war ich darüber sehr erleichtert. Ich war ihm auch sehr dankbar und bin als Zuhörerin mitgegangen, blieb aber auch die Zuhörerin. Doch die

Beschämung und das eigene Unverständnis nagten stark an mir.

Der zweite solche Patzer brachte mir viel Verärgerung seitens einer Chefin ein. Sie wollte nach Abschluss eines globalen Projektes von mir eine Schulungsserie bei Kolleginnen und Kollegen über unsere Projektergebnisse. Ich berief mich auf eine im Vorfeld geäußerte Aussage eines Top-Managers unseres Mutterkonzerns: … Man verstehe, dass sich nicht jeder in der Rolle des Teachers wohlfühle, darum dürfe die Schulung abgelehnt werden. Ich sagte ihr also „Tut mir leid, das liegt mir nicht, das möchte ich nicht machen."

Sie bestand jedoch darauf, gegen mein Veto: „Lara, das gilt für andere Teams, nicht für uns. Wir sind nur so wenige, du musst das machen."

Ging aber nicht, für nichts auf der Welt war mir das möglich, es war gänzlich außerhalb des Vorstellbaren.

Um mich zu retten rief ich diesen Topmanager an, schilderte meine Lage, den Zwang, den meine Chefin aufmachte und appellierte an seine Aussage. Der Anruf befreite mich etwas später auch von dieser Verpflichtung und ich konnte wieder einen Schritt von dem klaffenden Loch im Eis zurücktreten. Damit hatte ich aber auch ein ganz böses Foul gegen meine Chefin begangen, denn ich bin ihr in den Rücken gefallen. Das macht man nicht. Das ist ein Verstoß gegen ein ungeschriebenes Gesetz. Da wird unbedingt etwas zurückkommen.

Ich hatte nur zwei Optionen, Regen oder Traufe, Leben oder Untergehen! Ich brauchte diese Zusage, das war mein Rettungsanker. Vorerst.

Auch wenn meine damalige Chefin in meinem Augen ebendiesem Manager in den Rücken fiel, indem sie seine Zusage zunichtemachte, ist es nie dasselbe, wenn zwei dasselbe tun.

„Mangelndes Vertrauen ist nichts als das Ergebnis von Schwierigkeiten. Schwierigkeiten haben ihren Ursprung in mangelndem Vertrauen." (Seneca)

Abschied von der Pflegemutter

Meine Pflegemutter und Tante war selber als Bauerntochter aufgewachsen, wollte jedoch auf keinen Fall einen Bauern heiraten. Das hatte sie mir einmal erzählt. Auf einem Bauernhof war es ihr zu dreckig und es gab immer viel zu viel Arbeit. Darum wünschte sie sich eine Kleinfamilie und es hätte auch eine kleine Mietwohnung gepasst. Behaglich und sauber.

Sie bekam dann aber vor fünfzig Jahren ein großes Haus und die Oma, ihre Mutter, und mich dazu. Der Super-Gau in meinem Elternhaus veränderte unverschuldet auch ihr Leben deutlich. Auch ihr wurde Fremdes ins Marschgepäck gelegt. Gewollt? Gefügt und hingenommen, das steht fest.

Obwohl ich als Kind oft genervt war über ihre Reinlichkeit, würde meine Wohnung in ihren Augen wohl bestehen. Es ging in der Familie sogar das Bonmot herum, bei uns Zuhause könne man vom Fußboden essen.

Einmal war ich so entsetzt über ihre mitgebrachte Kleidungsauswahl, dass ich mich rigoros weigerte, so etwas zu tragen. Ich bekam mit vierzehn einen dunkelblauen, vermutlich teuren Teddymantel mit dickem Innenfell, weil es im Winter auf dem Schulweg mit dem Fahrrad ja so kalt war. 'Dann bringt mich doch bei Scheißwetter mit dem Auto, statt mich wie eine Tonne auf dem Fahrrad strampeln zu lassen', wäre meine schöne Option dafür gewesen.

Alle Mitschüler trugen zu der Zeit einen grünen Parka. Ihr nanntet den „Gammel Parka" und wieder

kam die Frage „Was sollen denn die Leute sagen?"
Darum bekam nur ich so ein Omateil. Doch das k.o.
war die Mantelgröße. Das Monstrum wurde für mich
in Größe 42 gekauft „Kind, da wächst du doch noch
rein." ('Ja klar, so in 20 - 30 Jahren'). Ich brauchte
aber höchstens 38. Das ging gar nicht. Ich hatte dann
erfolgreich so lange gemault, bis meine Pflegemutter
ihn selber nahm. Ihr hat er ja auch gepasst.

Eines Tages fehlte mein Lieblings-Sommerkleid.
Ich ging herunter in die Waschküche, um dort zu suchen. Weg. Dann erfuhr ich von der Pflegemutter, sie
habe es einer Schwägerin für deren Tochter mitgegeben, ich sei da schließlich herausgewachsen. 'Was,
ohne mich zu fragen? Das ist doch mein Kleid. Gehörte mir nichts?'

Sie sang mit mir beim Abwasch, lobte mich, auch
vor anderen, vermittelte mir Werte (ihre). Sie sagte
auch dann und wann: „Unsere Lara ist nicht nachtragend. Wenn der Kurt mit ihr schimpft, dreht sie sich
um und hat es vergessen." 'Hat sie das echt geglaubt?'

Meine Pflegemutter verstarb an Krebs. Vieles,
was zwischen uns nicht mehr besprochen wurde, was
ich mich zu Lebzeiten nicht traute, zu sagen, hatte ich
in einen Brief an sie geschrieben. Auch Worte des
Dankes und Verstehens und Verzeihens. Diesen hatte
ich einmal laut vorgelesen (einer Therapeutin) und
dann verbrannt. Die Theorie dahinter war: der Kosmos stellt ihn zu.

Als wir erfuhren, dass sie an einer besonders
heimtückischen Krebsart erkrankt war, waren wir
natürlich alle tief betrübt und geschockt. Ich hatte

sofort übers Internet nach Informationen dazu gesucht und mir Unterlagen von der Deutschen Krebshilfe schicken lassen. Ich wollte unbedingt mehr darüber erfahren, was ihr bevorsteht. Vielleicht wollte sie ja darüber reden?

Wollte sie aber nicht, keinesfalls. Sie zog es vor, zu verdrängen und den gewohnten Alltag soweit und solange wie möglich aufrechtzuerhalten.

War okay - ihr Leben – ihre Entscheidung.

Sie freute sich nun besonders über Besuch, darüber, in den Arm genommen zu werden. Das war zum Heulen - das war schon echt tapfer. Wir alle waren sehr bemüht, in ihrer Anwesenheit nicht zu weinen. Einfach nur für Sie da zu sein und eine liebevolle Atmosphäre zu geben.

Sie hätte sich noch etwas traumhaft Schönes wünschen können, eine Reise, ein Kleid, … Doch was sie sich vermutlich am meisten wünschte, war nicht mehr zu haben. Alles andere verblasste dagegen, war unwichtig.

Sie sprach gegen Ende dankbar und lobend von den netten Schwestern im Krankenhaus, die die Patientinnen sogar noch zum Lachen, naja, zumindest zum Lächeln brachten.

'Wie schaffen die das? ', dachte ich öfter. Alle Menschen hier auf dieser Station waren zum Tode verurteilt. Und doch kamen die Schwestern jeden Tag fröhlich ins Zimmer, neckten ein wenig, lobten und lenkten ab. Sie brachten für kleine Momente wärmend-helle Sonne in den Raum und in die Herzen dieser Krebskranken. Auch ich war ihnen dankbar dafür.

Sterbefälle in der engsten Familie sind immer extrem schwer. Auf diesen konnten wir uns alle vorbereiten und Abschied nehmen. Was es ein stückweit leichter machte. Bei diesem mussten wir dafür hilflos mit ansehen, wie sie immer weniger wurde und Schmerzen und Angst bekam. Das hat es härter gemacht.

„Der Tod ist gewissermaßen eine Unmöglichkeit, die plötzlich zur Wirklichkeit wird." (Johann Wolfgang von Goethe)

Fünfzig Jahre Verdrängung

Ein ganz normaler Arbeitstag, ohne nennenswerten Stress, keinerlei Ärger im Privaten, und doch… Etwas war anders, als ich mit dem Wagen am Morgen zur Arbeit fuhr. Etwas betrübte mich, meine Grundstimmung war traurig. Und ich fragte mich 'Woher kommt das? War da gestern ein Film, der nachwirkt?'

Im Büro hatte ich bei einer Tasse Kaffee, wie üblich, wie schon seit mehr als dreißig Jahren, den Rechner hochgefahren. Unwillkürlich fiel dabei mein Blick auf den Wandkalender vor mir. Blieb dort hängen. Dann schoss der Gedanke hoch 'Morgen, morgen vor fünfzig Jahren, hat sich meine Mama umgebracht.'

Meine Augen wurden nass. Kam daher meine komische Stimmung heute? Jetzt, wo der Gedanke da war, kamen auch wieder die Fragen:

„Warum?" – So begann jede davon.

„Warum bist du gegangen? … haben wir dich nicht halten können? … hat es niemand kommen sehen? … hat es niemand verhindern können?"

„Warum?"

Wie ein Kind saß ich nun mit meinen mittlerweile achtundfünfzig Jahren in meinem Büro und weinte. Es kam einfach so über mich und musste raus. Ich brauchte mich zum Glück dafür nicht zu schämen, zu rechtfertigen oder zu erklären, denn ich war alleine in dem Zimmer.

Doch mir wurde schlagartig klar, dass ich mit dem Thema noch nicht durch war. Hier wollte noch etwas aufgearbeitet und bereinigt werden.

Für mich daheim habe ich es später mit einem Gedicht versucht:

Rucksack des Schicksals

Ein Tag wie stets, wie üblich,
seit dreißig Jahren schon.
Nur heute so betrüblich,
ich weiß noch nicht, wovon.

Der Weg zum Werk, das Schutztor,
alles wohl vertraut.
Ich komme mir heut' traurig vor.
Da drängt was hoch, was tief verstaut.

Wie üblich Excel im Büro,
Tabellen, planen, schreiben.
Unüblich geht's mir damit so,
als würde ich nur Zeit vertreiben.

Heut' sitzt ein Kind an dem PC,
mit Tränen in den Augen.
Was hat es bloß, was tut ihm weh?
Für Arbeit gerade nicht zu taugen.

Ganz plötzlich ist die Stimmung klar,
denn morgen - doch vor fünfzig Jahr'-
ging meine Mutter, musste raus,
Frieden zu finden im anderen Haus.

Ihre Entscheidung, frei zu sein,
bracht' ewiglangen Kummer ein.
Genauso lang hielt auch die Mauer
des Schweigens und die stille Trauer.

`Warum nur` - frag ich mich seitdem.
`Konnte das denn niemand sehen?`
Gab es nirgends sonst ein „Komm,
ich helfe dir, ich mach das schon."

Nirgendwo mehr eine Hand,
voll Kraft und Liebe und ein Band,
sie hier zu halten, hier auf Erden?
Zu sehen, was die Kinder werden.

Zu klein der Halt. Zu groß die Not.
Der Jüngste mit dem Unfalltod

braucht sie viel mehr, allein.

Der Vater, der den Traktor fuhr,
verlor viel mehr als dieses Kind.
Mit Alkohol löscht' er die Spur -
die Seele wurd' nicht blind.

Der Freund war falsch, die Nöte blieben,
vergrößerte den Schaden.
Zu viele, die ihm Schuld zuschrieben?
Zu viel wurd' aufgeladen.

Der Schaden zwischen Frau und Mann,
ließ Trost kaum zu, forderte dann
Verdrängung, um zu funktionieren.
Die Seele sollte akzeptieren.

Der Vater, der den Traktor fuhr,
sah bald kein Ziel mehr für sich – nur
beiden zu folgen, sollt' ihn heilen.
Dasselbe Schicksal wollt' er teilen.

Es muss bestimmt was anderes geben,
ihr schenktet doch vier weitere Leben.
„Geht nicht, bleibt hier, verzagt nicht noch!
Ihr seid nicht schuld! Wir brauchen doch

euch beide und auch unser Heim."

Fünfzig Jahre helfen nicht,
das Schicksal zu verstehen.
Nur eines weiß ich ganz gewiss,
so sollte niemand gehen.

Und die, die blieben, litten weiter,
das Trauma nicht erkannt.
D'rum hol dir Hilfe, leb' befreiter,
dann wird das Leid nicht eingebrannt.

Irgendwo gibt's eine Hand, ein Band,
dich hier zu halten.
Auch wenn du meinst, du stehst am Rand,
lass nie dein Herz erkalten.

Es ist zu kostbar, unser Leben,
du darfst es nicht von selbst aufgeben.

Hier erst begann ich, mich mit Trauma auseinander zu setzen und startete verschiedene Hilfsaktionen für meine Seele. Eine davon ist ... aufschreiben.

„Ist es das Gute selbst an der schlimmsten Zeit, dass sie vergeht, ist eben dies das Schlimme auch an der besten." (Karlheinz Deschner)

Traumata statt Lampenfieber

Ab der mündlichen Abiturprüfung machte ich mir Gedanken über meine Unsicherheiten bei solchen Aufgabenstellungen. Lieber hätte ich noch drei weitere schriftliche Prüfungen geschrieben, als diese eine in mündlicher Form. Die Anspannung und Aufregung waren in etwa dieselbe. Ich hatte bei der Abiprüfung vermutlich eine Art Blackout gehabt, die Prüfung konnte ich nicht mehr im Detail rekonstruieren. Jedenfalls lief es nicht gut, meine Vornote hatte sich spürbar verschlechtert. Meinem Lehrer stand das Erstaunen oder die Beschämung im Gesicht geschrieben. Empfand ich so. Ich selbst war auch sehr erschrocken, aber es war vorbei.

Später an der Universität konnte ich mir nicht einmal vorstellen, vor gut 300 - 500 Mitstudenten einen Vortrag halten zu müssen. Lediglich in kleineren Arbeitsgruppen musste ich das ab und zu schaffen, vor einer Gruppe stehend zu referieren. Ich zog Kleidung an, die mögliche Schweißränder verbarg und nahm schon am Abend vorher Beruhigungsmittel.

Mein erstes Vorstellungsgespräch nach dem Studium habe ich wegen der Aufgabe „5 Minuten Referat vor einigen Managern der Firma und den Mitbewerbern bei laufender Kamera" vermasselt. Ich bin gegangen, habe meine Bewerbung verbal zurückgezogen, beschämt, entsetzt und erleichtert.

Zu Hause habe ich weinend davon erzählt. Alle anderen Teile des zweitägigen Assessment-Centers waren noch okay, sie waren zu bewältigen. Nur dieser Teil hatte mir Angst gemacht. Das hatte ich nicht so gesagt, eher „Das kann ich nicht".

Als Ursache meiner Panik und des feigen Rückziehers hatte ich die Videokamera ausgemacht, denn auf diese Besonderheit war ich gänzlich unvorbereitet. Also belegte ich einen Rhetorikkurs, um damit zu üben. Und erkannte auch, die Kamera ist nicht mein Feind.

Auf der späteren Arbeitsstelle habe ich mich vor Vorträgen gedrückt, wo es nur ging. Und es ging recht gut, denn meine Arbeit hatte überwiegend andere Anforderungen. Meine Nöte begannen immer dann, wenn ich bei Präsentationen stehen musste. Ging es reihum im Sitzen oder durfte ich beim Vortragen in der Runde sitzen bleiben, war es okay. Unter ansonsten völlig gleichen Rahmenbedingungen machte diese kleine Änderung der Variablen für mich den Riesenunterschied. Ich nannte es „übertriebenes Lampenfieber" und versuchte mit Büchern, Üben und Kopfarbeit damit zurecht zu kommen. An ein mögliches Traumata dachte niemand.

Bis mir in einer NLP-Sitzung (Neuro-Linguistisches Programmieren) endlich eine nachvollziehbare Erklärung gegeben wurde. Dort bin ich gedanklich auf einem Zeitstrahl mein Leben rückwärts abgelaufen, auf der Suche nach schlechten Erinnerungen und Empfindungen.

An dem Gedankenpunkt „acht Jahre" schossen mir sofort die Tränen aus den Augen, ich fühlte mich elend. Das erinnerte Bild dazu beschrieb ich der Kursleiterin ungefähr so: „Meine Mutter ist gestorben und die Oma hat mich in das Totenzimmer geschickt, um mich von ihr zu verabschieden. „Geh und verabschiede dich von deiner Mutter." Ich steh' da alleine in dem Zimmer…"

An dieser Stelle wurde ich von ihr unterbrochen: *„Ja siehst du es denn nicht. Du STEHST da ALLEINE!"*

WAS? Das war die Erklärung. Und noch dazu eine, die für mich sogleich plausibel klang. Endlich hatte ich einen Grund, warum ich schon im Vorfeld zu einem angekündigten Vortrag litt, Panik hatte, mich in den Schlaf weinte, mir selber völlig dämlich vorkam, mit mir schimpfte und stets Beruhigungsmittel nehmen musste. Jetzt sah ich die Not der Kleinen und erkannte: 'Das eine hat doch mit dem anderen nichts zu tun.'

„Geh und verabschiede dich von deiner Mutter!" Diesen Befehl konnte ich als Achtjährige nicht verarbeiten, das wurde ein gewaltiger Schock für mich. Nur jahrzehntelang eben unerkannt und damit nicht therapiert.

Was mag sich meine Oma nur dabei gedacht haben, mich alleine zur toten Mutter ins Zimmer zu schicken? „Die muss jetzt hart werden?", „Die Mutter hat sich gegen Gott versündigt und Schande und Trauer über die Familie gebracht, da geh ich nicht mit?"

Was hat die Frau nur so unsensibel gemacht?

Für die Achtjährige hatte der „einsame" Abschied von der verstorbenen Mutter viel Überforderung und Entsetzen gebracht. Sie stand da völlig ohne Begleitung und schutzlos, ohne jegliche Rückendeckung. Für die Achtjährige war das sogar noch der Beginn einer Kettenreaktion, denn es folgten noch weitere schreckliche, unerwünschte Schicksalsschläge: der Tod des Vaters, der verstorbene Opa im selben Jahr, damit der Verlust des Hofes und des Elternhauses, die Trennung von den Geschwistern, der Wechsel in eine Pflegefamilie.

Alleine diese Erkenntnis hatte mir schlagartig spürbare Erleichterung gebracht, denn nun konnte ich meine Gefühlsflutungen, die Nöte und mein Vermeidungsverhalten auch endlich mit dem Kopf nachvollziehen. Zumindest beruhigte mich das Wissen um diesen Zusammenhang soweit, dass ich in der Folgezeit in der Nacht vor einem Vortrag ruhig schlafen konnte. Für den Anlass selbst hatte ich (permanent) Tranxilium in meiner Handtasche, das ich bei Bedarf nehmen konnte. Ich wusste, es wirkt schnell genug, eine halbe bis ganze Tablette ungefähr eine Stunde vorher konnte reichen.

Mittlerweile kam mir auch der technische Fortschritt entgegen. Zu Beginn hieß Vortrag bzw. Präsentation: viele bunte Folien im Vorfeld erstellen, die vor der Gruppe stehend nacheinander auf einen Overheadprojektor gelegt und erläutert wurden. Nun besaßen wir alle einen Laptop, die Präsentation war auf diesem Rechner, der an einen Beamer angeschlossen wurde. Das funktionierte ganz komfortabel auch beim Sitzen in der Teilnehmerrunde.

Meine Ängste waren kleiner, die besorgniserregenden Anlässe reduzierten sich ebenfalls, doch mein Problem war noch nicht ganz gelöst. Denn starke Gefühle lassen sich nicht einfach so weg reden oder mit „Ich verstehe und jetzt soll es verschwinden" aus der Welt schaffen. Man muss das Trauma noch einmal durchleben, um Blockaden zu lösen und es verarbeiten zu können.

„Trauma ist keine seelische Krankheit, und ist heilbar, Dummheit und zu wenig Menschenkenntnis dagegen nicht." (Eva Lexa Lexova)

Das innere Kind

Eine Lernaufgabe, die ich in einigen Sitzungen aufgearbeitet hatte, war die Arbeit mit dem inneren Kind. Erkenne als Erwachsene die Bedürfnisse der Kleinen, achte sie, schütze sie.

Jetzt als Erwachsene, mit mehr Einsicht und Kraft, kann ich auf die Versäumnisse oder Verletzungen bei der Lara als Kind reagieren. Wenn diese Kleine in mir das Vertrauen hat, dass ich bei ihr bleibe und ihr helfe, kommt sie zur Ruhe. Ich gebe ihr, gedanklich, mit Bildern und Gefühlen, das, was sie zu einem bestimmten Zeitpunkt gebraucht hätte.

Für den Abschied von meiner Mutter als Beispiel nehme ich die kleine, verängstigte Maus vorsichtig an die Hand. Nur wenn sie möchte, begeben wir uns dann zusammen in das Totenzimmer. Vorher hatte ich sie auf meinem Schoß. Habe beruhigend und tröstend mit ihr geredet. Die Fragen, die sie hatte, so gut ich es vermochte, beantwortet. Sie muss nicht alleine in das Zimmer gehen. Und auf keinen Fall lasse ich sie da alleine vor der Toten stehen. Ich habe sie im Arm oder an der Hand oder gebe ihr schützend Wärme und Rückendeckung, indem ich meine Hände um sie lege, auf ihre schmalen Schultern. Ich gehe soweit mit ihr, wie sie es möchte. Sie darf mir sagen, was sie ängstigt. Sie darf mir sagen, wenn sie nicht weiter gehen will.

Denn sie ist noch ein Kind, das eigentlich fröhlich spielen sollte. Auch das sage ich ihr. „Du darfst weiterhin spielen und wieder fröhlich werden."

Das hier müssen jetzt die Erwachsenen regeln. „Das hier ist nicht deins. Darum kümmere ich mich, für dich."

Und ich sage ihr ganz deutlich: „Du darfst traurig sein. Doch du kannst nichts dafür. Du hast keinerlei Schuld daran."

Dann gehe ich mit ihr aus dem Zimmer, in die warme Küche, wo es auch besser riecht. Ich schlage ihr vor, etwas zu spielen oder zu malen. „Möchtest du, dass ich dir etwas vorlese?"

Wir holen den Bruder dazu, der ist ja auch erst neun Jahre. Die beiden können sich da zusammen durchhelfen. Sich gegenseitig trösten.

„Ein vollständiger Erwachsener erwächst aus einem vollständigen Kind. Es ist nicht erforderlich, das Kind zu zerstören, damit der Erwachsene hervortreten kann. Wir alle müssen unser inneres Kind finden und heilen, damit wir vollständig werden." (Namua Rahesha)

Traumatherapie

Zusätzlich suchte ich nach einer Traumatherapeutin, weil ich das verworrene und behindernde Gefühlsknäuel in mir gänzlich ausheilen wollte.

Ihre Ansätze halfen mir, das innere Bild und meine Gefühle zum Besseren zu verändern. Bei der Arbeit mit dem inneren Kind hatte ich mir selber geholfen, mich selber als Erwachsene in die missliche Lage der kleinen Lara hinzu genommen. Nun kam ein weiterer Lösungsweg, der meine damalige Familie mit einbezog.

Die Einstiegsfrage dazu war ganz simpel: „Was hätte die kleine Lara da gebraucht?" Dann durfte ich mir bildlich und gedanklich alles so gestalten, wie die Situation erträglicher gewesen wäre.

Also, auf keinen Fall wäre ich da alleine reingegangen. Unser Vater wäre dabei gewesen, hätte mich an der Hand gehalten. Vielleicht auch mein ein Jahr älterer Bruder, wir hätten gemeinsam Abschied nehmen können, Hand in Hand. Unser Vater hätte etwas zu Mutters Tod sagen können, uns trösten und beruhigen.

Ich war als erwachsene Lara zunächst Beobachterin der Szene, durfte mich gedanklich hinter eine Milchglasscheibe stellen, um mehr Abstand zu haben. So habe ich nach und nach die erinnerte Szene für mich als „die Kleine" passender gestaltet. Und es hat funktioniert. Zwar mit viel Tränen doch auch mit erneut spürbarer Erleichterung.

Das neue Bild unseres Familienabschieds von der Mutter mit besseren Gefühlen ließ sich anschließend immer kleiner machen, bis zur Briefmarkengröße.

Trotz meiner anfänglichen Skepsis konnte ich die erinnerte Situation der Achtjährigen nachempfinden, nachbessern und mehr Frieden damit machen. Jetzt erst fanden meine Emotionen ein Ventil und einen befreienden Weg.

Der homöopathische Grundsatz „Wer heilt hat Recht" gilt auch hier. Ich war richtig dankbar, endlich diesen Schlüssel bekommen zu haben.

„Der Schlüssel zur Heilung liegt darin, das ursprüngliche Trauma noch einmal durchzugehen und es erneut zu durchleben, ihm leidenschaftlich und vorbehaltlos zu begegnen und es zu einer Lösung zu führen. Auf diese Weise wird das festgefahrene Verhaltensmuster gesprengt, die Blockade löst sich auf - und dann kann die Lebensenergie wieder frei fließen." (Strephon K. Williams)

Die Woody-Allan-Nummer läuft nicht

Mein Pflegevater, den ich Onkel Kurt nannte, war ein dominanter und launischer Mensch. Er konnte charmant, ausgesprochen witzig und unterhaltsam sein, sogar verschmitzt ein halbes Schützenfestzelt bespaßen. Doch er hatte auch diese aggressive, polternde und unzufriedene Seite. Entsprechend wechselhaft sind wir miteinander ausgekommen. Mal haben wir zusammen geulkt, mal ging ich ihm aus dem Weg. Die Übergänge kamen so unvorhersehbar.

Es gab nur zwei erinnerte Anlässe, bei denen ich meinem Pflegevater am liebsten gerührt und dankbar um den Hals gefallen wäre. Als ich mein Uni-Diplom nach Hause brachte, kam er hoch zu mir ins Zimmer und sagte: „Ich bin stolz auf dich." Das kam so überraschend, der gemachte Weg ebenso wie der lobende Ausspruch.

Und als ich nach einem zweitägigen Assessment Center weinend daheim ankam und berichten musste, dass ich abgebrochen hatte, also vor dem Ende der Bewerbungsaufgaben gegangen bin. Denn ich konnte mich nicht zu einem erwarteten Spontanvortrag nach vorne, vor alle Mitbewerber, einer laufenden Kamera und den Managern dieser Firma hinstellen. Die Beschämung war groß, sehr groß sogar, doch die Panik vor dieser Herausforderung war um einiges stärker. ('Geh und verabschiede dich...'). Da wollte er mich besänftigen und sagte: „Man kann nicht alles können."

Ich habe ihn auch nur bei zwei Anlässen weinen sehen. Das erste Mal, als unser Hund eingeschläfert werden musste sowie schon im Vorfeld auf den zu erwartenden Tod seiner Frau. Doch er weinte nicht vor uns, er ging dann aus dem Haus Richtung Gartenschuppen, in dem Glauben, es merkte niemand. Männer weinen schließlich nicht, oder?

Als er Witwer wurde, viel zu oft alleine in dem großen Haus, hatte er Zeit, auch für mich. Er besuchte mich, wir gingen spazieren, er lud mich zum Essen ein. Wir führten zum ersten Mal richtige Gespräche.

Ich dachte: `Auf einmal erkennst du, dass es auch Vorteile hat, drei Kinder zu haben, statt nur zwei, nämlich die eigenen.` Denn dann haben auch drei Kinder Zeit für ihn und seine Sorgen.

Er wollte schnell eine neue Frau finden, um nicht alleine zu bleiben. Wir Kinder sollten ihm dabei helfen. Annoncen aufgeben, Telefonate führen. Er wolle eine deutlich jüngere Frau, eine, die ihr eigenes Geld verdiene. „So wie du." Ich hatte dabei gelacht. ʼSuch du mal. Wenn die dich auch will? ʻ

Konnte mir aber recht und auch egal sein. Sein Leben musste ja nicht aufhören, weil er seine Ehefrau zu früh verloren hatte. Natürlich konnte ich im Grundansatz seinen Wunsch nachvollziehen.

Ungefähr ein Jahr nach ihrem Tod, nach einem gemeinsamen Spaziergang mit ihm um sein Haus herum durch die Siedlung, sah er mir in die Augen und sagte: „Du Lara, ich glaube, ich habe mich in dich verliebt."

Wumm. „WAS?" ʼSpinnst du? Hältst du dich für Woody Allan? ʻ

Erschrocken wich ich zurück und ging wortlos. Zunächst noch benommen, dann zunehmend wütend. Ich fühlte mich so getäuscht und verraten, denn alleine dieser Gedanke war völlig abwegig. 'Wie kommt der nur darauf? Dieser alte Sack. Auf die Idee, ich könnte die Nachfolgerin meiner Pflegemutter werden - wollen?

Kontakt Abbruch!

Nach sechs Wochen ließ er seine Tochter, meine Cousine, bei mir anrufen und fragen, wann ich denn mal wieder vorbeikäme. „Ich glaube, gar nicht.", antwortete ich und legte auf.

Danach hatte ich seinen Kindern, mit denen ich lange wie mit Geschwistern aufgewachsen bin, meine Gründe erklärt. Besorgt 'Glauben die mir? Verstehen die das?' und bekümmert 'Wollen die mich dann auch nicht mehr sehen?'

Sie glaubten mir, doch verstanden sie auch, wie ich mich fühlte? Zumindest verstanden sie, dass ich keinerlei Kontakt mehr zu ihrem Vater wollte. Und ich verstand, er war trotz allem ihr Papa. Wir trafen uns weiterhin, nur ohne ihn, außerhalb dieses Hauses oder wenn Onkel Kurt nicht dort war.

Gut zehn Jahre lief dieses Arrangement. Mittlerweile hatte auch mein Pflegevater den gleichen, heimtückischen Krebs wie die Tante zuvor und lag im Krankenhaus.

Am Morgen seines Geburtstags, seinem sicherlich letzten Geburtstag, gab ich mir einen Ruck. Ich wollte ihn besuchen, bevor er starb und kaufte ein

kleines Mitbringsel. Vielleicht würde es eine Aussprache geben, eine Entschuldigung oder Versöhnung?
Vielleicht machte es mein Besuch etwas leichter für
ihn? Oder würde bei mir später kein schlechtes Gewissen aufkommen lassen? Die letzten zehn Jahre
waren okay, denn er hatte auch nicht mehr nach mir
gefragt. Ich hatte ihn noch zweimal auf einem Fami-
lienfest getroffen, sagte freundlich „Guten Tag" und
setzte mich woanders hin.

Doch an diesem Morgen rief ich meinen Cousin
an und fragte nach dem Krankenhaus und der Zim-
mernummer meines Pflegevaters. Seine Antwort,
erstaunt und traurig, war: „Da kommst du zu spät.
Der Papa ist heute Nacht gestorben."

„Was? Das tut mir leid, … für euch." Einatmen,
ausatmen. Es ist wie es ist.

*„Gott, gib mir die Gelassenheit, Dinge hinzunehmen,
die ich nicht ändern kann, den Mut, Dinge zu ändern,
die ich ändern kann, und die Weisheit, das eine vom
anderen zu unterscheiden."* (Reinhold Niebuhr - ame-
rikanischer Theologe, Philosoph und Politikwissen-
schaftler).

Eine Marionette auf Eis

Was ist eine Marionette? „Da stelle ma uns mal janz dumm", wie Lehrer Bömmel alias Heinz Rühmann in dem Filmklassiker „Die Feuerzangenbowle".

Es ist eine Figur, an deren Gliedern Fäden hängen, die durch Fremdsteuerung über ihr, durch den Marionettenspieler, in Bewegung kommen.

Das hatte Parallelen zu meiner Arbeitswelt. Irgendjemand da oben gab den Ton an und die Marschrichtung vor. Nur der da oben hatte einen Willen, der uns da unten laufen oder stehen ließ. Nur der da oben hatte über alle die Macht.

Hatten wir zu Beginn meiner Karriere in dieser Industrie noch Unikate, die auch einmal Klartext redeten, authentisch blieben, eigene Meinungen vertraten, sich schützend vor ihre Mitarbeiter stellten, wurde gefühlt um mich herum alles zunehmend „mainstream". Auch meine lokalen Bosse hingen am Faden, waren mehr ausführendes Organ als Bestimmer.

Durch den x-ten Firmenverkauf hatten wir erneut neue Besitzer erhalten, dieses Mal in einem weit entfernten Kontinent. Mit einer anderen Mentalität und Kultur. Stark hierarchisch gepolt.

Also war es ein wichtiges und richtiges Projekt, uns alle global auszurichten, die neuen Ziele und Werte zu verstehen sowie die internationale Zusammenarbeit effizient zu gestalten. D'accord – einverstanden. In meinem damaligen Teilprojekt, in dem eine Vielzahl an vorstrukturierten Formularen (templates) abzuarbeiten war, ging es um eine globale Wissensdatenbank. „Sharing of knowledge". Definitiv sinnvoll. Eine der Fragestellungen dazu lautete ungefähr so: „Welche lokalen Unterschiede gibt es? Was müssen wir in Erwägung ziehen, um die Ziele des Projektes realisieren zu können?"

Wichtige Fragen. Daher schrieb ich eifrig meine Ideen in das vorgelegte Dokument: Sprache, gesetzliche Rahmenbedingungen, Arbeitszeit und Uhrzeit, Unternehmenskultur, Arbeits- und Führungsmentalität, ... Geblieben sind davon zwei Punkte: Sprache und Uhrzeit. Der Rest wurde weggewünscht, negiert. Da sollten keine Unterschiede sein und folglich wären sie auch nicht relevant. Wir - ungefähr 30.000 weltweite Angestellte - sind per Order künftig alle global denkende Einheitsmitarbeiter, die unisono denken und funktionieren. Wie ein Föhn, den ich weltweit an jede beliebige Steckdose anschließen kann. Okay, in einigen Ländern braucht es dafür einen Adapter. Der wird durch den schlichten Befehl an den Menschen vom Marionettenspieler ganz oben „funktioniere" ersetzt.

Ich hatte zunehmend das Gefühl, 'Das ist nicht meine Welt. Meine Bedürfnisse werden hier nicht mehr erfragt, beachtet oder erfüllt.' Ich winzig kleines Rädchen könnte durch die Eisdecke stürzen, es kratzte hier niemanden. Alle gehen selber in Deckung, um nicht auf der Abschussrampe zu landen.

Was mir am Schluss alles fehlte, war durch Geld nicht mehr auszugleichen. Und Schönreden half mir auch nicht mehr weiter. Ich stand auf einem Abstellgleis, vollgepackt wie ein Arbeitsesel.

„Marionetten lassen sich sehr leicht in Gehenkte verwandeln. Die Stricke sind schon da." (Stanislaw Jerzy Lec)

Wille und Wut gaben Kraft

Erst mit knapp fünfzig Jahren wurde mir bewusst, was mir die größte Kraft für meinen Weg gegeben hatte. Einerseits natürlich die acht guten Jahre zusammen mit der Familie auf dem Bauernhof. Ich hatte das in guter Erinnerung, eine Idylle, die oftmals wohl nur Schein und Illusion war.

Zu Beginn einer Reihe von privaten Sitzungen stellte mir die Therapeutin einige „Warum-Fragen". Sie starteten mit „Warum bist du hier?" und endeten mit „Warum ist dir das so wichtig?". Meine Antwort schoss fast von alleine hoch: „Ich will nicht so enden wie meine Mutter."

Tränen, Verzweiflung und ein dicker Stein im Magen bestätigten mir die Richtigkeit dieser Aussage. Alles, nur das nicht. Das hatte mich also tief im Inneren angetrieben. Und die verletzte und verlassene Kleine in mir legte nach: „Was haben die mit meiner Mama gemacht? So lass ich mich nicht behandeln." Ich war immer noch völlig überzeugt, diese Mutter hatte bis zum bitteren Ende gekämpft. Irgendetwas Schlimmes musste ihr widerfahren sein. In dieser Familie, in diesem Elternhaus.

Und alles, was nach meinen Instinkt oder in meinem Unterbewusstsein zu Mutters Dilemma geführt hatte, musste vermieden werden. Ich musste mein eigenes Geld verdienen, stets unabhängig bleiben. Ich wollte keine fünf Kinder in die Welt setzen, die mich daran hinderten zu gehen, wenn ich es nicht mehr aushielt. Die ich andererseits aber auch nicht mitnehmen könnte. Wo hätte ich sie denn lassen sollen, in der Zeit, die ich mit Arbeiten für den Lebensunterhalt verbrachte? Und bestimmt zöge ich nicht zu den Schwiegereltern ins Haus und gäbe meinem Gatten damit noch einen Heimvorteil. Ich wollte auch nicht allen Kummer in mich hineinfressen wie meine Mutter, sondern Freunde, die zu mir hielten und mich unterstützten. Und ich würde mir professionelle Hilfe holen, wenn ich nicht mehr weiter wüsste.

Wenn ich überhaupt irgendwann heiratete 'Wozu eigentlich?', würden wir liebevoll miteinander umgehen und partnerschaftlich auf Augenhöhe leben. Ich würde nicht seine Putzfrau und Dienstmagd werden. Mich sollte kein Ehemann schlecht behandeln und demütigen dürfen. Ich würde mit ihm diskutieren, mich verteidigen und für meine Bedürfnisse eintreten. Sollte er auch nur einmal die Hand gegen mich erheben oder mich betrügen, könnte er gehen. Er ginge dann, wohlbemerkt, nicht ich. Diese Absicherung und Hintertür hielt ich für sehr erstrebenswert, beinahe schon überlebenswichtig.

Privat konnte ich auch für mich einstehen und konsequent sein. Denn ich hatte keine Angst, ohne Mann zu leben. Die Zeit im Sinne von das gesellschaftliche Ansehen hatte sich da zu meinen Gunsten verändert. Der Makel „unverheiratete Frau" hatte sich überlebt und den Ausdruck „alte Juffer" hörte ich nur einmal in meiner Kindheit, natürlich war die Bedeutung negativ.

Dafür hatte mich die Abhängigkeit von der Arbeit im Griff. Denn die private Schutzburg basierte auf meinem Einkommen im Berufsleben. Dieser wirtschaftliche Zwang war mit der Angst verbunden, die Arbeit zu verlieren. Das hätte eine (erneute) Kettenreaktion herbeigeführt. Meine Dramaqueen musste diesen Zusammenhang ja schon sehr früh erfahren: ein schlimmes Ereignis zieht andere nach sich. Und mit dieser Angst war ich klein zu kriegen.

Nicht durchgängig, denn am Anfang meiner Berufslaufbahn hatte ich schon zweimal gekündigt, um einen anderen Weg für mich aufzutun. Mittlerweile war ich jedoch zwanzig Jahre älter und mit weniger Hoffnung auf einen erneuten Wechsel versehen. Jetzt hatte ich es mir in meiner privaten Komfortzone gemütlich eingerichtet. Es stand also viel mehr auf dem Spiel.

Darum hießen die Devisen: durchhalten und mich stärker machen. Dazu gehörte auch, meine Schwächen zu erkennen und in den Griff zu bekommen. Es waren empfindliche Knöpfe in mir, die zu meiner Kinder- und Jugendzeit angelegt wurden, die z. T. eine wichtige Schutzfunktion hatten. Nur heute durften die nicht mehr die Erwachsene beeinträchtigen.

„Um klar zu sehen reicht oft ein Wechsel der Blickrichtung." (Antoine de Saint-Exupéry)

Resilienz stärken

Warum setzt Frau Meier zu was Frau Müller ziemlich kalt lässt?

Woher haben manche Menschen diesen Lotuseffekt, an dem alles Negative, jeglicher Stress scheinbar mühelos und ohne Schaden anzurichten, abperlt? Manche sprechen von Stehaufmännchen-Effekt, sich dem Wind beugen, nachgeben und schnell wieder aufrichten.

Um das zu erfahren, hatte ich einen Vortrag zum Thema „Resilienz – Was uns stark macht" besucht. Es ging um die persönliche, innere Widerstandskraft, ein mentales Immunsystem, um mit Stress oder Schicksalsschlägen gut umgehen zu können. Im Wesentlichen habe ich diese „Kraftquellen" in Erinnerung:

Akzeptanz – akzeptiere, was nicht rückgängig zu machen ist, vorbei ist vorbei. Verharre nicht im Gestern. Optimismus – es wird besser, habe Vertrauen in die Zukunft.

Lösungsorientierung – werde selber aktiv, entdecke die Schlüssel für dein Leben, gehe raus aus der Opferrolle.

Selbstverantwortung – nur du kannst deinen Weg gehen, gehe ihn, achte dabei auf deine eigenen Bedürfnisse, gehe deinen! Weg.

Netzwerkorientierung – hol dir Unterstützung, rede über deine Sorgen, suche dir Hilfe und nimm sie an. Wir selber stecken oftmals in einem Tunnel fest und sehen nur eine Lösung. Austausch mit anderen erweitert die Perspektive.

Selbst-Wirksamkeit – `Ich kann ...` Erkenne deine Stärken (Was ist dir bisher gut gelungen? Und welche Fähigkeiten hast du dafür eingesetzt?), beachte deine Leistungsgrenzen.

Zukunftsorientierung – plane deine Zukunft, setze dir Ziele und überlege, wie du sie umsetzen kannst, du selber steuerst dein Boot, Meile für Meile.

In der Reflektion dieses Vortrages erkannte ich meine Baustellen deutlicher.

Mein Urvertrauen war durch die familiären Tragödien kräftig durchgerüttelt worden. Damit auch das Vertrauen in das System Familie und in mir selbst.

Ich wollte nicht länger Opfer dieser Vergangenheit sein. Es lag so weit zurück. Und war nicht (länger) mein belastendes Gepäck. Das, was sich die Erwachsenen gegenseitig angetan hatten, wie sie miteinander umgegangen sind, war ihre Baustelle. Den Stein hatte ich lange genug getragen. Den gebe' ich nun zurück, dahin, wo er hingehört.

Ich selbst, und nur ich selbst, bin als Erwachsene für mich und mein Leben, für meinen Weg sowie für mein Glück, verantwortlich. Ich muss aufhören zu denken, irgendjemand anderes tue etwas für mich, etwas, das mir gut tut, mich erfreut. Das ist alleine mein Job.

Doch ich darf mir Hilfe holen.

„Hinfallen – aufstehen – Krönchen richten – weitergehen." (Sternenstaub Postkarten)

Es macht mehr Sinn, sich auf eigene Stärken statt Schwächen zu konzentrieren. Ich habe z. B. ein lausiges räumliches Vorstellungsvermögen. Damit käme ein Beruf als Innenarchitektin für mich nicht in Frage, auch wenn ich dem Berufsbild viel Interesse entgegenbringe. Denn hier würde ich anderen, die einen Beruf wählten, der ihren Stärken entspricht, ewig hinterherhinken, und das auch bei größerem Einsatz. Außerdem macht es mehr Vergnügen, seinen Fokus auf Positives zu richten und dort auszubauen.

Ich hatte vage Ideen von neuen Lebenszielen im Kopf. Alles war noch im Konjunktiv, als angedachte Möglichkeit: „Könnte ich frei sein… Ich würde gerne Neues lernen, kreativer arbeiten… „

„Alles ist in uns selbst vorhanden." (Konfuzius)

Familienaufstellung

Vor einigen Jahren hörte ich von Familienaufstellungen. Wie sollte denn so etwas funktionieren? 'Fremde Leute stehen als Platzhalter für meine Familienmitglieder irgendwo im Raum und erzählen dann, wie sie sich damit fühlen?'

Die klassische Familienaufstellung als Methode zur Selbsthilfe für das eigene Leben geht auf Bert Hellinger zurück. Er vertritt diese Grundprinzipien:

Es gibt eine natürliche, hierarchische Ordnung in einer Familie (Vater, Mutter, die Kinder in der Reihenfolge ihrer Geburt).

Alle Familienmitglieder einschließlich der Ahnen sind durch ein emotionales Band miteinander verbunden.

Alle Familienmitglieder einschließlich Fehlgeburten, Kriegsgefallene, Ex-Partner haben Anspruch auf einen wertschätzenden Platz.

Durch Störungen dieser Ordnung sowie durch Vergessen oder Missachten einzelner Personen können Krankheiten entstehen.

Eine Form dieser Störung ist die Verstrickung, bei der sich Nachkommende mit dem Schicksal eines ausgeschlossenen Familienmitglieds identifizieren.

Heilende Sätze und die Aufstellung der Familienmitglieder in einer räumlich richtigen Ordnung verspricht Hilfe.

Versöhnen und Verzeihen sind wichtige Rituale bei dieser Methode.

Grundsätzlich war ich anfangs sehr skeptisch. Mir sind auch nicht die vielen Kritikpunkte an der klassischen Methode entgangen. Mich störten besonders die bühnenmäßigen Veranstaltungen mit Massen von Menschen sowie der vorgegebene allwissend, radikale Ansatz. Es mangelte in meinen Augen an Seriosität und Vertrauenswürdigkeit.

Nach der Lektüre eines Buches über abgewandelte Formen der Familienaufstellung war ich zumindest geneigt zu glauben, dass diese Arbeitsweise im kleinen Rahmen und einem geschützten Raum, moderiert von professionellen Personen, durchaus funktionieren könnte. Bei Anderen. Nicht bei mir, dachte ich, denn ich hielt mich überwiegend für kopfgesteuert.

Erst als ich merkte, dass meine Baustelle zu Mutters Tod immer noch nicht abgeschlossen war, traute ich mich, ebenfalls bei einer Familienaufstellung mitzumachen. Ich war stabil genug, um keinen Schaden zu nehmen und offen genug, mich darauf einzulassen. 'Im schlechtesten Fall bringt es mir nichts'.

Ich suchte also in meiner Wohnortnähe nach einer erfahrenen, gut ausgebildeten Person, mit der zusammen ich das Modell versuchen wollte. Es gab ein gutes, vertrauliches und offenes Vorgespräch, eine kurze Informationsrunde mit möglichen Interessenten und eine zehnstündige Samstagsveranstaltung mit ca. vierzehn Personen. Im Vorfeld wurde mit mir abgesprochen, was mein Thema sein könnte und wieviel Wissen die Moderatorin preisgeben dürfte. Wenn ich mich entschlösse, mein Thema mit meiner Familie zu stellen. Es war jedoch keine verpflichtende

Anmeldung zur Aufstellung, lediglich zur Teilnahme, ich hätte jederzeit umdisponieren können.

An diesem Samstag wollten sechs Personen aufstellen. Die Anzahl und wer Fragender würde, erfuhren wir erst nach der kompletten Vorstellungsrunde. Die übrigen hatten ein eher berufliches Interesse an dieser Arbeit, befanden sich z. B. in einer NLP-Ausbildung oder boten sich als Interessierte für die Rolle eines Stellvertreters zum Aufstellen an. Wir alle versprachen, vertraulich und wohlwollend miteinander zu arbeiten.

Mein eigenes Thema hatte ich der Gruppe kurz erläutert sowie das von der Moderatorin erfragte Ziel für den Tag: *„Was möchtest du erreichen?"*

Bei der Aufstellung der eigenen familiären Situation wählt der Betroffene nur Personen aus der Runde, keinesfalls steht die fragende Person selber dabei. Folglich suchte ich auch eine Person aus, die mich beziehungsweise meine Position in der Ursprungsfamilie darstellte. Der/die Ratsuchende bezieht stattdessen einen Beobachtungsposten. Und das war sehr gut. Denn es veränderte die Perspektive. Emotional blieb es weiterhin, Tränen waren natürlich erlaubt, sie waren sogar zu erwarten.

Am Vormittag war ich gewollt nur Beobachterin anderer Aufstellungen und gewählte Stellvertreterin. Aus Gründen der Fairness war dies die einzige Bedingung für den Tag: wer seine eigene Familie durch andere aufstellen wollte, musste auch bereit sein, von anderen zum Stellvertreter herangezogen zu werden. Völlig okay. Meine Anspannung war trotz guter Vorbereitung noch groß. Deshalb wollte ich zunächst erst schauen, welche Themen vorgebracht wurden, wie die Gruppe damit umging und was es bei den Betroffenen auslöste.

Es kostete Überwindung, sich so entblößt, emotional und ohne Schutzwall zu zeigen. Und es brachte so viel: Erkenntnisse, Erlösung, Frieden, und Dankbarkeit. Dankbarkeit über diese Möglichkeit, das alles zu erfahren im Sinne von beobachten, spüren und akzeptieren. Dankbarkeit auch in Richtung der fremden Teilnehmerinnen und Teilnehmer, die diesen Weg mit ihrer Zeit, Energie, Empathie und Emotion vertrauenswürdig mitgegangen sind. Für mich. Damit es mir hinterher besser ging.

Und das tat es. Fast wider Erwarten. Beinahe so wie mit der Homöopathie – sie hilft auch Ungläubigen. Nicht als Therapieersatz für nachhaltige Leiden oder Traumata. Doch zumindest als ein wichtiges Puzzle-Teil auf dem Weg zum vollständigeren (Erkenntnis)Bild. Die Apothekenumschau schrieb dazu:

„Wissenschaftlich fundierte Untersuchungen zum Thema Familienaufstellung sind rar. Anbietern reicht es oft aus, positive Rückmeldungen von ihren Klienten zu bekommen. Zwischen 2009 und 2013 wurde die Wirksamkeit von Familienaufstellungen erstmals im Rahmen einer randomisiert-kontrollierten Studie des Universitätsklinikums Heidelberg untersucht: 208 Erwachsene nahmen – eingeteilt in eine Interventions- und eine Kontrollgruppe – im Abstand von vier Monaten an einer Aufstellungsreihe bei zwei erfahrenen Psychotherapeuten teil. Durch regelmäßige Befragungen konnten die Forscher feststellen, dass "Systemaufstellungsseminare [...] mittel- und langfristig die psychische Gesundheit, das Erleben innerhalb privater Systeme und die Erreichung selbst gesetzter Ziele positiv zu beeinflussen [scheinen]". Die dokumentierten Effekte waren jedoch kleiner als die in langfristigen Einzeltherapien."

„Es ist eine weise Fügung der Weltordnung, dass wir nicht wissen, wie weit wir selbst das Leben vergangener Menschen fortsetzen, und dass wir nur zuweilen erstaunt merken, wie wir in unseren Kindern weiterleben." (Gustav Freytag)

Die Kraft der Imagination

Innere Bilder bringen oder kosten Kraft, so der einfache Nenner einer anderen Hilfsmethode. Bilder der Erinnerung, die mich belasten oder bekümmern, fressen Energie, insbesondere dann, wenn sie mühsam verdrängt werden müssen.

Innere Bilder, die mir und meiner Seele gut tun, spenden hingegen Energie und lassen sich so leicht selbst gestalten. Denn in der Phantasie bin ich Picasso und van Gogh in einem.

Also versetzte ich mich gedanklich an schöne Orte, brachte mich zu schönen Erinnerungen zurück und „malte" mir davon ein bleibendes Bild, mein Kraftbild.

Für den einen ist es ein schöner Strandurlaub, harmonisch inmitten der Familie, angenehm warm und relaxt. Der nächste sieht sich in seinem Clubsessel, bei einem Glas Wein und lauscht hingebungsvoll zur Klassischen Musik. Viele Menschen verbinden das Bild einer intakten Natur mit dem Gefühl von Frieden und Ruhe. Ein Anker für die Seele.

Ebenso habe ich erlernt, mir unangenehme Situationen, vergangene wie künftige, bildlich vorzustellen und positiv zu verändern. Dazu nahm ich mir gedanklich Schauspieler, die entsprechende Eigenschaften für mich verkörperten, als Helfer in meiner Krisensituation hinzu. Ich selber wurde Beobachterin. Meine gewählte Schauspielerin agierte in der angedachten Situation für mich wie auf einer Bühne. Sie nahm die entsprechende, passende Körperhaltung ein. Welche ist das? Wie stellt sie Kraft und Entschlossenheit dar? Ich durfte dabei auch Regie führen und sie korrigieren, bis mein Bühnenbild und die Szene passten. Dann beobachtete ich weiter. Die Veränderung ihrer Körperhaltung und ihrer Stimme veränderte nun auch das Gegenüber. Auf einmal reagierte der Gegenspieler ebenfalls anders, positiver.

Später nahm ich dann selber diese verändernde, positive und kraftvolle Körperhaltung ein. Spürte in mich hinein, wie sich meine Gefühle dazu einstellten.

Ich hatte mit „Imagination" auch die Möglichkeit, den Erwachsenen von früher in meinem Kopfvideo Kraft und Fähigkeiten aus dem Heute zu senden. Erinnert hatte ich die kurzen Abschnitte vom Traktorunfall meines Bruders, er war vier, ich fünf Jahre alt. „Was stimmte nicht an diesen Bildern? Was hätte für die kleine Lara besser ausgesehen, sich für sie besser angefühlt?" Die Kernthese dahinter: die Erwachsenen handelten nicht mit böser Absicht so ungeschickt, ihnen fehlte in dem Moment (oder grundsätzlich) eine bestimmte Fähigkeit. „Welche Fähigkeit fehlte ... der Oma?"

„Empathie ... sie hätte die Kinder aus der Situation rausnehmen, sie in den Arm nehmen und abschirmen sollen". Jetzt, wo ich der Regisseur war, sendete ich ihr diese Fähigkeit und spielte die Szene nach meinen Vorstellungen erneut ab.

Ich konnte nicht die Tatsache, den Unfall, wegdenken oder wegmalen. Doch die äußeren Rahmenbedingungen an diesem erinnerten Bildausschnitt durfte und konnte ich passender gestalten. Mit den

Möglichkeiten der Erwachsenen heute für das Kind von früher.

Unserem Gehirn ist das egal. Denn wenn ich oft genug in einer bestimmten Weise an ein Ereignis denke, hält unser Kopf das für real. Doch unserer Seele tut das „schönere" Bild gut.

Auf einem gedanklichen Zeitstrahl kann sich die Imagination nach vorne, also in die Zukunft richten. Vorzugsweise sogar.

Ich kann auch einen Wunsch in Gedanken und Bilder umwandeln. So tun, als wäre das gewünschte Ereignis schon Realität. Mir wiederholt vorstellen, wie gut es mir damit geht. So wird allmählich meine Gedankenbahn mehr als ein wenig benutzter Feldweg, sie wird zu einer Autobahn ausgebaut. Damit erhöht sich die Wahrscheinlichkeit, dass ich genau das anziehe, was ich mit der Gedankenenergie aussende.

„Imagination ist alles, sie ist die Vorschau auf die kommenden Ereignisse des Lebens." (Albert Einstein)

Was ist Glück?

Ganze Bücherreihen wird es zu diesem Thema geben, mit bestimmt unterschiedlichsten Kriterien und Verbesserungsvorschlägen. Fragebögen evaluieren ein gefühltes Glücksniveau, eine Momentaufnahme. Markt- und Glücksforscher setzen sich damit auseinander. Einige Redewendungen fallen mir spontan ebenfalls dazu ein:

Glück und Glas, wie leicht bricht das.
Pech im Spiel, Glück in der Liebe.
Jeder ist seines Glückes Schmied.
Glück im Unglück haben.
Das Glück ist das einzige, was sich verdoppelt, wenn man es teilt.
Glücklich ist, wer vergisst, was nicht mehr zu ändern ist.
Hans im Glück.
Geld allein macht nicht glücklich.

Die Deutsche Post AG ermittelt zusammen mit dem Institut für Demoskopie in Allensbach (IfD) in ihrem „Glücksatlas" sogar einen Koeffizienten für das Glück eines ganzen Volkes, um diesen dann a) über die Jahre hinweg und b) zeitgleich mit anderen Bundesländern vergleichen zu können.

Da ich mich nicht gerade als Expertin in Sachen Glück betrachtete, hatte ich mir diesen Atlas bestellt. Denn was eine ganze Bevölkerungsgruppe oder gar

Nation glücklicher macht als eine andere, kann für das Individuum nicht verkehrt sein.

Die Kernfakten der Lebenszufriedenheit in Deutschland sind lt. dem aktuellen Bericht aus 2018: (Die Befragungsskala reichte von 0 = "ganz und gar unzufrieden" bis 10 = "ganz und gar zufrieden").

Das Glücksniveau der Deutschen verharrt auf stabil hohem Niveau mit einem Wert von 7,05 (2017: 7,07). Der Abstand zwischen Ost und West sinkt auf 0,2 Punkte.

In Norddeutschland sind die Menschen glücklicher – Schleswig-Holstein und Hamburg liegen an der Spitze mit 7,44 (2014 – 2018: Leben allgemein) bzw. 7,36 Punkten. Das Schlusslicht war Brandenburg mit einem Wert von 6,84.

Den höchsten Wert nach Bereichen erreichte Deutschland bei „Wohnen und Freizeit" mit 7,9 Punkte. Favorit war das nördliche Niedersachsen.

Mit der Gesundheit sind die Menschen in der Region Nordrhein-Köln am zufriedensten (6,92). Der Einfluss auf die allgemeine Lebenszufriedenheit ist generell doppelt so hoch wie beim persönlichen Einkommen.

Frauen sind minimal glücklicher als Männer (Abweichung 0,02 Punkte)

Im europäischen Vergleich liegt Deutschland damit unverändert zum Vorjahr auf Rang 9.

Zu den Faktoren, die das subjektiv empfundene Glück beeinflussen, zählt diese Untersuchung auch die Arbeitszufriedenheit. Arbeitslosigkeit ist demnach der größte Glückshemmer.

Geld ist ein Glücksfaktor – es macht dann glücklich, wenn man mehr verdient als das soziale Umfeld!

Das gilt für die Mehrheit der Normalos, also die berühmte Mittelschicht. Wer schon unanständig viel Geld besitzt (Ackermann & Co.), erfährt durch zusätzliches Geld keinen Zugewinn an Glück. Wo jedoch am Ende des Geldes noch viel Monat übrig ist, ist die Bedeutung natürlich größer, um mehr Bedürfnisse erfüllen zu können. Für alle gilt auch, dass der Glückseffekt von „mehr Geld" verpufft, weil ein Gewöhnungseffekt eintritt. Spätestens ein Jahr nach einer satten Gehaltserhöhung ist ein Status Quo eingetreten, daher bin ich im elften Monat mit Gehaltsplus nicht mehr so erfreut wie in dem ersten.

Über den Faktor „Geld bringt Glück im Vergleich" hatte ich schon aus einer amerikanischen Untersuchung erfahren. Dort wurden Leute gefragt; „Bei welcher Gehaltshöhe wärst du glücklich?" Die sagten dann vielleicht „7.000 $." Doch als der befragte Kollege endlich seine erwünschten 7.000 $ bekam, mit denen er durchaus gut zurechtkommen konnte und dann erfuhr, sein Zimmerkollege oder Nachbar oder Schwager hatte 8.000 $ in der Lohntüte, machte ihn das wieder unzufrieden.

Der Effekt von Geld verpufft deshalb in der Praxis schnell, weil die Menschen zu sehr vergleichen und unbedingt anstreben, mehr zu verdienen als eine Vergleichsperson.

Gesundheit ist ein starker Glücksfaktor. Es besteht nachvollziehbar eine große Wechselbeziehung zwischen Gesundheit und Glück.

Ein weiterer ist „Das eigene Heim" – my home is my castle – es lebt sich im Eigentum zufriedener. Das kann ich bestätigen, spätestens nachdem ich aus einer schönen Mietwohnung bei anstrengenden und manchmal auch aggressiven Vermietern in der Wohnung unter mir ausgezogen bin.

Es gibt natürlich auch einen weltweiten Glücksbericht. Im "World Happiness Report" 2017 belegt Norwegen den Platz 1 und hat damit Dänemark überholt. Deutschland belegt hier den 16. Rang – von 155 untersuchten Ländern.

Seit 2012 veröffentlichen die Vereinten Nationen jährlich einen Bericht, der Glück als Messgröße für Fortschritt und Ziel der Politik definiert.

Glücksforscher setzen viel Zeit und Mühe dafür ein, Glück zu messen und die Stellgrößen zu ermitteln. Positive (Gesundheit) wie negative Faktoren (Krieg) haben nicht nur unterschiedliche Gewichtungen, sie zeigen auch komplexe Wechselwirkungen zueinander und überkompensieren sich sogar.

Warum diese Mühe? Das hat durchaus auch wirtschaftliche Gründe, neben den politischen oder ethischen. Glückliche Menschen werden nicht so schnell psychisch oder körperlich krank, leisten ihren Beitrag für die Gesellschaft und haben eine höhere Lebenserwartung.

Alle Studien oder Fragebögen reduzieren sich notgedrungen auf definierte Kriterien, um das Thema „Glück" in irgendeiner Form greifbar, messbar, also vergleichbar und optimierbar zu machen. Denn die Zahl der teilweise auch nur subjektiven Stellschrauben ist in Gänze nicht abbildbar. Stellschrauben für ein persönliches Glücksempfinden sind beispielsweise:

Alter, Arbeitssituation, Armut, Bildung, Bruttoinlandsprodukt, Diskriminierung, Einkommen, Familie, Freiheit, Freizeit, Freunde, Gene, Geschlecht, Gesundheit, Gewalt, Großzügigkeit, Herkunftsland, Hunger, Kinder, Korruption, Krieg, Mobilität, Partner, Regierungsführung, soziale Fürsorge, Umweltschutz, Vertrauen, Wirtschaftskrisen, Wohnsituation, Zukunftsinvestitionen.

Auf jeden Fall lohnt die Frage, was kann ein ganzes Volk glücklicher machen als ein anderes. Was haben die Norweger oder Dänen uns Deutschen voraus?

Ein ausgemachter Glücksvorsprung ist das funktionierende soziale Netz und das Wohlfahrtssystem. Weitere Pluspunkte sind die geringen Einkommensunterschiede, wenig Armut und Arbeitslosigkeit.

Auf persönlicher Ebene sind die Norweger eher vertrauensvoll, sie haben eine positive Grundeinstellung zu den Menschen.

Die Dänen, die in der Vergangenheit weltweit mehrfach den Spitzenplatz für das glücklichste Land belegten, stechen durch eine besondere Lebensphilosophie hervor: „Hygge“. Das stammt von dem dänischen Wort "hug" für Umarmung im Sinne von "Wohlbefinden“ ab. Sich etwas Gutes tun, möglichst täglich, ist „at hygge sig“. Schlichtheit, Familie, Geborgenheit und Zeit mit Freunden zu verbringen, gehören zum dänischen Glücksstil.

Meine Großeltern– und Elterngeneration kannte noch Krieg und Hunger oder Armut. Etliche Familien wurden mit Kriegstoten oder -traumatisierten konfrontiert. Millionen Väter, Söhne und Brüder kehrten nicht zurück. Die Frauen mussten Ungeheuerliches leisten und große Verantwortung alleine tragen lernen.

Das alles blieb mir erspart. Für diese Art fehlender Unglücke bin ich sehr dankbar.

Ich bin mir sicher, dass meine Oma nicht danach gefragt hat: „Wie kann ich mein Glück mehren?"

Doch ich nahm mir irgendwann diese Freiheit und dieses Recht, denn ich habe nur ein Leben. Darum hatte ich für mich eine Skala angefertigt, die meine persönlichen Glückssegmente, auf die ich Einfluss nehmen könnte, widerspiegelte. In jedem Segment sollte der Maximalwert zehn Punkte betragen.

So befragte ich mich intuitiv:

Welchen Wert sehe ich denn momentan auf der jeweiligen Skala als erreicht an? (Ist-Analyse)

Welche Bereichswerte strebe ich an? (Soll-Analyse und Gewichtung)

Wo liegen die größten Diskrepanzen zum Maximalwert? (Abweichungsanalyse)

Wo drückt mich ein Manko am meisten? (Prioritätenliste)

Was kann ich am ehesten verändern und wie? (Maßnahmenplan)

Viele kleine Schritte folgten und konsequent am Ende auch ein großer: ich hatte meine Arbeit gekündigt. Denn Freiheit stand zu dem Zeitpunkt ganz oben auf meiner „Was macht mich glücklicher?" - Wunschliste. Die Freiheit, über meine Zeit selbstbestimmt zu verfügen, meine eigenen Ziele zu verfolgen, dem

Leistungsdruck und den vielen Fremderwartungen zu entkommen.

Und „glücklicherweise" im Sinne von verdienterweise ließ sich dieser Wunsch auch finanziell darstellen. Dafür hatte ich immerhin fünfunddreißig Jahre gearbeitet und angespart.

Mich selber quasi „freizukaufen" wurde mein größter Beitrag zum persönlichen Glücksempfinden. Und es fühlt sich immer noch gut und richtig an.

„Willst du glücklich sein im Leben, dann sei es!" (Leo Tolstoi)

Diese simple Einfachheit hatte meinen Mann und mich motiviert, das Zitat zu unserem Trauspruch zu machen. Am Ende ist es keine Zauberkunst und kein Geheimnis, sondern eine Frage meiner eigenen Einstellung und Sichtweise. Meine Be-Wertung meiner Lebenssituation sowie meines Umfeldes.

'Welche dieser Glücksfaktoren lassen sich noch korrigieren, sollte ich falsch entschieden haben?', fragte ich mich ebenso.

Faktor Partner und Familie: die Chancen sinken mit zunehmendem Alter. Für eigene Kinder war es definitiv zu spät.

Faktor Arbeit: die Chancen sinken mit zunehmendem Alter.

Faktor Wohnung/Wohnumfeld: Die Chancen sind tendenziell altersunabhängig. Sie steigen mit steigendem Einkommen und Vermögen. Ein Darlehen im hohen Alter für ein eigenes Häuschen zu bekommen ist leider wieder ein negativer Alterstrend.

Faktor Gesundheit: die Chancen sinken mit zunehmendem Alter. Medizinisch technischer Fortschritt und eigene Lebensführung wirken diesem Trend wiederum entgegen.

Tendenziell sah es für mich so aus, als hinge sehr vieles am Alter, Jugend ist im Vorteil.

Ergo – entscheide klug in frühen Jahren.

Wozu neigen die inneren Ratgeber?

Wir alle führen innere Dialoge, das ist völlig normal. Diese inneren Stimmen geben uns Rat, Mut oder wollen uns, vielleicht übervorsichtig wie eine Mutter, behüten, warnen, abhalten, etwas verhindern oder abbremsen.

Bei mir ist oft die „Dramaqueen" sehr dominant. Das ist die Dame, die schon weit im Voraus alle möglichen Komplikationen sehen kann, Abwehrstrategien überlegt, sich also erst einmal ohne Anlass schon richtig stresst.

„Ich habe in meinem Leben schon unzählige Katastrophen durchlebt – die wenigsten davon sind eingetreten." (Mark Twain)

Ich verstehe sie gut, denn sie mag nicht mehr so gerne überrascht im Sinne von überrollt werden. Sie möchte einfach gerne wissen, was auf sie zukommt. Dann kann sie sich wappnen, ihre Kräfte und Nerven bereithalten und vorausschauend ihr Leben planen. Um alles im Griff haben zu können. Um sich nicht von spontanen, negativen Gefühlen beherrschen zu lassen. Sie möchte mir helfen, vorbereitet und mit System reagieren zu können.

	Antreiber	Dramaqueen	Fair-Play-Lady	Fürsorgliche	Harmoniebedürftige	Kritiker	Rebell
Grundmotiv	Beschaffer von Anerkennung und Zugehörigkeit.	Schutz vor üblen Überraschungen.	Hüterin der Gerechtigkeit.	Schutz vor Überforderung.	Schutz vor Ärger und Stress oder Blamage.	Schutz vor Strafe und Ablehnung.	Anwalt des eigenen Willens.
Haltung	Mach, schneller, weiter - du schaffst das.	Ich stelle mich mal besser auf etwas Schlechtes ein.	Ich achte auf Balance.	Ich pass auf mich auf.	Wenn ich lieb bin...	Das macht man nicht, gehört sich nicht. Das steht dir nicht zu.	Mach ich trotzdem, mit oder ohne Hilfe.
positiv	leistungsbereit, ehrgeizig, logisch, hält durch, stark, schnell	vorausschauend, planend, organisiert, Schutz vor Gefahr	ausgleichend, mobilisierend, fair, gerecht, zuverlässig, gesetzestreu	wohlwollend, achtsam, wärmend, kuschelig, fantasievoll	friedvoll, ehrlich, anpassungsfähig, kann Interessen zurückstellen, sucht Kompromisse, regelkonform	gesetzestreu, Schutz vor Außenkritik	kraftvoll, konsequent, mobilisierend, baut einen Schutzpanzer, lotet Alternativen aus, zielorientiert
negativ	missachtet eigene Grenzen, stolz	stresst ohne Anlass, pessimistisch, grübelt zu viel	nachtragend, kämpft nicht, zieht sich zurück, hat zu hohe Ansprüche	zu dezent, weltfremd (Ponyhof)	ängstlich, wird leicht übergangen, zu idealistisch, neigt zur Vermeidung, sensibel bei Kritik	zurechtweisend, mindert eigenes Wertempfinden, macht klein, bremst	stur, geht mit dem Kopf durch die Wand, schirmt zu viel ab, wenig diplomatisch
Maxime	Ich kann, wenn ich nur will.	Es kommt anders - sei vorbereitet.	Geben und nehmen.	Übernimm dich nicht.	Nur keinen Streit und Stress.	Halt dich an die Regeln und Verbote.	Ich will aber. Ich muss nicht(s).

Sie macht gerne Pläne, die sie genauso gerne umsetzen möchte. Wie der Chef aus der Serie „Das A-Team". Am Ende der Serie lehnt der sich mit einer guten Havanna-Zigarre im Mund zurück und verkündet: *„Ich liebe es, wenn ein Plan funktioniert."*

So do I. Ja, ich auch.

Eine weitere Stimme ist auf „Harmonie" gepolt. 'Bloß keinen Stress und Ärger bekommen', ist ihre Maxime. Sie brachte mich zu vorauseilendem Gehorsam und übermäßiger Anpassung, schon in meiner Pflegefamilie war sie sehr aktiv. Sie gibt oft den Rat, besser zu schweigen und etwas lieber sein zu lassen. Im Berufsleben favorisiert sie ein gutes Betriebsklima, ein offenes Miteinander voller Respekt und definitiv einen wertschätzenden Vorgesetzten. Ihre Standardbremse ist „Ist das den Streit wert?". Sie sucht nach Erklärungen und Kompromissen. Niemals schreit sie andere Menschen an, provoziert keinen Streit, meidet Machtkämpfe und hofft auf Einsicht beim Gegenüber und Besserung ohne ihr Zutun.

Die Harmoniebedürftige ist eine Zwillingsschwester meiner „Fair-Play-Lady". Gerechtigkeit und Fairness stehen bei ihr auf der Werteskala ganz oben. Was fair oder gerecht ist, ist auch gut, das lohnt unbedingt sogar größere Anstrengungen und gibt keinerlei Konflikt mit der Harmoniefraktion. „Quid pro quo" aus „Schweigen der Lämmer" ist eine feine Sache, denkt sie oft. Und meint damit im Positiven, was du mir Gutes tust, gebe ich auch zurück. Kann sie das nicht, fällt ihr auch das Annehmen schwer, denn sie möchte ungern in jemandes Schuld stehen. Das Grundmotiv gilt selbstredend auch umgekehrt. Darum achtet sie auf Ausgleich und muckt auf, wenn die Gefahr besteht, sich einseitig vor einen anderen Karren spannen zu lassen. Nur leider ist Madame Fair-Play etwas nachtragend und sie ist keine Kampfnatur. Sie hat kein Problem damit, in Vorleistung zu gehen. Wenn dann jedoch die gewünschte Gegenleistung (Belohnung) ausbleibt, sie das Gefühl bekommt, ausgenutzt zu werden, schmollt sie oder wird traurig. Wird sie getreten, ist sie stumm wütend, erlaubt sich aber nicht, das zu zeigen oder zurückzutreten. Ihre Strategie ist Rückzug, also Vermeidung.

Und dann hockt noch jemand in mir auf einem Thron, der mich ständig antreiben will. 'Mach schneller, du schaffst mehr'. Seit wann ich diesen inneren „Treiber" habe, weiß ich nicht mehr genau. Doch jahrzehntelang habe ich mich durchaus gerne gefügt. Ich war eher stolz, etwas schnell erledigt zu haben, schon in der Schulzeit. Zuhause hatte ich sofort nach dem Mittagessen meine Hausaufgaben erledigt (Pflichtprogramm), denn danach hatte ich Freizeit. Freie Zeit, in der ich Dinge tun konnte, die ich gerne machte, wie Lesen, Musik hören, eine Freundin besuchen (Kürprogramm). Meine Selbstoptimierung strebte konsequent danach, bei gleichem Pensum (Hausaufgaben, Abwaschen, Rasen harken) zumindest die Zeitanteile zugunsten der Kür zu verändern. Es war eine Erfolgsstrategie. Bei Prüfungen verhalf mir Schnelligkeit, die Aufgaben bis zum Ende zu schaffen und sogar noch stichprobenweise meine Ergebnisse zu überprüfen.

Dieser Antreiber ist auch sehr ehrgeizig. Er will alles gut und richtig machen. Er strebt nach Lob und

Anerkennung. Da arbeitet er Hand in Hand mit der Harmoniebedürftigen, die Stress vermeiden möchte. Die ja keine Kritik hören will wie „Das hast du nicht gut gemacht." oder „Das gibt Punktabzug, eine schlechte Note."

Im Berufsleben ging diese Rechnung mit den Zeitanteilen erstmals nicht mehr auf. Früh fertig zu werden, hieß nicht Feierabend, du kannst gehen. Je eher ich fertig wurde, umso mehr wurde noch dazu gepackt. Denn die Arbeitswoche umfasste laut Vertrag am Ende fünfunddreißig Wochenstunden, Minimum. Früh fertig zu werden machte dem Chef klar, hier ist noch Luft. 'Was, Lara geht schon wieder um vier? Wieso hat die Frau so wenig Überstunden?' Es brachte daher nur mehr Arbeit auf den Schreibtisch, um die Zeit im Büro aufzufüllen. So ein Chef hat eben stets mehr Aufgaben als Mitarbeiterkapazität. Da geht der doch den richtigen Weg, wenn er neue Projekte an diejenigen verteilt, die nicht genug Präsenz zeigen.

Das wiederum hat den ehrgeizigen Treiber keinesfalls gestört, denn der wollte stets zu den „Guten" gehören, zu den Leistungsträgern und Performern.

Eine sehr starke Bremswirkung hat der Kritiker, der Sachen denkt wie: „Das gehört sich nicht. Das darfst du nicht, das steht dir nicht zu." Im Guten will er mich natürlich nur davor schützen, ausgeschimpft oder bestraft zu werden oder mich vielleicht sogar in Gefahr zu begeben. Dieser Stimmenanteil hat die Regeln und Verbote der Erwachsenen gegenüber dem Kind voll verinnerlicht. Als Kind war er nützlich, um mir die Zuwendung der Eltern und Großeltern zu erhalten. Nun bin ich ja selbst die Erwachsene. Daher prüfe ich: „Wo kommt das her? Will ich das wirklich oder ist es nur aufgestülpt?"

Viel zu schwach war die „Fürsorgliche" in mir. Die sagt so etwas wie 'Pass gut auf dich auf, lass dich nicht zu voll beladen, achte auf deine Kräfte, ruh mal aus.' Erst jetzt gebe ich dieser Stimme mehr Beachtung und Raum, weil sie mir gut tut. Und weil die anderen so übertrieben haben.

Mein innerer „Rebell" ist derjenige, der Wut in Wille und Kraft umsetzen kann. Der meckert manchmal los und argumentiert in dieser Art; „Ich will aber trotzdem … einen Führerschein, ein eigenes Auto, studieren." Dann geht er auf Konfrontation mit der Harmoniebedürftigen und pfeift auf die Einwände der Dramaqueen. Wenn der Rebell etwas so richtig will, aus voller Inbrunst und mit tiefer Überzeugung, hält ihn nichts auf Dauer von seinen Zielen ab. Dann kooperiert der mit dem Antreiber, wächst über sich hinaus und mobilisiert alle Reserven.

Manche nennen diese inneren Ratgeber auch Teilpersönlichkeiten. Teile von mir, die mir beratend, kräftigend oder schützend zur Seite stehen. Ein Team an Ressourcen zur Bewältigung meiner Lebensaufgaben.

Dieses Team ist wie ein Pferdegespann an einer Kutsche. Sie helfen, sicher und im Takt die Wegstrecke zum Ziel zu bewältigen. Sie sollten dafür gleich stark sein, sich notfalls auch ausgleichen können. Nur darf niemand ausbrechen und die Führung übernehmen. Denn der Kutscher bestimmt die Route und das Tempo.

Manchmal geht die Kommunikation auch von mir zurück an diese inneren Stimmen. Wenn ich heute merke, dass der Antreiber wieder zu forsch werden möchte, denke ich: „Ruhig Brauner". Wenn aus der Harmonieecke übertriebene Ängstlichkeit auftaucht, nehme ich die Sorgen ernst und arbeite an einem Plan, der die Befürchtungen abmildert. Halte die Vorteile meiner Ziele dagegen, etwas trotz Bedenken dennoch zu versuchen. Auf jeden Fall höre ich hin. Ich erkenne an, dass mein Gespann in Summe wie im Einzelnen wichtig und unterstützend ist. Sie alle meinen es im Grundsatz gut mit mir. Doch alle bedürfen meiner Führung.

„Die wirksamste Medizin ist die natürliche Heilkraft, die im Inneren eines jeden von uns liegt." (Hippokrates)

Achtsamkeit ist nicht Egoismus

Achtsamkeit ist Selbstfürsorge, ein „gutes Sorgen für sich selbst." Das machen Egoisten ebenfalls, nur mit einigen, negativ belegten Unterschieden: Egoisten lassen dabei Interessen und Bedürfnisse anderer außer Acht, kennen keine Rücksichtnahme, stellen sich gerne in den Mittelpunkt, setzen notfalls auch Ellbogen ein, um ihre Wünsche durchzuboxen.

Wer achtsam mit sich selbst umgeht, lernt hingegen auch schnell den gleichwertigen Blick auf seinen Mitmenschen.

Primär fokussiert ein achtsamer Mensch in sich hinein: auf den Körper, die ankommenden Gedanken und Gefühle. Er hört und fühlt, mit dem Ziel, die innere Balance zu halten oder wieder herzustellen. Durch Atemtechniken verstärkt sich ein Zustand der inneren Ruhe (z. B. mehrmals täglich zwischendurch bewusst 10-mal tief einatmen und ausatmen). Der Autopilot wird temporär angehalten, das Gedankenkarussell gestoppt, ToDo-Listen haben einige Minuten keinen Platz im Kopf. Um ganz bei sich zu sein.

Wir entschleunigen, machen Routinebewegungen langsamer und mit Aufmerksamkeit, stopfen Essen nicht am Fernseher in uns hinein, nehmen die Blume am Wegrand wieder wahr, nutzen eine Wartezeit in der Kassenschlange oder an der roten Ampel für einige bewusste, tiefe Atemzüge.

Die Atemtechniken aus der Achtsamkeitsübung helfen auch gut gegen das Gedankenkarussell und beim Stressabbau. Wenn ich beim Einschlafen merke, dass mein Herz unruhig schlägt oder der Kopf alle möglichen Gespinste fabriziert, fokussiere ich bewusst auf meine Atmung, z. B. mit dieser Übung:

Langsam tief einatmen, Luft halten, langsam ausatmen, Pause – mindestens zehnmal wiederholen.

Beim Einatmen denke ich 'gute Energie rein' oder stelle mir bildlich Licht, Wärme, Glücksempfinden, Kraftspender vor. Beim Ausatmen sage ich mir 'schlechte Energie raus' oder habe ebenfalls Bilder parat, schwarze Luft, Kraftfresser, Krankheit, Viren. Alleine die Konzentration auf diese Abläufe verhindert im Kopf das Grübeln oder Festhalten an negativen Tageserinnerungen und mein Herzschlag wird ruhiger.

Beim Essen nehme ich mir Zeit, die leckere Mousse au Chocolat mit vielen Sinnen zu genießen: ich rieche den Duft, beobachte die Farbnuancen, spüre die Cremigkeit und lasse einen Löffel voll langsam zwischen der Zunge und dem Gaumen seinen Geschmack entfalten.

Damit erhöht sich durch eine wachsende Gelassenheit auch die Stressresistenz und Konzentrationsfähigkeit. Diese Haltung hat ferner eine gesundheitsfördernde Wirkung, so dass einige Krankenkassen Seminare zum Thema Achtsamkeit anbieten oder fördern.

Mir gefiel diese Übung gut: abwechselnd mit verbundenen Augen (führen lassen) oder mit Ohropax durch ein Stück Wald und über eine Straße gehen. Denn wenn ein Sinn quasi ausfällt, übernimmt ein anderer. Wenn ich also den Weg nicht mehr sehen kann, fühle ich und höre ich intensiver. Setze den

Fuß behutsamer ab, nehme die Beschaffenheit des Bodens wahr und die Unebenheiten. Bemerke viel deutlicher, wie sich wärmende Sonnenstrahlen einen Weg auf meine rechte Gesichtshälfte bahnen. Meine Nase nimmt Moder auf, wo könnte der herkommen?

Ein Nebeneffekt dieser Übung war die Erkenntnis, dass bei mir der Sehsinn dominant ist. Nicht sehen zu können, würde mich viel stärker einschränken als nicht riechen zu können.

„Die wahre Lebensweisheit besteht darin, im Alltäglichen das Wunderbare zu sehen." (Pearl S. Buck)

Bedürfnisse resultieren in Verhalten

Der US-amerikanischen Psychologe Abraham Maslow
(1908–1970) hat eine Bedürfnispyramide entwickelt.

Es stellte Theorien über menschliche Bedürfnisse in
Form einer Bedürfnishierarchie auf und daraus abge-
leitet über Handlungsmotivatoren. Sein Menschenbild ist grundsätzlich positiv, der Mensch strebt In
seiner Grundveranlagung nach Wachstum. Als Huma-
nist negiert er Motive wie Macht, Gier oder Abgrenzung.

Die menschlichen Bedürfnisse wurden grob in
fünf Kategorien eingeteilt (bis 1970). Der Weg der
Befriedigung verläuft in der Pyramide von unten nach
oben. Erst wenn ein guter Deckungsgrad pro Stufe
(mind. 70 %) z. B. bei den Grundbedürfnissen erreicht
sei, strebe der Mensch mit seinem Handeln in die
nächsthöhere Ebene. Das leuchtet bei den Grundbedürfnissen (der körperlichen Ebene) am schnellsten
ein, denn wenn ich jeden Abend hungrig zu Bett ge-

hen muss, mache ich mir keinerlei Gedanken über rotes oder blaues Partykleid. Und wenn ich so mit Ach und Krach meine Miete zusammen bekomme, verschwende ich keinen Gedanken an eine Kreuzfahrt.

Die Nichtbefriedigung der Defizitbedürfnisse kann Störungen verursachen, physisch und psychisch. (Individuell betrachtet zeigt das Modell Ausnahmen sowie Widersprüche, z. B. Menschen, die aus ideologischen Gründen in einen Hungerstreik treten, waghalsige Mutproben).

Die Pyramidenspitze erreichen nach den Schätzungen von Maslow weltweit ca. 2 % der Bevölkerung. Trotz vieler Kritikpunkte wurden mit diesem Grundmodell an vielen Stellen gearbeitet, um Tendenzen menschlichen Verhaltens erklären (Psychologie, Arbeitsmotivation) oder vorhersehen (Werbung) zu können.

Gestresste Mitarbeiter, die möglicherweise auch noch Angst haben, ihren Job zu verlieren, arbeiten nicht mehr kreativ. Mitarbeiter, die für sich ein gutes Gehaltsniveau erreicht haben, sind durch andere Faktoren als Geld besser motivierbar (Incentives wie Firmenwagen, Statusbüro).

Bedürfnisse können eingepflanzt werden, darauf zielen die Finessen einer Marketingabteilung. Das ist schließlich ihr Beruf, den Bedarf nach einem Produkt zu wecken, das noch niemand kennt folglich bislang auch ohne auskam. Bedürfnisse können weiterhin durch den Vergleich mit anderen erst entstehen.

Versuche einmal, jeglichen Vergleich herauszunehmen, nur dein „Haben" gegen deine Bedürfnisse „Soll" zu spiegeln.

Du kommst mit deinem Golf VI prima klar, oder? Dann ist es doch irrelevant, ob der Nachbar Porsche fährt oder Twingo.

Kennst du die Werbung einer Raiffeisenbank: "Jeder Mensch hat etwas, das ihn antreibt."

Was treibt dich an? Was sind deine Motive für dein Verhalten? Denn jeglichem Verhalten liegt ein Motiv (Bedürfnis) zugrunde, nicht nur im Tatort wird danach geforscht.

Ein guter Vorgesetzter ist für mich wie ein Florist. Er kennt die Bedürfnisse der ihm anvertrauten Pflanzen. Manche brauchen viel Dünger und die Sonnenseite, um zur vollen Pracht zu erblühen und nachhaltig zu wachsen. Andere mögen es lieber genügsam, wenig Wasser aber Platz. (Diese Erwartung bezogen auf Vorgesetzte fällt praktisch betrachtet in den Bereich der Ideologie, fast schon Utopie).

Meine eigenen Bedürfnisse hatte ich lange nicht mehr hinterfragt. Im Großen und Ganzen sollte ich doch zufrieden sein: mein Chef motzte nicht mit mir herum, mein Mann war ausgeglichen und fröhlich, mit dem Gehalt kam ich gut zurecht, der Fahrweg zur Arbeit war angenehm kurz. Viel Arbeit und Abwechslung kamen mir durchaus entgegen. Und doch, etwas fehlte. Mein Gefühl war nicht gut dabei.

Ich war überwiegend Einzelkämpferin, was mir den Vorteil verschaffte, nicht in ausgetretenen Pfaden laufen zu müssen. Was mir gleichzeitig den Nachteil brachte, alleine dazustehen mit meinen Aufgaben. Meine Arbeiten hatte ich in einen Pflicht- und einen Kürteil gegliedert. In Summe ergab das eine interessante Mischung. Und Schnelligkeit im eher kognitiven Teil brachte mir die erwünschte Luft für den kreativeren zweiten Part.

Es fehlte fachliches Feedback. Ich vermisste Möglichkeiten und Zeit zum Austausch, zur gegenseitigen Befruchtung. Doch am meisten war mein innerer Treiber mit der Stagnation auf der Karriereleiter angepisst. Das fand auch meine Fair-Play-Lady ungerecht.

„Hunger und Liebe sind die Triebkräfte aller menschlichen Handlungen." (Anatole France)

Fehler zum Lernen und zum Wiederholen

Oma erzählte mir beim Frühstück auf dem Hof, dass unsere Katze über Nacht Junge bekommen hatte. Sofort sprang ich hoch und rannte zu ihrem Lagerplatz. Drei kleine Kätzchen lagen da bei unserer Hauskatze. Ich streichelte hingerissen die süßen Kleinen, ganz behutsam. Warnzeichen der Katzenmutter, wenn es sie gab, erkannte ich nicht. Plötzlich wurde es dem Muttertier zu bunt und sie zog mir ihre Krallen über die Hand. Erschrocken und weinend rannte ich damit zu meiner Oma zurück. Doch sie schimpfte noch mit mir: "Du dummes Deern, dat weet de doch." Nein, wusste ich nicht, aber jetzt.

Mein Patenonkel besuchte mich noch einige Jahre zu meinem Namenstag in der Pflegefamilie. Er schenkte mir einen schmalen Armreif aus 333-Gold. Das war bestimmt teuer, echt Gold. Er konnte ja nicht wissen, dass ich nur Silberschmuck mochte. Ich bedankte mich trotzdem sehr erfreut, es zählten für mich sein Besuch und die gute Absicht. Im folgenden Jahr kam ein weiterer Goldreif dazu, mit einem etwas anderen Muster. Jetzt war es zu spät, auf meinen Geschmack hinzuweisen. Insgesamt sammelte ich so fünf Armreifen an, die ich zwar nie trug, aber wie einen Schatz hütete. Liebevoll gemeinte Geschenke sind schwer zu reklamieren, das fände ich echt unhöflich.

Eine neue Kinderkundin in der Pfarrbücherei brauchte eine Schürze für einen bestimmten Anlass, erzählte sie mir. Ich hatte gerade eine Trägerschürze in der Schule genäht, handgenäht, blütenweiß, gestärkt und mit Zierspitzen versehen. Daher bot ich an, ihr diese zu leihen. Am nächsten Sonntag brachte ich sie mit und übergab sie dem erfreuten Mädchen. Doch sie kam nie wieder und meine Schürze war weg. Das war eine traurige Lektion: 'Aufpassen, wem ich vertraue und meine Sachen leihe.'

In der Realschule nahm ich an einem Schüleraustausch-Programm mit unserer Partnerstadt in Frankreich teil. Gleich am ersten Abend in meiner Gastfamilie wurde in geselliger Runde diniert. Vor mir stand eine grüne Suppe, noch unbekannt und undefinierbar, vom Gastvater selbst gekocht. Ich probierte etwas zögerlich. Es war pürierter Porree mit Irgendwas. Mochte ich nicht. War aber höflich genug, es tapfer zu essen und auch zu loben. Der Vater strahlte mich zufrieden an. Ich war erleichtert und wollte mich auf die übrigen Speisen stürzen. Doch zu meinem Schrecken gab es für mich – dank meines Lobgesangs - noch einen zweiten Teller dieser Suppe. Da musste ich jetzt durch, die A- und B-Sagen Nummer. Innerlich gab es jedoch ein Post-it für mich: 'Bleibe stets höflich, das ist gut, es macht andere froh, aber übertreibe es nicht.'

Mit dem Autoführerschein hatte ich auch gleich den für ein Motorrad, damals Klasse 1, mitgemacht. Zusammen mit einer Freundin hatte ich mich für beide Scheine angemeldet. Der Fahrlehrer ging bei der Anmeldung mit uns beiden in seine Garage, um auf dem Lehrmotorrad aufzusitzen. Meine Freundin war nur 1,55 m groß bzw. klein, und konnte den Fuß nicht gut abstellen. Damit war für sie das Thema erledigt. Wie schön, dass ich ein gutes Stück größer war.

Ich war kein bisschen nervös oder ängstlich vor der Fahrprüfung. Ich hatte gut gelernt, etwas fahren geübt und wollte ja unbedingt bestehen. Also ein Durchmarsch für mich, so dachte ich. Dann fiel ich bei der praktischen Prüfung mit dem Auto durch und aus allen Wolken. Nur mit Mühe hielt ich die Tränen zurück. Kurz danach wurde meine Prüfung mit dem Motorrad abgenommen. Ich war dermaßen aus der Spur, dass eigentlich nichts gelingen wollte. Doch den Teil bestand ich überraschenderweise. Noch heute glaube ich, der zweite Teil war eine Art ausgleichende Gerechtigkeit seitens des Prüfers. Denn bei der Autoprüfung war er grenzwertig pingelig und hatte mich damit erst völlig aus dem Konzept gebracht. Und ich beherzigte im Folgenden einen von Oma's weisen Sprüchen: „Hochmut kommt vor dem Fall."

Mein Onkel hatte daheim als Einziger einen Führerschein und ein Auto. Mein Bruder in der anderen Pflegefamilie hatte Klasse 1 bereits ein Jahr zuvor absolviert und sich ein Motorrad gekauft. Folglich dachte ich, naiv, wenn ich erst einmal beide Führerscheine habe, darf ich bestimmt auch mit beiden Fahrzeugen fahren. Falsch gedacht. In meiner Familie ist man damit wohl eher etwas eigen. Darum nahm ich mir vor: 'Wenn ich einmal ein Auto habe, das darf dann jeder fahren. Ich werde mich nicht so anstellen.'

Markus, meinen Beinahe-Ehemann, lernte ich auf der Erstsemesterfete kennen. Managersohn, Einzelkind, vertraut mit Luxus und Label. Er war immer gut drauf, höflich und ein lustiger Begleiter. Sehr schnell wurden wir unzertrennlich. Er hatte eine eigene Wohnung am Studienort, dessen Bad ungefähr so groß war, wie mein Studentenzimmer. Damit war klar, wo wir uns überwiegend aufhielten. Gingen wir zusammen einkaufen, wollte er immer die Tüten tragen. Er half mir auch in meine Jacke oder hielt eine Tür für mich auf. Ich war zu der Zeit sehr auf gleichberechtigt und gleichbehandelt gepolt und sagte so Sachen wie: „Das kann ich auch alleine." Heute denke ich, es war ein dummer Fehler. Da hatte ich es mit meiner Emanzipation übertrieben. Heute weiß ich solche liebevollen Gesten durchaus zu schätzen. Das sollte man keinem Typen abgewöhnen.

Etwas verlegen brachte er mir einmal die „Meinung" seiner Mutter herüber. Ich könne mich mit mehr Chic kleiden und jeden Monat so 30 – 50 DM für gute Markenkleidung zurücklegen. Madame lebte in ganz anderen Sphären als ich. Ich erklärte Markus, warum das eben nicht ginge, von meinem BAföG musste ja alles bestritten werden: Zimmer, Auto, Studienkosten, Bücher, Versicherung, Essen, Kleidung, Zigaretten, Geschenke. Da war keine Luft für Boutique-Sachen. Da ich den Eindruck hatte, es war für ihn nicht so wichtig, hakte ich das Thema damit ab. Ich sah keine Wölkchen kommen.

Nach dem Grundstudium verlobten wir uns, sein Antrag kam völlig überraschend auf meinem Geburtstag. Es gab keine Feier, nur eine kleine Mitteilung an unsere Familien und enge Freunde. Die Reaktion bei uns Zuhause war mehr so ein: „Naja, wenn das mal gutgeht." Wir schmiedeten tolle Pläne, wussten schon die Namen unserer künftigen Goldkinder, wollten beide nach dem Diplom noch eins draufsetzen und die Steuerberaterprüfung ablegen. Danach könnten wir uns selbständig machen. Ideal für mich, denn ich wollte beides, Beruf und Familie. Meine Aussichten für die Zukunft waren perfekt, ich rundherum glücklich. Ich kannte diese Redewendung noch nicht:

„Willst du Gott zum Lachen bringen, erzähl ihm von deinen Plänen."

An einem Wochenende kamen seine Eltern zu Besuch, am Abend wollten sie uns beide zum Essen ausführen. Als ich nachmittags bei Markus ankam, saßen die Männer, also Vater und Sohn, gemütlich vor dem Fernseher und schauten Fußball. Die Mutter putzte derweil die Küche. Was sollte ich nun da machen? Ich konnte mich nicht zu den Männern setzen und die Frau alleine saubermachen lassen. Fußball interessierte mich auch nicht. Ich war etwas angesäuert auf Markus, dass er das zuließ. Andererseits, vermutlich machen Mütter so etwas gerne - für ihre Söhne. Sie hatte damit ja freiwillig angefangen. Also entschied ich mich für Solidarität und putzte mit, sehr ungern zwar, doch von den beiden unerwünschten Optionen ging nur diese. Da steckte ich genötigterweise voll im unerwünschten Rollenverhalten.

Meinen Pflegevater hatte Markus vollends für sich gewonnen, als er mir zu Weihnachten einen Rasierapparat schenkte. Ich hielt völlig perplex das Geschenk in meinen Händen. „Was ist das?", fragte Onkel Kurt aus seinem Fernsehsessel „Was hat Markus dir geschenkt?" Ich hielt den Rasierer hoch. Der Onkel wollte sich schier ausschütten vor Lachen. Danach durfte Markus zum ersten Mal bei uns übernachten. Er in meinem Zimmer, ich bei Oma auf der Liege im Wohnzimmer. Das hat er ohne Murren mitgemacht. Wir beide wussten, bei uns im Haus war das schon etwas ganz Besonders. Und ab da hatte ich, das Bauernmädel, rasierte Beine und Achseln.

Die Beziehung mit Markus ging während meiner Diplomarbeit in die Brüche. Hand in Hand hatte ich ihn zufällig mit einer anderen Frau durch die Stadt gehen sehen. Ich konnte förmlich spüren, wie der Boden unter mir in Stücke brach. Leider lässt sich Liebe nicht wie ein Lichtschalter so einfach an oder ausknipsen. Darum musste ich Abstand gewinnen. Ich schrieb Zuhause an meiner Arbeit weiter. Der Termindruck dahinter war hilfreich, um nicht nur wie ein Häufchen Elend zu weinen und zu trauern. Ich musste mich also schnellstens am sogenannten Riemen reißen. Wie passend, dass meine Familie das draufhat, den Übergang in den Funktionsmodus.

Leider hatten wir viele gemeinsame Seminare und Freunde sowie Lerngruppen. Wollte ich den Kontakt zu den übrigen halten, musste ich auch ihn wiedersehen. Dabei hatte er mich tief verletzt. Hier musste ich harte Kompromisse eingehen, so tun als ob, weiterhin freundlich bleiben und meine Traurigkeit und den verletzten Stolz nicht zeigen. Noch ein Muster aus der Familie?

Die anderen hatten ja mit dieser Trennung nichts zu tun. Ich ging meinem Ex aber privat aus dem Weg und stellte mich damit doch ins Aus. Ich nahm mir vor, nie auf der Arbeit mit jemandem anzubandeln, also mit einer Person, der ich zwangsläufig wieder begegnen musste.

Auch revidierte ich mein 'Wer liebt, muss auch verzeihen können.' Nach seinem ersten Betrug waren wir durch diesen für mich sehr schweren Willensakt wieder zusammengekommen. Ein Jahr später stand ich aber vor demselben Scherbenhaufen. Damit festigte sich mein Glaube 'Wer das einmal macht, der macht es auch wieder. Wer einmal diese Hemmschwelle überschreitet, hat alle Skrupel abgelegt und taugt nicht, taugt für mich nicht als Partner.' Auf meiner Schmerzskala von 1 – 10 war sein Verhalten mir gegenüber die 10.

Das sollte nicht meine letzte Liebeskummer-Lektion bleiben, aber die härteste.

Betrug ist nicht nur Betrug im Sinne von „einmaliger Ausrutscher". Er bringt eine Kette von verletzenden Gedanken und Handlungen mit sich. Dahinter stecken auch Vertrauensbruch, Lügen, Hoffnung nehmen, sich verstellen, Verrat, täuschen, Heimlichtuereien. Damit stand auch mein Beschluss: 'Das passiert mir höchstens noch einmal, eine Chance auf Wiederholung wird es nicht mehr geben.'

Dreimal hatte ich privat Wohnraum angemietet. Das erste Mal an meinem Studienort, ein kleines möbliertes Zimmerchen mit WC auf dem Flur. Die Vermieter wohnten im EG und ließen mir erstaunlich viel Freiheiten. Ich durfte in dem Zimmer rauchen, Besuch empfangen, sogar Herrenbesuch war kein Thema. Da hatte ich im Vorfeld von mehr Einschränkungen gehört. Ab und zu plauderten wir bei Kaffee oder Wein zusammen. Ab und zu gaben sie mir Kuchen oder Obst mit oder stellten es vor meine Zimmertür.

Erst später erfuhr ich von Kommilitonen, wieviel Glück ich bei meiner Suche gehabt hatte. Ich inserierte nur ein einziges Mal in der Lokalzeitung, worauf diese Vermieter sich sogar zweimal bei uns Zuhause meldeten, weil ich beim ersten Anruf nicht da war. Ich hatte nicht geschrieben: „Arzttochter sucht" oder „Wochenendfahrer", ich hatte auch keinen Rückruf angeboten. Später erst erfuhr ich, dass diese Methode sehr wenig Erfolgsaussichten versprach. Manchmal ist das Glück eben wirklich mit den Dummen.

Von dort zog ich für einige Semester in ein neu errichtetes Studentenwohnheim in top Lage. Schon der zweite Glücksfall für mich.

Trotz meines Zeitvertrages fand ich nach dem Studium eine kleine Wohnung am Arbeitsort. Hier teilte die Vermieterin anscheinend mit mir den Glauben, dass daraus eine Festanstellung würde. Vor meinem Einzug musste ich zwar zwei Lagen Teppich entsorgen und drei Schichten Tapeten abreißen, komplett selber renovieren, doch der Preis für meine schnuckelige DG-Wohnung mit Gartenanteil plus Stellplatz im Innenhof war sehr niedrig. Gut gelaufen, wieder Glück gehabt.

Einige Jahre später wechselte ich in eine größere Wohnung, die unbedingt einen Balkon haben sollte. Ich fand auch eine sehr schöne Wohnung in der ersten Etage, die Vermieter lebten wiederum im EG, der Balkon sollte im kommenden Sommer erst noch entstehen. Perfekt. Doch genau daran entbrannten später viel Ärger und Streit. Immer wieder wurde ich beim Thema Balkon hingehalten und vertröstet. Leider hatte ich die Zusage nur mündlich, es stand davon nichts im Vertrag. Mir war das bei meiner Unterschrift in der Vermieterwohnung zwar aufgefallen, doch ich wollte sie nicht mit Argwohn verletzen. „Man muss auch vertrauen können', war meine naive aber überzeugte Einstellung. Schließlich war ich im Begriff, zu diesen Leuten ins Haus zu ziehen. Da kann man sich nicht alles schriftlich absichern lassen. Pech gehabt, dumm gelaufen, schriftliche Fixierung im Vorfeld wäre besser gewesen.

Nach meiner Reklamation einer falschen Nebenkostenabrechnung wurde es dann richtig unangenehm. Meine Vermieter, speziell die Grand Dame des Hauses, wurden regelrecht aggressiv und so übergriffig, dass ich teilweise Angst hatte, durch den Hausflur oder in den Waschkeller zu gehen. Da ich mich völlig im Recht fühlte und mir nichts zu Schulden kommen ließ, hielt ich dagegen, überlegte mir wiederum Abwehrstrategien und wehrte mich schließlich mit einem Anwalt. Der sollte das für mich sachlich klären und die Attacken und Schikanen im Haus stoppen. Erneut Pech gehabt, das ging auch voll daneben, denn es stachelte die Vermieter noch mehr auf.

Das Lied von Stefan Raab 'Maschendrahtzaun' kam erst Jahre später. Doch ich wusste da genau, wie solche Streitereien entstehen können.

Eines Tages befand sich die graue Mülltonne direkt vor meiner Wohnungstür, mit dem Hinweis, hier solle ich künftig meinen Restmüll entsorgen (nicht mehr unten im Garten). Das fand ich so abwegig, dass ich davon ein Foto zur Mieterzeitung schickte. Das fand ich aber auch so gefährlich dumm, dass ich mir sorgenvoll überlegte, wie weit diese Leute wohl noch gehen würden, um mich aus dem Haus zu graulen. Final siegten sie dann, natürlich, denn ich war stets ohne Zeugen, wenn sie feige auf mich einschrien. Der Kampf kostete auch zu viel Nerven, nix mit ruhig im Schönen wohnen, gemütlich den Feierabend genießen.

Sich im Recht zu fühlen und seinen Verpflichtungen nachzukommen reicht nicht für ein friedvolles Miteinander. Hier im Haus machten die Vermieter die Regeln, betraten sogar meine Wohnung ohne Zustimmung von mir in der Überzeugung: „Gehört uns, können wir alles machen. Wem es nicht gefällt, der muss ausziehen."

Zumindest hatte ich mich gewehrt, das war mir wichtig an dieser traurigen Entwicklung. Mich nicht hin und her schubsen zu lassen, sondern für meine Rechte einzustehen. Meine Angst überwinden, den Mund aufmachen, Grenzen zu setzen und „Mein" zu verteidigen.

Leider zog ich am Ende doch den Kürzeren und aus. Hier war nichts mehr zu retten, nur noch zu lernen: 'Private Vermieter im Haus muss ich nicht mehr haben.'

Ich kaufte mir dann eine schöne Eigentumswohnung, die monatlich annähernd das Gleiche kostete. Dort konnte ich endlich wieder aufatmen und mich wohl fühlen.

Aus vielen anderen Fehlern kam ich schlechter heraus, der Lerneffekt war nicht so umfassend. Ich habe grundsätzlich ein positives Menschenbild und handele (meistens) nach der Maxime – von Oma: „Was du nicht willst, was man dir tu." Das geht überwiegend sogar gut. Doch immer wieder überrascht mich ein Gegenüber, der diese innere Regel nicht kennt oder nicht anwendet. Und mich ärgert meine Arglosigkeit, die mich immer wieder auf bewussten Betrug hereinfallen lässt, und sei es nur bei fehlendem Wechselgeld im Urlaub oder ungünstigem Abwiegen auf dem Wochenmarkt.

Ganz selten halte ich es dann auch mit dem Bibelspruch: „Wie du mir, so ich dir." Dann nehme ich mir regelrecht vor, etwas zurückzugeben. Das bietet anderen die Chance, zu lernen. Als Beispiel fällt mir jetzt nur Pünktlichkeit bei Verabredungen ein: jemanden absichtlich, gegen meine Gepflogenheiten, extra warten zu lassen. Weil ich umgekehrt bei diesen chronisch Zu-spät-Kommern immer genervt bin.

Meine Beziehungen, beruflich wie privat, bauen auf Vertrauen auf, auf gegenseitigem Vertrauen natürlich und Fair Play als Teil davon. Das sind Grundbedürfnisse von mir, die ich nicht ablegen will. Das macht, ist mir bewusst, angreifbar und verletzbar.

Doch selbst wenn fast die ganze Welt da anders tickte, wäre dieses Stück heile Welt essentiell für mein Leben. Ich fände entweder ein Pendant oder bliebe allein. Ich sehe keinen Sinn und keinen guten Verlauf darin, mich dem Schlechteren anzupassen.

Was der Kopf lernt, kann verloren gehen. Nur was ich mit starken Gefühlen wie Schrecken oder Scham gelernt hatte, blieb dauerhaft hängen.

„Wenn du einem Menschen voll und ganz vertraust, wirst du eines der folgenden Dinge erhalten: einen Freund fürs Leben oder eine Lektion fürs Leben." (Autor unbekannt)

Der richtige Partner

Viele Jahre hindurch war ich Single. Die Arbeit brachte schon genug Stress mit sich, das brauchte ich nicht auch noch Zuhause. Keine Rechtfertigungen, wohin ich gehe, wann ich komme, was ich mit meinem Geld mache. Freie Entscheidung, ob und was und mit wem ich am Wochenende etwas unternehmen möchte. Niemand, der meine Wohnung durcheinander brachte, mich nervte oder mir einen Spiegel vorhielt. Auseinandersetzungen und Trennungsschmerz musste ich auch nicht mehr haben. So war ich auf einem hohen Level durchaus zufrieden. Doch war glücklich? Fehlte da nicht etwas in meinem Leben?

So etwas wie: müde nach der Arbeit nach Hause kommen und jemand erwartet dich, gemeinsames Abendbrot, kuscheln, reden, Spaß haben. Das Wochenende nicht verplanen müssen, um nicht alleine da zu hocken.

Ich wollte die Ausschläge nach unten vermeiden und war bereit, dafür auf die Höhen zu verzichten. Bei einem EKG (Elektrokardiogramm) zeigt eine derartige Flatline den Herzstillstand an.

Als ich dann Peter kennenlernte, meinen späteren Mann, war ich selber erstaunt, wie mühelos ich mein gewohntes Leben wieder ändern konnte. Weil ich es mit ihm so wollte, ich musste nicht.

Partnerschaft kann auch „easy going" sein, ohne Machtkämpfe, cholerische Ausbrüche, Unterordnung und mit viel Humor gewürzt. Ich nenne ihn mein Supplement. Ob er Mercedes fährt oder Mazda, ob er

Manager ist oder Maler, war mir völlig egal. Ich wollte mich gut fühlen, ankommen und geborgen sein.

In einem Urlaub mit Peter, wir waren frisch verlobt, fuhren wir mit dem Rad zu einem mittelalterlichen Markt. Dort kamen wir an einem Zelt einer keltischen Hexe vorbei, und ich wollte mir spontan aus Spaß von ihr die Karten legen lassen.

Die Karte, die ich für Peter zog, war „Der Narr". Das ist ein fröhlicher, optimistischer Wandergeselle, der die Sonne anschaut, auf einen Abgrund zuläuft doch einen treuen Hund (Instinkt) zur Seite hat, der ihn rechtzeitig warnt. Symbolisch steht die Karte für Weltoffenheit, Treuherzigkeit, Fröhlichkeit, spielerische Zielannäherung und lehrt Humor. Die Karte weist auch auf Neubeginn hin, denn im Narren steckt das neugierige Kind, das Grenzen sprengen möchte. Wie gut das passte. Ich musste lachen.

Die Karte, die ich für mich zog, war „Der Gehängte." ʼOhohʼ, dabei erschrickt wohl jeder gleich, ich jedenfalls musste schlucken. Das Bild dazu ist eine Figur, die an einem Bein kopfunter aufgehängt ist, ein Strahlenkranz umgibt das Haupt. Die Deutung kam in dieser Art: „Einhalt, Kehrtwende, Lösen aus einer festgefahrenen Lebenssituation, erwachtes Bewusstsein" (da hatte ich bereits die Tränen in den Augen, denn ich verstand sofort). „Sie fahren vor die Wand." – Ein Nicken von mir.

Der Narr könne mein Ratgeber werden, dem Leben mit mehr Unbekümmertheit zu begegnen, dem inneren Kind zu folgen, mehr zu wagen und „verdrehte Dinge" gerade zu rücken.

Das passte auch.

Es ist nie zu spät, eine glückliche Kindheit zu haben.", ist ein schöner Buchtitel von Ben Furman. Auch wenn ich das Buch (noch) nicht gelesen habe, spricht mich der Titel sehr an.

Als Lebensmotto sagt er mir: Hol alles nach, was du vermisst hast, gib es dir selber, gestalte dein Leben schön, denn du hast nur eins.

Und das machen wir nun gemeinsam.

Mit einer Freundin fuhr ich nach seinem Heiratsantrag in die Stadt, um mir ein schönes Kleid für die Hochzeit auszusuchen. Wir betraten ein großes, bekanntes Geschäft für Brautmoden und ich wandte mich sogleich an die Verkäuferin: „Würden Sie mir wohl helfen? Ich suche ein Kleid für eine standesamtliche Trauung." Sie schaute mich kurz an und fragte: „Für Sie, als Brautmutter?" Meine Freundin grinste, ich war etwas baff: „Nein, für mich als Braut."

„Dummer Fehler, ganz dummer Fehler." (Julia Roberts in „Pretty Woman").

Liste der Entbehrungen

In der Pubertät vermisste ich meine Mutter besonders stark. Bis dahin bin ich wohl irgendwie weiter- und mitgelaufen. Jetzt erst kamen Themen, die ich nur mit einer Mutter besprechen wollte. Ich musste etwas zu Jungs wissen, zur Regel, zu Wünschen und dem Leben allgemein.

'Wie mache ich dies, wie machst du das? Was hältst du von …? Was sollte ich einmal werden? Wozu rätst du mir? Wie sehe ich aus?' Ich wollte Antworten auf Fragen, die nur meine Mutter hätte beantworten können. Woran hat sie gemerkt, dass Vater der Richtige war, er sie ebenfalls liebte? Wie hat er ihr den Antrag gemacht? Wie hat sie sich gefühlt, als sie mit uns schwanger war? Was für ein Kind war ich?

Jetzt erst wurde mir klar, was alles fehlte und dass es für eine leibliche Mutter nie einen adäquaten Ersatz geben konnte.

Es gibt keine „Weißt du noch?"-Gespräche, keine lustigen, längst vergessenen Anekdoten aus unserer gemeinsamen Kindheit auf dem Hof. Keine „Du hast immer"-Geschichten von mir als Kind. Eigene Erinnerungen sind nur sehr spärlich vorhanden. Die typischen Gespräche, die erwachsene Kinder bei Familientreffen so gerne mit den Eltern führen, wird es nie geben. War ich ein Schreikind, eine Spinatspuckerin, was und wen mochte ich oder nicht. Das zu wissen ist zwar nicht lebensnotwendig, wäre aber schön gewesen. Damit fehlen auch die Art von Erzählungen über oftmals ganz erstaunliche Dinge über einen selbst oder die Geschwister, über die alle gemeinsam herzlich lachen können.

„Hier hast du Geld für ein Taxi" oder „Wann soll Papa dich denn abholen?", kenne ich nicht. Ich stelle mir einfach nur vor, dass ein Vater mich nicht nachts alleine durch die Gegend hätte laufen lassen.

Die Devise meines Onkels war: „Dann bleib doch mit dem Hintern Zuhause."

Meine Entscheidung: Nein, will ich nicht, ich will nicht Außenseiterin werden und hier versauern.

Mein Handeln: Ich gehe zu der Party.

Meine Konsequenzen: Dann muss ich eben nachts von der Bushaltestelle nach Hause laufen.

Ich hatte immer einen Knirps dabei, selbst bei völliger Aussichtslosigkeit auf Regen. Als Waffe zur Verteidigung. Und manchmal bin ich im Zickzack gelaufen. Wenn ich hinter mir ein Auto hörte, bin ich auf den nächsten Hauseingang zugelaufen und tat so, als würde ich dort wohnen. Mir war nicht immer wohl dabei, insbesondere bei einem Weg durch Felder oder an einer langen Hecke entlang. Doch daheim vor dem Fernseher zu hocken wie die anderen, jeden Samstag das gleiche, kam nicht in Frage. Ist ja auch stets gut gegangen. Zu der Zeit war das auch weniger risikobehaftet als heutzutage.

Haben meine Eltern all die Jahre weiterhin über mich gewacht?

Mein Freund schien manchmal genervt, wenn seine Mutter ihn z. B. aufforderte: „Ruf an, wenn ihr gut angekommen seid." Mir erschien das liebevoll und fürsorglich, ich hätte das wohl haben können. Er fühlte sich kontrolliert, wenn die Eltern wissen wollten, wohin er führe und wann er denn zurückkäme. Man kann das definitiv aus zweierlei Blickwinkeln betrachten.

Feierliche Diplomübergabe in der Schlossaula. Ich wollte nicht alleine dorthin gehen. Ich wollte auch Eltern um mich, die sich mit mir freuen, mit einem Glas Sekt in der Hand und dem besonderen Lächeln im Gesicht.

Wären sie da etwas stolz auf mich gewesen?

Meine Hochzeit ohne Eltern. Wer übergibt die Braut? Wer hat Tränen der Rührung und Freude in den Augen? Solche Erinnerungen fehlen. Die wurden auf die Liste der Entbehrungen gebrannt.

Und natürlich fehlt die richtige Antwort auf die Frage aller Fragen: „Warum, Mama?" Alle Antworten von anderen sind nur Vermutungen oder Spekulation, dürftige Erklärungsversuche, denn sie hat nichts hinterlassen.

Wie gerne würde ich die Zeit zurückdrehen, alles auf Reset setzen. In Gedanken habe ich oft den Alternativplan für mich, für uns durchgespielt. Niemand kann die Vergangenheit ändern. Aber wir alle können daraus lernen.

„Stunden der Not vergiss, doch was sie dich lehrten, vergiss nie!" (Salomon Gessner)

Ein arbeitsloser Mann erhöht den Druck, oder nicht?

Als mein Mann gut eine Handvoll Jahre vor der Rente arbeitslos wurde, kam uns das zunächst wie ein Unglück vor. Die Geschäftsleitung hatte Firmeninsolvenz angemeldet und rund vierhundert Mitarbeiterinnen und Mitarbeiter durften in Blöcken jeweils nach einer Belegschaftsversammlung nach und nach „ihre Papiere abholen" und sofort gehen.

Drei Monate nach der ersten Ankündigung und scheinbaren Rettungsversuchen kam so der letzte Arbeitstag für Peter.

Ab jetzt war er zu Hause und ich ging weiter arbeiten. Doch sehr schnell schlug mein Bedauern in Neid um. Denn es ging dem Burschen damit rundum gut. Er hatte auf einmal ganz viel Zeit zum Ausschlafen, für diverse Sportaktivitäten, zum Zeitung Lesen und etwas den Haushalt schmeißen. Johanna von Koczian ließ grüßen. Jede Woche kamen neue Lachfältchen in seinem Gesicht hinzu. Und jeden Abend war er noch voller Energie und schöner Pläne für uns. Nur ich war platt. Sein Wunschkonzert nach Sport und Kursen und Aktivitäten konnte ich nicht mehr mitmachen.

'Hätte mich auch treffen dürfen, statt seiner', dachte ich daher immer öfter. Glück für ihn, Pech für mich. Denn ich musste meine Jahre bis zur Rente jetzt erst recht durchhalten. Noch mehr Druck auf meinen Schultern. Nun musste ich für uns zwei arbeiten gehen.

Der Gedanke an 'Aufhören-wollen', nachdem der Gatte arbeitslos geworden war, kam mir nun doppelt dekadent vor. Zunächst. Und undankbar. Das ging doch gar nicht.

Ungefähr zwei Jahre habe ich mich in dieser Weise arrangiert. Ich wurde nach der Arbeit fröhlich und entspannt Zuhause begrüßt. Manchmal haben wir in der Woche am Abend noch gemeinsam etwas unternommen, mal zog er alleine los und manchmal musste ich ihn ausbremsen. Er blieb dann bei mir auf der Couch. Es war ein großes Gefälle in unserem Energielevel.

'Das soll jetzt noch einige Jahre so weitergehen?', quengelte es in mir. 'Was wäre denn, wenn... ich auch frei sein könnte?' Nur zaghaft wuchs dieser Gedanke in mir, erlaubte ich dem Gedanken, Raum zu nehmen. Bis er mich knallhart konfrontierte: „Fang an zu rechnen! Niemand zieht dich in Ketten oder zwingt dich mit der Peitsche zur Arbeit."

Mein Leben – meine Entscheidungen.

Wie recht diese Stimme doch hatte. Wer zwingt mich denn? Ich könnte morgen tot umfallen, und dann? Er könnte nächstes Jahr eine üble Krankheit bekommen! Ich hatte doch keine Garantie, noch gesund bis zur Rente weiter zu arbeiten, um dann – endlich – das gemeinsame Wunschkonzert abzuspielen.

'Warum also nicht jetzt schon? Rechne Mädchen. Wir kommen klar.' Der Gedanke an meine mögliche Freiheit duftete so verlockend. Mehr als das zusätzliche Geld.

Zu der Zeit las ich ein Buch über Sterbende. Darüber, was sie am meisten bedauerten. Mehrfach musste ich dabei nicken, weil es gefühlt jetzt schon auf mich zutraf.

Besonders tragisch fand ich Geschichte eines über achtzigjährigen Managers. Aus der Erinnerung – hatte er ein anstrengendes aber gut bezahltes, finanziell sorgenfreies Leben. Die Gattin sorgte für das gemeinsame Kind und den Haushalt und hielt ihm den Rücken frei. Eine geplante Weltreise, die sie sich wünschte, wurde einvernehmlich auf seine Rentenzeit geschoben. Doch als dieser Zeitpunkt nahte, ging es der Firma schlecht, ein Nachfolger musste eingearbeitet werden. Kurz, dieser Manager bat seine Frau um ein Jahr Aufschub. Er wollte der Firma noch helfen und alles gut geregelt übergeben und abschließen können. Seine Frau stimmte zu. Doch in dem folgenden Jahr verstarb sie völlig unerwartet. Als er dann in Rente ging, war er alleine daheim. Auch die Weltreise trat er ohne sie an. Und genau das bereute er in seinem Leben am meisten, diese für ihn und sie so fatale Entscheidung. Er hätte so gerne, auch als Dank an seine Frau für die vielen Jahre, die Jahrzehnte der treuen Unterstützung, diese Weltreise gemeinsam mit ihr unternommen. „Hätte ich mich da doch anders entschieden. Diese Entscheidung bereue ich am meisten."

Sogleich knüpfte mein innerer Rebell dort an: „Was wirst du bereuen, komm sag?" Meine innere Antwort kam sofort, von alleine, ganz ohne Grübeln: „Dass ich nicht den Mut hatte." Den Mut, auszusteigen, als es noch Zeit dafür war. Den Mut zu sagen „Es reicht doch. Wir kommen mit dem Erworbenen bis zur Rente über die Runden. Ich höre auch auf mit der Arbeit. Gewinne Zeit, für mich, für uns, für viele andere Aktivitäten und Menschen, für die es bisher an Zeit und Puste fehlte. "

Mein Leben – meine Entscheidungen – meine Konsequenzen.

Hätten meine Eltern das gutgeheißen?

„Güte in den Worten erzeugt Vertrauen. Güte beim Denken erzeugt Tiefe. Güte beim Verschenken erzeugt Liebe." (Laotse)

Der richtige Blick auf Dankbarkeit

Es gab viele Tage, Wochen sogar und Monate, da war meine Stimmung nur betrübt oder traurig. Damit war auch meine Wahrnehmung einseitig orientiert. Alles um mich herum machte wenig Freude. Damit legte sich eine Neurobahn in meinen Kopf, die mit jedem weiteren schlechten Erlebnis verstärkt wurde. Bekannt ist dieses Phänomen z. B. von Frauen, die nicht schwanger werden können, die sehen um sich herum überall Schwangere, was ihren Kummer noch verstärkt.

Daher sollte ich lernen, auf Positives zu achten und ein Tagebuch führen. Im Kleinen können wir jeden Tag Erlebnisse, Eindrücke, Worte, ein Lächeln, irgendetwas wahrnehmen, für das wir danken könnten, wenn wir entsprechend unsere Sinne darauf ausrichten, unseren Tunnelblick breiter werden lassen. Eine derartige Übung sollte mindestens 20 Tage lang, besser sogar 40 Tage hintereinander absolviert werden. Damit erst wird im Gehirn eine neue Spur angelegt.

Ich notierte mir jeden Abend fünf solcher Gründe, die mich im Rückblick froh, positiv, dankbar stimmten. Der nette Kollege, der mir bei meiner Arbeit half, die freundliche Verkäuferin mit einem guten Spar-Tipp, der Anruf meiner alten Schulfreundin, Zeit für das spannende Buch am Abend, das warme Wetter, die schönen Blumen auf meinem Balkon, das Lob meines Vorgesetzten, die Kollegin, die sich nach meinem Wohl erkundigte, …

Im Nachhinein bin ich für etliches dankbar, was mir an Gutem widerfahren ist. Es gab immer einen Ausweg für mich.

Bei der geschuldeten aber auch erwarteten Dankbarkeit an meine Pflegefamilie bin ich allerdings etwas zwiespältig; lange Zeit wäre ich lieber in irgendein Waisenhaus gegangen – nur mit meiner Puppe als Trostspender. Denn ich dachte damals als kleine Kröte, dort könnte ich unter ansonsten vergleichbaren Bedingungen wenigstens eine Freundin finden, die zu mir hält und mich tröstet.

Dort würden gelegentliche Beschimpfungen oder Schläge auch mal andere Kinder treffen und wären nicht so persönlich, sondern prinzipiell verletzend. Hier könnte Solidarität entstehen statt Abwertung und Ausgrenzung. Das habe ich damals noch nicht so benennen können, aber doch empfunden: „Die eigene Kinder sind zu schade dafür."

Wertschätzung und Gleichbehandlung standen folglich im weiteren Lebensverlauf ganz oben auf meiner Liste oder im A-Block der Prioritäten – ein „must-be".

Ich wusste nichts von möglichem Missbrauch in solchen Heimen. Die meisten Menschen wussten davon nichts. Erst seit einigen Jahren wird das Thema in Funk und Presse angeprangert und aufgearbeitet. „Lasset die Kinder…" Die Institution Kirche wackelt. Das Falsche und Verlogene muss raus.

Natürlich war das ein großer und mutiger Schritt für meine Pflegefamilie. Und natürlich hat diese Entscheidung, mich aufzunehmen, ihren Lebensentwurf nachhaltig verändert. Hat ihnen Verantwortung aufgebürdet, Verzichte auferlegt, ihren Handlungsspielraum verändert. Ohne jegliches Eigenverschulden mussten sie etwas ausbügeln und richten. Aus heutiger Sicht hatten die Strenge und die festen Regeln auch einiges Gute: sie vermittelten einen Rahmen, und damit Sicherheit und Halt.

Für all die Felsbrocken in meinem Rucksack hatte ich im Ergebnis doch genug Hilfe: die schönen Erinnerungen an meine Kindheit mit den Eltern, eine Ersatzfamilie und gute Freundinnen und Freunde, meinen ausgeglichenen, fröhlichen Ehemann. Und Jahrzehnte später auch erfahrene Unterstützung von Fremden, die halfen, zu verstehen, Schweres rauszunehmen und weiter zu gehen.

„Nicht die Glücklichen sind dankbar. Es sind die Dankbaren, die glücklich sind." (Francis Bacon)

Was ich heute (nicht) will

Ein Zuhause zu haben, stand über Jahrzehnte auf Platz 1 meiner Must-be-Liste, dicht gefolgt von Unabhängigkeit. Alles andere hat sich nach und nach entwickelt, auch verändert.

Mit achtzehn Jahren hatte ich mit meinem damaligen Freund einen Motorradunfall auf dem Nürburgring. Obwohl er ein guter Fahrer war. Hinter ihm auf dem Motorrad, als seine Sozia, seine Motorradbraut in Leder, fühlte ich mich sicher und stark. Darum war es auch ein vergnügliches Abenteuer, zum Urlaubsabschluss über den Nürburgring zu heizen. Meine Arme umfassten dabei seine schlanke Taille, sein schwarzer Lederkombi lag figurnah an, mein Körper schmiegte sich entspannt an seinen Rücken, bereit, jede Bewegung und Kurvenlage geschmeidig mitzufahren. Die erste Runde war zum Einfahren und Kennenlernen der Strecke. Die nächste sollte auf Zeit gefahren werden. Doch in einer rasant gefahrenen Linkskurve streifte der Vorderreifen kurz den Bordstein. Bernd versuchte, die Maschine hochzureißen, kam dabei ins Trudeln ... und rollte sich zum rechten Straßenrand. Ich nahm nur einen Wimpernschlag lang, mehr erstaunt als erschrocken, wahr, dass ich plötzlich alleine auf dem Motorrad saß. Doch schon im nächsten Augenblick lag auch ich auf der Straße und rollte reflexartig ebenfalls zum Rand der Rennstrecke.

Geschätzt fünf Meter vor mir sah ich Bernd sich aufrichten, einen Blick auf mich werfend: „Bist du okay?" Ein kurzes Nicken brachte ich zustande, benommen, zögerlich, dann ging Bernd unverletzt zu seiner Yamaha, die weitere zehn Meter vor ihm zu Boden geschlittert war. Er richtete die Maschine vorsichtig auf und begutachtete den Schaden. Das machte ich dann auch bei mir. Mein rechtes Knie war aufgescheuert, die Sommerjeans konnte wenig abhalten, die Lederjacke hatte Kratzer sowie der Helm, das Visier hing schief. Doch ansonsten – Glück gehabt. Vorsichtig richtete ich mich nun auch auf und ging langsam zu Bernd herüber.

„Wir müssen damit in die Werkstatt, bevor die zumachen. Sonst kommen wir nicht mehr rechtzeitig zurück. Kannst du aufsitzen?"

Wieder nur ein leichtes Nicken von mir. Erst später sind wir in ein Krankenhaus gefahren.

Und was zuerst nur eine überraschte Beobachtung war, wurde zu einem unangenehmen Gefühl, dann zur Gewissheit: ich möchte keinen Mann, dem sein Motorrad, Auto, Hobby, Haus wichtiger ist.

Ich will auch nicht bei einem Mann bleiben, der mich schlägt oder betrügt. Diese Optionen zu haben, ihm dann sofort die berühmten Koffer vor die Tür zu stellen oder selber gehen zu können, sind unabdingbare Teile meiner erstrebten Unabhängigkeit. Die meine Mutter nicht mehr hatte.

Meine „No-Go-Liste" ist lang, im Wesentlichen umfasst sie die Art und Weise, wie Mitmenschen mich NICHT behandeln sollen (Typ A).

Ich will nicht … werden, enthält viel Fremdverhalten, das gegen mich gerichtet ist wie gedemütigt, vorgeführt, sexuell belästigt, verleumdet, versetzt, ausgenutzt, belogen, genötigt, ... werden.

Mein Einfluss auf diese Wünsche ist daher eher indirekt, allenfalls durch Vorbildfunktion und eigenes Auftreten. Ist aber keine Garantie. Darum musste ich lernen, mich entsprechend zu wappnen und zu wehren. Auch „den Mund aufmachen", selbst wenn es gegen meinen inneren Harmonielehrer ging.

Bei Zielkonflikten geraten immer zwei aneinander: „Ich will nicht versetzt werden und eine Stunde in der Gegend herumstehen" ist nicht kompatibel mit „Ich möchte einen schönen Abend mit X verbringen."

Fairerweise gilt dann auch für mich: „Was du nicht willst, was man dir tu."

'Ich will nicht krank werden, ...alleine leben, ...', verlangt mir selber entsprechende Vorbereitungen und Verhaltensweisen ab (Typ B). Denn auf mein eigenes z. B. gesundes Verhalten habe ich unbedingt Einfluss.

Doch auch hier gilt – keine Erfolgsgarantie, aber doch erhöhte Wahrscheinlichkeit.

'Ich will nicht klagen' - den Ausspruch haben wir alle schon einmal gehört, vorzugsweise von älteren Generationen aus unserer Kindheit. Eigentlich tun sie es dann doch. In diese „Will-nicht-Kategorie" passen Verhaltensweisen, die nun wirklich außer mir niemand besser steuern bzw. unterlassen kann (Typ C). Meine Entscheidung – meine Maßnahmen.

Ich will nicht ... undankbar sein, in einer verschmutzen Wohnung leben, wie ein Püppchen aussehen, grüne Haare tragen, ohne Bücher und Blumen leben, unzuverlässig sein, mein Privatleben auf Facebook verbreiten, Rennrad fahren, am Fließband arbeiten, Schwarzwurzeln essen, …

Hier ist Umsetzung systemimmanent, endlich. Denn wenn ich mein Verhalten nicht will, es folglich konsequent unterlasse, dann geschieht eben dieses Verhalten ja auch nicht. Darum verspricht diese Kategorie den schnellsten Bestätigungserfolg. Plus das gute Gefühl, authentisch zu sein.

Ich mochte nicht: Rasen harken, im kurzen Kleid mit dem Fahrrad an einer Baustelle vorbeifahren, von Betrunkenen an sich gerissen werden, ebenso die Zwangsumarmung mit einer vollbusigen Tante, … diese Reihe ist definitiv ausbaufähig. Als Kind und Jugendliche musste ich da eben oftmals mit der berühmten guten Miene durch. Heute kann ich mir Ausweichmanöver überlegen.

Dennoch hat diese komplette Auflistung ein ganz dickes Manko: alles ist negativ, ist verneinend formuliert. Und genau damit schon wieder zum Scheitern verurteilt. Denn unser Gehirn verarbeitet kein „nicht“. Das bekannte Beispiel für dieses Grundprinzip ist der Befehl: „Denke jetzt nicht an einen blauen Elefanten.“ Was machen wir? Selbstverständlich haben wir alle dabei sofort den blauen Elefanten im Kopf.

Wir beschäftigen uns gedanklich mit „krank werden“ ohne dieses „nicht“ statt mit „gesund“. Das Prinzip gilt auch für Wünsche, die ich als Energie an mich selbst und an den umgebenden Kosmos richte. Hier käme an „versetzt werden“, weil ich darauf meine gedankliche Aufmerksamkeit gerichtet habe.

Und wo er schon mal da ist, der blaue Elefant, bekommt er nun den Befehl, die gerade erstellte bzw. gelesene Liste in den Boden zu stampfen.

Think positive. Denke fortan an Gesundheit statt an Krankheit. Schreibe deine Wünsche für dich selber auf, nur eben positiv formuliert: Ich möchte…! Ich wünsche mir…

Für mich sähe heutzutage die Wunschliste ungefähr so aus: Ich will … zuverlässig sein, pünktlich, Schreiben lernen, selbstbestimmt leben und arbeiten, mehr Freizeit und Freiheit haben, ein Buch schreiben.

Lege dir positive Sätze zurecht, die dir ein gutes Gefühl vermitteln und die du innerlich bejahen kannst: ich werde heute lächelnd durch den Tag gehen, ich will heute auf alles Positive achten, …

Solche Affirmationen machen aus Gedanken Wünsche, die als positive Energie zurückkommen.

Jüngere Generationen als meiner einer sind mit ihrem Smartphone für alle Lebenslagen viel vertrauter. Diese App: „My Life Just Better" kann ein guter Tagesbegleiter werden und motiviert für die notwendige Wiederholung.

"If you can dream it, you can do it." (Walt Disney)

Mut zur Selbstbestimmung

Mit achtundfünfzig Jahren bekam ich Atemnot und Schluckbeschwerden. Ich aß ganz vorsichtig, weil ich mir Sorgen machte, das Essen könnte im Hals stecken bleiben und mich ersticken. Natürlich ging ich zum Arzt – Schilddrüse, Knoten?

Ich wollte gehen (wie meine Mutter?) – etwas anderes arbeiten, selbstbestimmter, freier, ohne Demütigungen. Doch lange grübelte: Darf ich das?, Was soll ich stattdessen machen?, Wer nimmt mich denn noch?, Schaffe ich nicht noch irgendwie ein paar Jahre?' Nur - ein Burn-out reichte. Obwohl ich bei dieser Firma gut verdiente, war ich nicht glücklich. Die Degradierung erwies sich als Einbahnstraße, sie sollte nicht wieder rückgängig zu machen sein. Das war nach meinem Empfinden unfair. Es schmerzte mich immer noch. Ich war eingefroren. Andere bestimmten, welche Türen für mich offen standen oder verschlossen bleiben sollten.

Ich addierte die Zeichen, die mir Hinweise genug auf etwas anderes gaben – jetzt - nicht erst in X Jahren. Ich musste mich nur trauen, konsequenter zu sein. Mich endlich trauen, auf mich und meine Wünsche stärker zu achten. Mein Leben selber zu gestalten, statt Fremderwartungen zu bedienen. Kür wollte ich, denn Pflichtprogramm hatte ich genug absolviert.

Der Wunsch in mir war stark, ebenso die inneren Widerstände: 'Ist das nicht völlig dekadent, ich muss doch dankbar sein, was sollen denn die Anderen denken?' Lieblingssätze aus meiner Kindheit und

Jugend, nie gemocht, die ich mir nun selber in den Weg legte. Muster können so hartnäckig sein.

„Mut steht am Anfang des Handelns, Glück am Ende." (Demokrit)

Es ist entschieden - ich habe meine Arbeit gekündigt.

Genug gesät, jetzt ist Erntezeit. Und künftig möchte ich andere Felder bestellen.

Mitten in der Nacht, nachdem ich die Kündigung abgegeben hatte, wurde ich von einem verworrenen Traum wach.

„Ich putze mir die Zähne und verwende Zahnseide für die Zwischenräume. An einer Stelle im Oberkiefer hängt der Seidenfaden etwas fest, darum ziehe ich vorsichtig daran, um keine Beschädigung herbeizuführen. Ich ziehe und ziehe, der Faden wird lang und länger. Mündet schließlich in ein Knäuel, das im Hals steckte und nun herauskommt. Plötzlich das Gefühl - ich bekomme wieder Luft."

Richtige Entscheidung. Alles wird gut.

„Das Rechte erkennen und nicht tun, ist Mangel an Mut." (Konfuzius)

Groll ist ein dicker Brocken – in dir

Was immer auch in deiner Vergangenheit an Unrecht an dir geschehen ist, in deiner Erinnerung und in deinen Gefühlen, schleppe den Groll darauf nicht ewig mit dir herum. Groll und Hass sind die negativsten Gefühle, mit denen du deinen Lebensrucksack beschweren kannst. Sie halten dich in der Vergangenheit und vergiften deine doch angestrebte positive Grundhaltung fürs Leben.

Verzeihe anderen, denn sonst gibst du ihnen weiterhin Macht über dein Leben. Alleine dadurch, dass du dich immer noch mit ihnen beschäftigst und die erinnert schlechten Gefühle wieder hervorholst. Du musst einen Peiniger oder Idioten künftig schließlich nicht (mehr) zu deinem Geburtstag einladen. Lässt sich ein Umgang nicht vermeiden, darfst du Grenzen ziehen.

Noch wichtiger, verzeihe dir selbst. Du hast bestimmt Erinnerungen an peinliche, bösartige oder ungerechte Situationen, in denen du eher Täter warst als Opfer. Niemand hat etwas davon, wenn du nun jahrelang mit dir haderst: "Hätte ich doch… nicht getan, … nicht gesagt."

Wenn du noch die Gelegenheit hast, dich zu entschuldigen, mach es. Ist da eine Schuld zu begleichen? Finde einen Weg dahin, um deinen Seelenfrieden wieder zurück zu bekommen. Und lerne daraus. Vermeide solche Wiederholungen in Zukunft, um dich besser zu fühlen. Dann legst du diesen Brocken ebenfalls zur Seite, nimmst ihn aus deinem Marschruck-sack heraus.

Negative Energien sind nicht nur in dir schädlich, sondern du sendest sie auch aus. Das, worauf du deine Aufmerksamkeit richtest, kommt konsequent aus dem Kosmos zu dir zurück.

Ergo, denk an schöne Ereignisse, auch künftige. Mal sie dir in allen Details aus, sieh das innere Bild von dir in einer positiven, wohltuenden Situation. Denn unserem Köpfchen ist es egal, ob etwas real passiert ist oder nur in gedachten Bildern. Das, womit ich mich beschäftige, belegt meine Energien. Und sendet sie an die Umgebung. So mache ich die Tür auf, damit der DHL-Bote des Schicksals und meine Wahrnehmungen das Positive anliefern können.

„Es schadet nichts, wenn einem Unrecht geschieht. Man muss es nur vergessen können." (Konfuzius)

Entrümpeln bringt Luft, Aufrüsten hilft Tragen

Wir alle haben seelisches Marschgepäck aus unserer Kindheit dabei und tragen es so lange, bis wir endlich merken, der Rucksack wird zu schwer, er hindert uns in der erwünschten freien Bewegung, er schmerzt, raubt Kraft oder macht uns krank. Dann erst sehen wir hinein und in uns selbst, staunend, erschrocken 'wo ist das alles her? '

Die Antworten suchen und finden wir manchmal erst sehr spät. Wenn die Verdrängung nicht mehr klappt, wenn die Seele getriggert wird, wenn wir bereit sind, das Unterbewusste zu öffnen und die Kraft zur Verarbeitung haben. Genau dann sind wir in der Lage, Zusammenhänge zu erkennen und zu verarbeiten. Ein Verstehen und Nachempfinden kann uns deutlich besänftigen, weil wir nun einen Grund für die eigene Traurigkeit oder Ängste erkennen. Aber wollen wir dann dasselbe Monstrum wieder aufnehmen und - verstehend nun - erneut auf unsere Seele laden? Schlauer wäre es doch, zu fragen: 'Muss ich das mit mir herumschleppen?'

Der Weg zur Erleichterung gelingt erst mit der Einsicht 'Das ist doch gar nicht meins.' Darum ist es wichtig, zu selektieren, auszusortieren - raus damit. Bei aller Liebe und bei allem Respekt - zurück an den Absender. Das neu arrangierte Marschgepäck enthält nur noch, was ich unterwegs brauche, was mir guttut oder hilft oder was ich einfach gerne bei mir haben möchte.

Stärkendes, Notwendiges, Nützliches, Schönes.

Übertragen auf den Seelenrucksack sind es positive Erinnerungen, gute Freunde, meine Stärken, Erfolgserlebnisse, Leidenschaften (Wofür brenne ich? Wofür stehe ich mit meinen persönlichen Werten ein?) und wohlgesinnte Familienmitglieder und Freunde. Wohlgesinnt! - auch hier ist Selektieren erlaubt.

Mein Rucksack – mein Leben – meine Entscheidung.

Leichter wird damit nicht nur der Druck auf unserem Rücken, auch die Wegstrecke vor uns braucht nun weniger Energie. Damit bleibt Luft für ersehnte Abstecher links und rechts oder für ein weiter gestecktes Ziel. Bei gleichem Kräfteeinsatz.

Ein Modell aus einer Ausbildung bei der Controller-Akademie habe ich zunächst auf meine Wohnung und anschließend auf meinen Seelenrucksack übertragen. Es wurde umgepackt – im Sinne von rausnehmen (Vorhandenes) und reinlegen (Vorhandenes und Neues).

Ausgangslage für das Modell:

In dem Seminar galt es, die "richtige" Datenmenge für ein Unternehmen zu erkennen. Grafisch wurden drei Kreise überlappt: Vorhanden, Benötigt, Gewollt. Nur die Schnittmenge aller drei war das Optimum (1) und im theoretischen Idealfall überdecken sich alle Kreise vollständig.

Daten, die zwar vorliegen, die aber niemand (mehr) braucht, sollten gelöscht werden (2 - Datenfriedhof). Einige Informationen wurden dennoch weiterhin geliefert, weil z. B. der Vorstand sie sehen wollte (6 oder 4). „Brauchen" war jedoch das primäre Kriterium für die Arbeit des Sammelns, Archivierens und der Datenpflege.

In der Firma fielen neue gesetzliche Bestimmungen, die eine Datenanpassung erforderlich machten, unter ´Brauchen – noch nicht vorhanden´ (3). Hier war sofort Handlungsbedarf.

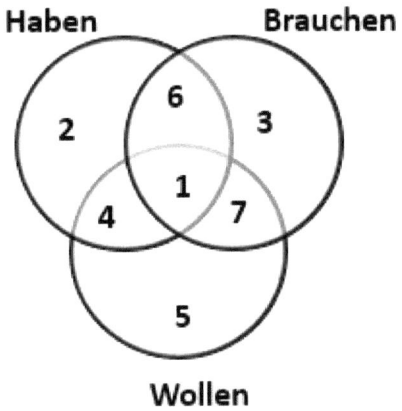

Praxisweg 1: Materielles Umpacken in der Wohnung
Nach dem Renovieren des Wohnzimmers stand der Schrankinhalt immer verteilt noch im Esszimmer (Vorhandenes = Haben = 1, 2, 4, 6).

Vor dem erneuten Einräumen standen folgende Kernfragen für mein Ordnungsprinzip:

„Was habe ich, was ich gar nicht brauche (2 und 4)? Eindeutig ist davon (2) der unnötige Platzfresser. Also weg damit.

„Will ich das trotzdem behalten, hängt mein Herz daran?" (4) – diese Kategorie bekam einen Platz im Keller.

„Will ich mir Neues anschaffen, was ich de facto nicht brauche (5)?" Solche Wünsche strich ich - vorläufig.

„Was könnte ich brauchen, worüber ich noch nicht verfüge (3 und 7)?" Bei (7) wird die Motivation größer sein, weil ich das auch will.

Als erstes räumte ich die Teile wieder ein, die ich regelmäßig oder doch gelegentlich benutzte (Geschirr, Gläser – 1) oder als Deko behalten wollte (Mutters Römer, eine alte Tischdecke vom Bauernhof - 4). Die alte Tischdecke legte ich in einen Karton mit der Aufschrift „Keller." Ich war erstaunt, was danach noch auf dem Tisch vom Esszimmer übrig blieb: die Bowle-Serie, Schüsseln, Gläser, Kerzenständer, Deko. Ich fragte in meiner Familie herum, ob das jemand brauchen könne oder haben wolle (3, 7). Fehlanzeige. Also eindeutig Rubrik (2) und damit bekam ich einen großen Karton für die Diakonie zusammen.

Genauso verfuhr ich mit meinem Kleiderschrank. Einiges landete im Keller (Skijacke, gefütterte Stiefel – 4) oder im Kleidercontainer (2). Dabei bemerkte ich, ich hätte gerne einen einfachen Kleiderschrank im Keller – ein vorgemerkter Posten für Rubrik (7).

Rubrik (5) wurde geschoben, bis ich im Übermaß über Geld, Zeit oder Energie verfügte.

Beispiele für die einzelnen Rubriken:

(1) Geschirr, Besteck, Hosen, Blusen, Kühl- und Gefrierschrank, Herd, Spüle
(2) Bowle-Serie, Vasen, Salatschüssel, Deko für einen Weihnachtsbaum, Hose in Größe 38
(3) Unterlagen für die Steuererklärung
(4) Mutters altes Service, Tischdecke vom Bauernhof
(5) Frische Blumen auf dem Tisch, elektrischer Fensterputzer
(6) Ordner für Steuer, Banken, Versicherung
(7) Kleiderschrank für den Keller

Es tat richtig gut, mir diese Luft und den freien Raum zu verschaffen.

Im Resultat waren meine Wohnung und der Kleiderschrank luftiger geworden, sie verloren an Volumen und Gewicht. Die benötigten Neuanschaffungen kamen als sinnvolle Handlungsoption auf meinen Einkaufszettel.

Praxisweg 2: Immaterielles Umpacken

Das war jedoch nur der erste, der leichtere Teil des Grundprinzips:

Fragen, Einteilungen und Handlungsempfehlungen.

Alles Materielle war ja sichtbar, herausnehmbar und hatte erkennbares Volumen und messbare Kilos. Die angedachten Neuanschaffungen ließen sich leicht in irgendeinem Geschäft erwerben.

Das prinzipielle Vorgehen, davon war ich überzeugt, müsste auch für mein Leben, für mein Marschgepäck funktionieren. Bei der mentalen Überprüfung legte ich mir eine Rangfolge fest, die den meisten Nutzen versprach und mir praktikabel erschien.

Beispiele für die einzelnen Rubriken:

Zu 1: Stärken wie Verstand, Durchhaltevermögen, Lernbereitschaft, meinen Mann, gute Freundinnen und Freunde, Geschwister, wohlgesinnte Familienmitglieder, finanzielle Absicherung, Erfolgserlebnisse, Leidenschaften, schöne Erinnerungen
Zu 2: Zielführend fing ich mit den Energiefressern an: Groll gegen die Pflegeeltern, Ärger auf einige wenige Ex-Vorgesetzte, falsche Glaubenssätze, Schwächen wie Sorgen um die Zukunft, die Dramaqueen, Menschen, die mir nicht gut tun
Zu 4: Romane lesen, Musik hören
Zu 7: Was sollte ich mir aneignen, um das Tragen leichter zu machen? Gelassenheit, Achtsamkeit. Was könnte meine bislang nicht erfüllten Bedürfnisse stillen? Mehr Freiheit und Selbstbestimmung.
Zu 3: Regelmäßige Zahnarzttermine, Diplomatie
Zu 5: Fernstudium, um Schreiben zu lernen, einen Beitrag zur Suizidprävention leisten, spenden
Zu 6: Disziplin und Ordnungssinn für die Steuererklärung

„Viele würden gern ein einfacheres Leben führen, wenn der Weg dahin nicht so kompliziert wäre."
(Justus Jonas der Ältere)

Welche Art Mutter wäre ich geworden?

Ich habe lange Zeit gar nicht in Frage gestellt, eigene Kinder zu bekommen. Am liebsten hätte ich Beruf und Familie realisieren wollen. Und dann wiederum lieber nicht. Denn ein Kind könnte ich verlieren. Das ist ein bekannter Schmerz, nur anders herum. Und Kinder machen abhängig. Sie könnten mich festhalten, wo es mir nicht mehr gutgeht. Unabhängig und damit frei in der Entscheidung zu bleiben, ist mir wichtig. Das würde meine Mutter sehr gut verstehen.

Letztlich hat es sich ergeben, weil ich den passenden Mann zu spät kennen lernte.

Kind im Kokon

Mein Kind, du zauberhaftes Wesen,
ein Wunder der Natur.
Von Liebe will ich dir vorlesen.
Du bringst mir Freude pur.

Ich bin so stolz, dich vorzuzeigen.
Mein Leben hat mehr Sinn.
Unrecht der Welt will ich verschweigen.
Du bist ein Hauptgewinn.

Ich gebe alles für dein Glück.
Du hast so viel Talent.
Begleite dich stets, Stück für Stück.
Bin stets für dich präsent.

Denn früh genug wirst du erkennen:
das Leben ist nicht bunt.
Ich will das Schwarze nicht benennen,
mein Schutzmantel ist rund.

Du wirst mir ewig dankbar sein.
Ich öffne viele Türen.
Gefährliches, das wird nicht dein.
Kannst meine Opfer spüren.

Müsstest du vor mir gehen,
ich wollt' gleich hinterher.
Mein Kopf kann Dramen sehen,
mein Herz wird dabei schwer.

Mein Kind, die Uhr war gegen dich.
Ich hab dich nie geboren.
So denke ich manchmal für mich,
an das, was wir verloren.

Es fehlten Mann und Mut und Zeit.
Perfekt wollt' es nie passen.
Gäb's noch ein Los, ich wär' bereit.
Was kann ich hinterlassen?

Auch mein Mann ist kinderlos aus seiner ersten Ehe gegangen. Es hätte anders sein dürfen, doch es ist nun wie es ist und wir machen ein anderes Programm zusammen als die vielen Eltern um uns herum. Wir haben konkrete Vorstellungen davon, wie unsere gemeinsamen Kinder geraten wären und wie wir sie erzogen hätten. Wir würden sie lieben, selbstverständlich, ihnen auch vieles ermöglichen. Doch wir stellten sie nicht auf ein Podest, wir machten keine Prinzen und Prinzessinnen aus ihnen. Unsere Kinder hätten genug Spielzeug und altersgerechte Freizeitaktivitäten. Wir würden sie aber nicht rund um die Uhr bespaßen, sie könnten sich auch mit sich selbst beschäftigen.

Sie wären sehr wichtig, doch nicht der einzige Sinn in unserem Leben.

„Die Liebe einer Mutter teilt sich nicht zwischen den Kindern, sie vervielfältigt sich." (Christian Friedrich Daniel Schubart)

Hätte, hätte, Fahrradkette

Für mich hat der Tod meiner Mutter, ihre Entscheidung, in dieser Art zu gehen, eine ganze Kette von dramatischen, ungewollten Ereignissen ausgelöst. Oft fragte ich mich, was wäre alles anders abgelaufen, wenn sie nur jemand rechtzeitig davon abgehalten hätte. Das habe ich für mich in ein Gedicht gefasst:

Traumzeit

Im Traum dreht' ich die Zeit zurück,
ich gäbe alles für dies' Glück.
Im Traum, da seid ihr noch auf Erden,
zu sehen, was wir Kinder werden.

Ich hätte sicher nicht studiert,
Ehe nicht spät ausprobiert.
Drei Kinder und ein kleines Haus,
alternativ säh' es so aus.

Ich hätte kein Burn-out bekommen,
mehr Hilfe von euch Zwei`n genommen.
Wär' abhängig, vielleicht allein,
so könnte es stattdessen sein.

Ihr habt entschieden, früh zu gehen,
den Kummer nicht mehr anzusehen.
Die Not auf Erden war zu groß.
Wer sagt es denn den Kindern bloß?

Im Traum, da gab es nichts zu sagen,
da hatte niemand Schuld zu tragen.
Nicht mal gefühlt, da ward ihr froh,
wir Kinder bei euch, ebenso.

Hätte Vater nicht den tödlichen Treckerunfall verursacht, …?
Hätte Opa den Hof an Vater übertragen, …?
Hätte meine Mutter (psychologische) Hilfe bekommen, ausruhen dürfen, …?
Hätte mein Vater (psychologische) Hilfe bekommen, Perspektiven gesehen, …?
Hätten Oma oder Vater mich in das Totenzimmer von meiner Mutter begleitet, könnte ich dann Vorträge halten?
Hätte es das AGG schon zu Zeiten meiner Lehre gegeben, wäre ich dann in das Förderprogramm aufgenommen worden, hätte nicht gekündigt und studiert?
Hätte ich Peter rund zwanzig Jahre eher kennengelernt, wären dann Kinder um uns?

Solche Gedanken kamen und beschäftigten mich. Auch die Frage nach Gott. Gibt es ihn? Will er sowas? Warum lässt er so viele schlimmen Sachen, auch Kriege und verhungernde Kinder, geschehen?

Was und wie wäre ich geworden ohne die ganze familiäre Vorgeschichte?

Gibt es ein Schicksal, das uns allen auferlegt wird? War das alles für meine Familie vorbestimmt? Haben wir Schulden unserer Ahnen zu begleichen? Und wenn ja, welche, wie und wie lange?

Auch zu diesen ganzen Fragen werde ich keine eindeutigen, beweisbaren Antworten bekommen. Sie sind daher eher philosophischer Natur. Spannend und interessant, doch nur gedanklich greifbar.

Damit halte ich es wie Scarlett O'Hara in dem Klassiker „Vom Winde verweht", darum kümmere ich mich morgen, nicht heute.

"Für ein Schiff, das keinen Hafen hat, ist kein Wind der Richtige." (Seneca)

Freiheit, die ich meine

Mein Mann sagte: „Geh zum Arbeitsamt, hol dir das Geld, dafür hast du doch lange genug gearbeitet." Meine Hausärztin meinte: „Ich helfe Ihnen, ich schreibe Ihnen eine Bescheinigung, vielleicht werden Sie dann nicht gesperrt. Das Geld steht Ihnen doch zu."

Doch ich wollte nicht. Ich hatte bei meinem Mann gesehen, wie das abläuft. Er musste eine Wiedereingliederungsvereinbarung unterschreiben, mit der er sich verpflichtete, jede Woche im Schnitt zwei Bewerbungen zu schreiben. Er bekam Aufforderungen zu Bewerbungen, von denen der Amtscomputer meinte, sie „matchen" perfekt zu ihm, die allerdings gar nicht auf seinen erlernten Beruf passten. Wir pflegten gemeinsam Excel-Tabellen, um seine Bemühungen und die daraus resultierenden Ergebnisse zu dokumentieren. Er bekam regelmäßige Aufforderungen, sich vor Ort mit seinem ARGE-Zuständigen zu besprechen (sich zu rechtfertigen) und gelegentlich kamen Kontrollanrufe: „Ist Herr X. zu sprechen?"

Mir kam es wie unsinniger Aktionismus in der gesamten Kette vor. Er schrieb Bewerbungen, die niemand mehr wollte. Firmen bekamen diese und mussten antworten. Und der ganze Prozess wurde säuberlich nachgehalten und in der ARGE besprochen.

Mangelnde Eigenbemühungen hätten Sanktionen zur Folge, dann könnte nach und nach der monatliche Geldbetrag reduziert werden. Seine Urlaubsansprüche lagen bei vier Wochen im Jahr und mussten mit der Behörde abgestimmt werden.

Ist das Freiheit?

Ich rechnete bei mir regelrecht mit Steinen und Sanktionen. Worst-Case-Szenarien sind ein Hobby von mir. Ich malte mir viele erforderliche Erklärungen und starken Unwillen auf Behördenseite aus, die meinem Mann allesamt nicht widerfuhren. Doch ich wusste auch: es ist nicht dasselbe, wenn zwei dasselbe tun.

Peter konnte ja nichts für die Insolvenz seines Arbeitgebers. Wie sollte ich denn erklären, warum ich selber hinschmeiße? Und was bitte schön will ich noch suchen? Und wo? Die Aussichten, in meinem Alter noch eine halbwegs adäquate Arbeit zu bekommen, gehen doch gegen Null. Das würde eine Lachnummer, zusammen mit hochgerechnet ca. 200 Bewerbungen, die ich insgesamt zu liefern hätte.

Das wären noch einmal zwei Jahre Zwang, sich fügen, sich rechtfertigen, vorgeführt werden. Und verlogen wäre es auch. Ich suche nicht, ich will frei sein. Ich schließe nicht aus, woanders zu arbeiten, ich bettel nur nicht darum.

Es kamen Bilder hoch, von mir als Teenager, wenn ich zum Sozialamt geschickt wurde, um für mich einen Krankenschein zu holen. Mehrfach wurde ich von dem Beamten gefragt, warum ich denn nicht in der Krankenkasse meines Pflegevaters mitversichert sei. Gefühlt ließ er mich um diesen Schein betteln. 'Fuck, frag den doch und nicht mich!' „Weiß ich nicht."

Mit diesem Sozial-Krankenschein fuhr ich im Anschluss zu unserem Hausarzt (meistens wegen Erkältungsmitteln, denn die gab es noch auf Rezept) oder zum Zahnarzt. Auch dort wussten dann alle gleich, was bei mir nicht stimmte. Es war demütigend und ich fühlte mich vorgeführt.

Das ist nicht die Freiheit, die ich meine.

Freiheit heißt: ich mache, was mir Spaß macht, wann ich es möchte und so viel, wie es mir passt.

Ich suche mir die Menschen aus, mit denen ich meine Zeit verbringe. Ich stelle alles um mich herum auf den Prüfstand, was das Etikett „MUSS" trägt. Und prüfe, muss ich wirklich?

Ich habe nicht geheiratet, weil ich musste, sondern weil ich wollte. Und das fühlte sich richtig gut an.

Ist das Wetter schön, können mein Mann und ich spontan auch für einige Tage wegfahren. Das ging Jahrzehntelang ja gar nicht. Wir müssen nicht mehr beide auf der Arbeitsstelle nach Urlaub fragen.

Davon mehr.

Ich greife einen lange verschütteten Kindheitswunsch wieder auf. In meiner Jugend las ich schon gerne und viel. Bücher wurden schnell zu Freunden. Sie halfen, mein Loch zu füllen, mich abzulenken und meine Neugier zu stillen. Als Teenager hatte ich angefangen, einen Abenteuerroman zu schreiben, die Art Buch, die ich zu der Zeit selber gerne las. Es sollte ein Jugendbuch mit viel Fantasy, Spannung und Teamgeist werden. Nur mit Schreibblock und Kuli ausgestattet kam jedoch schnell die Erkenntnis „Daraus wird nichts. Damit werde ich nicht genug zum Leben verdienen können." Viele praktische und vernünftige Argumente hielten mich damals davon ab, es zu Ende zu bringen.

Ich habe nun genug zum Leben verdient. Jetzt halte ich es mit dem Slogan einer Kosmetik-Werbung: *„Weil ich es mir wert bin."*

Als Erstes meldete ich mich zu einem Fernstudium an, um „Schreiben" zu lernen. Es wird, stelle ich mir vor, wie ein „Handwerk" sein: eigene Regeln und Kniffe, Techniken, ToDos und Don'ts.

Dann sehen wir weiter, was ich damit erschaffen und erreichen kann: Menschen unterhalten, motivieren, helfen, berühren??

„Blickwinkelwechsel bringt Freiheit." (Ute Lauterbach)

Im Flow angekommen

Ein Jahr ohne Arbeit, unabhängig und frei. Ein Luxus, den ich genießen und wertschätzen kann. Ich habe keine inneren Kämpfe mehr auszutragen 'Das kannst du doch nicht machen; Du musst noch…'.

Jetzt ist Schluss mit Muss, soweit wie nur möglich. Natürlich gibt es noch Pflichttermine, wie den regelmäßigen Kontrollbesuch beim Zahnarzt, den Vorsorgecheck bei meiner Haus- und Frauenärztin, Termine in der Autowerkstatt.

Doch überwiegend entscheide ich zum ersten Mal in sechzig Jahren konsequent und fast täglich selber darüber, was ich machen möchte oder nicht, wann, wieviel und mit wem. Der Wecker klingelt nur noch, wenn am Morgen ein Termin ansteht. Ansonsten stehe ich mit meinem Mann auf, sobald wir wach werden. Wir essen, wenn wir Hunger haben. Keine festgeschriebenen Zeiten mehr. Mehr Biorhythmus geht kaum.

Ich lese viel, lerne gerne für das Fernstudium, wir beide belegen Kurse und treiben Sport. Fast täglich setze ich mich an meinen Computer, um zu schreiben. Doch immer ist Luft für Spontanes plus genug Energie.

Vor achtundvierzig Jahren hatte ich mit dem Schreiben angefangen. Heute schließt sich der Kreis, denn ich spanne den Bogen zurück zu diesem Kinderwunsch. Beim Schreiben können heutzutage mühelos einige Stunden vergehen, bevor mir die Zeit in den Sinn kommt. Weil es mir viel Spaß macht, nenne ich es nicht Arbeit.

Peter und ich machen weiterhin Pläne. Nur, zum ersten Mal kann ich sie auch liegen lassen. Ein Plan ist eine Möglichkeit geworden, kein Fixum. Keine To-do-Listen mehr, die ich strikt abarbeiten muss.

Ich kann jederzeit meine „Arbeit" daheim liegen lassen, wenn das Wetter zu schön ist, um in der Wohnung am Laptop zu sitzen. Am Abend müssen wir nicht vernünftig sein, nicht die nette Unterhaltung mit einer lieben Freundin abbrechen oder den interessanten Film ausschalten, nur damit wir genug Schlaf bekommen, um am nächsten Tag fit für den Job zu sein.

Wenn Freunde fragen „Wird dir der Tag nicht lang? Geht ihr euch nicht auf den Keks?", kann ich nur lächeln und mit Überzeugung sagen „Alles gut." Ich bin sicher, viele beneiden uns und würden gerne ihre beruflichen Verpflichtungen und Verärgerungen dagegen eintauschen.

Natürlich hat das einen Preis. Wir verzichten zugunsten dieser Freiheit auf Gehaltseingänge. Wir leben von den Reserven aus gemeinsamen achtzig Jahren Arbeit. Das ist in Ordnung so und es wird reichen, bis wir die Rentenanträge stellen können. Was wir zugewonnen haben, ist in Geldwert nicht auszudrücken: Glück.

„Wer die Freiheit aufgibt, um Sicherheit zu gewinnen, wird am Ende beides verlieren." (Benjamin Franklin)

Zugegeben, die Ausgangslage war mittlerweile recht komfortabel für meinen Schwenk in die Unabhängigkeit und Freiheit. Wir haben keine Kinder, die durchs Studium gebracht werden wollten. Auch gibt es an uns keine Erwartungen an zu vererbende Immobilien o. ä . Das macht diesen Schritt leichter.

Rückblickend, durch die rosa Brille betrachtet, also durch die Brille, die Herausforderungen als Chancen sieht, Hürden als Lernerfahrung, war mein Leben bislang sehr abwechslungsreich.

Die Spanne reicht vom Bauernhof zur Großindustrie, Arbeiten auf dem Feld, am Fließband, im Büro bis zum Home-Office als Autorin, von der Großfamilie über den Single-Haushalt zum DINK-Modell (double-income-no-kids), vom BAföG über Außertarif-Verdienst zum Leben aus dem Ersparten. Raummäßig habe ich mich von einem geteilten Schlafzimmer mit dem Bruder zu einer über einhundert qm großen Eigentumswohnung verbessert. Und jeder Euro, der darin steckt, ist mit eigenen Händen verdient. Das gibt mir ein gutes Gefühl, my home.

Ich bin bereit, alles Gute zu teilen, mit meinem Mann zum Beispiel. Wir beide spenden regelmäßig, um andernorts etwas Not zu lindern. Doch es ist beruhigend zu wissen, was im Worst Case für mich bleibt. Es kann mir niemand mehr den Boden so vollständig unter den Füßen wegziehen, wie noch vor fünfzig Jahren.

Ich lasse mich nicht mehr vorführen oder hetzen, ich kann jederzeit gehen und werde doch nicht untergehen. Ich finde eigene, neue Wege. Angst als Begleiter will ich nicht mehr, denn sie lähmt mich nur. Jetzt möchte ich übers Eis fliegen und sehen, was sich hinter den anderen Türen für mich noch auftun kann.

„Die Freiheit des Menschen liegt nicht darin, dass er tun kann, was er will, sondern dass er nicht tun muss, was er nicht will." (Jean-Jacques Rousseau)

Warum bleiben Frauen?

Für meine Oma, die mit dem Ausspruch „Hauptsache ein Mann im Haus", ist die eigeninitiierte Scheidung, eine Trennung oder Gehen vermutlich selbst als theoretischer Ansatz nicht existent gewesen.

Meine Mutter sah keinen anderen Ausweg, zu gehen und ihr Leben anders zu gestalten. Vier Kinder hielten und zwangen zum Aushalten. Auch die gesellschaftlichen Rahmenbedingungen sowie die familiären Normen und Rollenerwartungen waren gegen sie, gegen ein eigenbestimmtes alternatives Leben. Abhängigkeit mit allen Konsequenzen, im Guten wie im Schlechten.

Aus konkretem Anlass in meiner Familie las ich Statistiken über Gewalt in der Ehe. 'Warum lassen sich auch heutzutage Frauen noch Gewalt gefallen und gehen nicht oder zeigen den Kerl nicht sofort an?', wollte ich herausfinden. Selbst eine Frau, die kein Kind hat und eigenes Geld verdient, schweigt und duldet und bleibt. Dahinter stecke viel Scham, erfuhr ich. Und viel Hoffnung, er würde sich wieder zum Besseren ändern. Und sogar eigenes Schuldempfinden. Hätte sie dies nicht gemacht oder jenes nicht gesagt, hätte er sich nicht so aufregen müssen. Sie kenne ihn doch und wisse, wie er tickt. „Ich habe es ja provoziert".

Und er hatte sich schließlich entschuldigt, versprochen, das sei ein Ausrutscher, es würde nie wieder vorkommen. Selbst die geschlagene Partnerin findet viele Erklärungen und Entschuldigungen für sein Verhalten. Müsste man doch sonst zugeben, bei der Partnerwahl mächtig danebengegriffen zu haben. Final war irgendwann auch Angst vorhanden, wie weit er wohl noch gehen würde.

Der 25.11.2018 war der "Internationale Tag gegen Gewalt an Frauen und Mädchen". Zu diesem Anlass veröffentlicht das BKA (Bundeskriminalamt) jährlich eine Statistik über - im Volksmund so genannte - „Häusliche Gewalt."

Für das Berichtsjahr 2017 erfasste das BKA über folgende Deliktkategorien:

Mord und Totschlag, gefährliche Körperverletzung, schwere Körperverletzung, Körperverletzung mit Todesfolge, vorsätzliche einfache Körperverletzung, (angepasst) Vergewaltigung, sexuelle Nötigung, (neu) Bedrohung, Stalking, Nötigung (psychische Gewalt), (neu) Freiheitsberaubung, (neu) Zuhälterei, (neu) Zwangsprostitution

insgesamt 335.469 weibliche Opfer, davon 113.965 (34 %) in der Rubrik „Partnerschaftsgewalt". Diese Opfer-Täter-Beziehung umfasst:

„Ehepartner", „eingetragene Lebenspartnerschaft", „Partner nichtehelicher Lebensgemeinschaften", „ehemalige Partnerschaften".

Die Tatverdächtigen sind zu 80,6 % männlich, die Opfer zu 82,1 % Frauen (vollendete und versuchte Delikte wurden zusammen erfasst).

Der Täterstatus „ehemaliger Partner" ist besonders risikobehaftet für eine Frau. Frauen sind mehr als doppelt so häufig von Stalking betroffen als Männer.

Wie sich das Anzeigeverhalten betroffener Opfer darstellt oder im Zeitablauf möglicherweise geändert hat, lässt sich aus derartigen Statistiken nicht ablesen. Wie viele Opfer häuslicher Gewalt scheuen nicht nur die Bekanntgabe im eigenen Familien- und Freundeskreis, sondern um einiges mehr noch die Anzeige bei der Polizei?

Wie hoch mag die Dunkelziffer sein? Doppelt so hoch? Reicht das? Mein konkreter Anlass für diese Recherche ging jedenfalls nicht zur Polizei.

Eine weitere Verwandte von mir wollte von ihrem Mann nicht länger betrogen und belogen werden. Sie schüttete ihrer Mutter ihr Herz aus und bekam zu hören: „Sei lieb zu ihm, denk an das schöne Haus. Als könnten die Schmerzen einer Demütigung oder eines Vertrauensbruchs gegen das Materielle aufgewogen werden. Doch anscheinend kann es das, wenn eine Frau so denkt und berät.

„Ich könnte mir selber keine eigene Wohnung von meinem Gehalt leisten", hatte ich auch schon gehört. Das stimmte mich traurig. Denn das sollten nicht die Gründe und Überlegungen sein, bei einem Partner zu bleiben.

Ich bleibe, weil er mir gut tut. Weil mit ihm zusammen mein Leben fröhlicher, abwechslungsreicher und liebevoller wird. Weil wir uns prima ergänzen und ich von ihm (Neues) lernen kann.

Ich danke meinem Schicksal in diesem Punkt, dass ich so denken und handeln darf.

Erstaunlicherweise sind es dann doch überwiegend Frauen, die eine Scheidung einreichen. Wobei der Gatte oftmals völlig erstaunt nach hinten kippt, denn er hatte es nicht kommen sehen. Er hatte es geschafft, manchmal sogar jahrelang, Hinweise der Unzufriedenheit bei der eigenen Ehefrau zu übersehen und zu überhören.

Weil wir Frauen anders kommunizieren. Wir arbeiten ungern mit Befehlen wie „Lass das sein", „Mach endlich..." oder rigorosen Androhungen „Wenn du nicht … dann gehe ich." Wir versuchen es lange mit dem harmonisch-kommunikativen Weg, den Partner zu einer Änderung zu bewegen. Wir bieten ihm dabei Vergleiche „Der Mann von der Susi macht immer..." Wir benutzen viel zu oft den Konjunktiv „Könntest du wohl… ", „Ich würde mich freuen, wenn du…"

Das haut bei dem Durchschnittsmann nicht hin, denn er hört sofort die geöffnete Hintertür heraus. Mit dieser Erkenntnis feiert Mario Barth seit Jahren Erfolge mit seinem Buch und in seinen Abendshows. Frauen denken um die Ecke und Männer wollen konkrete Ansagen.

Wir wünschen uns, er erkennt unsere Bedürfnisse und kommt von alleine dahinter, was hier nicht gut läuft.

An meinem Studienort, in dem kleinen Zimmerchen, hatte ich einmal Besuch von meinem damaligen Freund, als ich gerade dick erkältet war und mich schlecht fühlte. Ich hätte ihn gerne bei mir behalten, doch er wollte schnell wieder gehen, weil er mit einem Kommilitonen verabredet war. Mein Kopf sagte „Klar, was soll der hier herumhängen, der steckt sich vielleicht noch an, das macht mich nicht schneller gesund." Mein Herz hoffte „Bleib doch bei mir, du kannst mir Tee kochen und mir Gesellschaft leisten. Dann bin ich nicht so alleine." Umgekehrt wäre von mir sofort das Angebot gekommen, die Verabredung abzusagen, um meinem kranken Freund beizustehen. Wenigstens das Angebot dazu wollte ich hören. Dann ließe ich ihn mit Liebe zu seiner Verabredung gehen. So ging er und ich blieb traurig zurück.

Wir argumentieren auch nicht mit Männern, die uns in Grund und Boden reden. Die alle Probleme verbal geschickt kleinreden und uns das Gefühl geben, die Dummies zu sein. Wir zeigen auf unsere Weise die gelbe Karte, dann die rote.

„Frauen motzt bevor ihr kotzt!" (Graffito)

Noch ein Jahr

Nach meiner Kündigung begann ich, rückwärts zu zählen, denn jeder Monat war nun der letzte Monat auf dieser Arbeitsstelle.

Zwölf, elf, zehn ...Der letzte ungeliebte Jahresbericht, die letzten dieser Sonderstatistiken. Geschafft. Und bloß alles gut dokumentieren.

Natürlich wollte ich noch einen guten Abschluss hinbekommen und meinen Nachfolger bestmöglich einarbeiten. Dann könnte gegen Ende meiner Kündigungsfrist alles entspannt ausplätschern.

Neun, acht, ... Bei dem neuen Software-Projekt, das viel Zeit erforderte, erfuhr ich eher beiläufig in einer Telefonkonferenz mit dem externen Berater, dass der Projektleiter bald krankheitsbedingt für sechs bis acht Wochen ausfallen würde. Wir arbeiteten nur zu zweit an diesem Thema, folglich müsste ich da alleine weitermachen, um den Termin halten zu können. Pflichtenheft, Testfälle durchspielen, Fehler melden und Korrekturen prüfen.

Sieben, sechs... Immer wieder den Einarbeitungsplan checken und dokumentieren, Dateinamen, Ansprechpartner, Termine. User-Handbuch erstellen mit den wesentlichen Änderungen bei der neuen Software. Etwas ausmisten, denn die Schränke enthielten zu viele Altlasten, die niemand mehr brauchen würde.

Fünf ... Mein Nachfolger war da, frisch von der Uni. Gott war der nett. Und so unverfälscht. Mein Einarbeitungsplan war gut, der könnte funktionieren.

Der Neue könnte gleich mit der neuen Software einsteigen, von der alten Version bräuchte er nur einige Basisgrundlagen.

Ich lief auch Hochtouren, aber das war okay. War ja zum letzten Mal. Und innerlich zog ich meine Überstunden vom Ende ab. 'Je mehr ihr mir jetzt draufpackt, umso eher kann ich gehen'- so lautete mein innerer Deal. Zwischendurch zu einigen Ärzten, denn vielleicht hatten meine Körpersymptome körperliche Ursachen? Unbedingt abklären zur Beruhigung. Auf keinen Fall würde ich hier nochmal krank werden. Ich wollte hier gesund rausgehen und mit erhobenem Kopf.

Mein angefragtes Zwischenzeugnis kam nach Monaten des Wartens und mehrmaligem Nachfragen endlich an. Doch ich war empört, was sollte das? Ich hatte keinen Beruf? War hier jahrzehntelang als ungelernte Dumpfbacke unterwegs? Ich war nicht ein einziges Mal Projektleiterin? Etliche Jahre fehlten gänzlich. Das war so lieblos. Liebloses Programm hatte ich genug abbekommen, das ging jetzt gar nicht mehr. So ein Zeugnis könnte ich auch Niemandem vorlegen, weil das ein falsches Bild ergab. Das wäre kein schöner Abschluss. Also reklamieren.

Vier, drei … Die letzten Quartalsmeetings. Ein zweiter Nachfolger kam ins Spiel, meine Arbeiten sollten künftig gesplittet werden. Also noch ein Einarbeitungsplan, wer braucht was? Das Thema rund um die Datenbank mit alter und neuer Software ging unerwartet in andere Hände. Verlorene Zeit für den ersten Kollegen und mich, alles von vorne mit dem neuen.

Zwei …. Der erste Nachfolger wirkte enttäuscht, er brauchte mehr Zeit und Input von mir. Ging aber nicht, da zog noch der zweite und das Projekt musste ebenfalls weiterlaufen. Es sollte weder im Termin noch in den Kosten aus dem Ruder laufen. So war der Plan und bei mir sollen Pläne auch funktionieren.

Eins … Jetzt konnte ich schon die Rest-Tage zählen und den letzten Arbeitstag besser ermitteln, musste nur meinen anteiligen Resturlaub und die Überstunden ans Ende schieben. Meine Konten sollte ich glattstellen, das war die Aufforderung der Personalabteilung. Kam mir sehr entgegen.

Null … Nix mit gemütlich auslaufen lassen. Nix mit anständig von den vielen netten Kollegen persönlich verabschieden. Keine Zeit. Ein kleiner Abschied in der Abteilung, eine Serienmail von mir, das war's.

Ein anstrengendes Jahr ging zu Ende. Es war gut so.

„Geld kommt und geht, Zeit geht nur." (Dominic DoCuir)

Lessons Learned

Ausgesprochene Worte sind wie verschüttetes Wasser – man kann sie nicht zurückholen. Nicht was und nicht wie es gesagt wurde.

Was ich meine ist nicht immer das, was beim Gegenüber ankommt.

(Mein) Handeln hat Konsequenzen.

Vertrauen ist wichtig. Fehlt es, wirst du schwach.

Verzehr dich nicht bis zur Verzweiflung und Selbstaufgabe.

Such dir Hilfe, Freunde, rede über deinen Kummer.

Du musst nicht perfekt sein. Du darfst auch schwach sein.

Verliere nicht den Mut.

Verliere nicht deine Empathie.

Sei achtsam, sorge gut auch für dich selbst.

Kontrolliere regelmäßig dein Marschgepäck.

Lass los, was und wer dir nicht guttut.

Verbieg' dich nicht, um Fremderwartungen zu erfüllen.

Sei dir nicht selbst der strengste Richter. Verzeihe, dir und anderen.

Wehr dich, lass dich nicht demütigen und vorführen.

Gestalte dein Leben schön, denn du hast nur eins.

An meinem Sterbebett will ich nicht bereuen, was ich hätte ändern können.

Geh, wenn du etwas nicht ändern und nicht aushalten kannst. Doch finde einen guten Wege, zu gehen und frei zu werden.

Ich muss die Entscheidung meiner Eltern akzeptieren. Und ich gebe Ihnen Liebe und Ehre zurück, indem ich aus meinem dadurch veränderten Leben viel Gutes ziehe.

„Achte auf Deine Gedanken, denn sie werden Worte.
Achte auf Deine Worte, denn sie werden Handlungen.
Achte auf Deine Handlungen, denn sie werden Gewohnheiten.
Achte auf Deine Gewohnheiten, denn sie werden Dein Charakter.
Achte auf Deinen Charakter, denn er wird Dein Schicksal." (Talmud)

Affirmationen:

Affirmationen sind positive, kraftvolle Glaubenssätze.

Ich traue mich jeden Tag mehr und mehr, gut für mich zu sorgen.

Ich darf unbeschwert sein und den Tag genießen.

Ich bin stark, ich überstehe Krisen.

Mir fällt eine für mich passende Lösung für jedes Problem ein.

Ich werde heute lächelnd durch den Tag gehen.

Ich will heute auf alles Positive achten.

„Alles was wir sind, ist das Resultat dessen,
was wir gedacht haben." (Buddha)

„Das Glück deines Lebens hängt von der Beschaffen-
heit deiner Gedanken ab." (Marcus Aurelius)

Ich schreib` ein Buch

Eine Hausaufgabe im Rahmen eines therapeutischen Coachings war „Schreib einen Brief ... an..?"

Also habe ich mit dem vermutet leichteren Brief angefangen, einen Brief an meine verstorbene Pflegemutter. Und war am Ende selber sehr erstaunt, was ich ihr alles gerne zu Lebzeiten gesagt hätte. Natürlich viel Dank sowie Verständnis für ihre schwierige Situation. Doch ich habe dabei auch zum ersten Mal meine enttäuschten Erwartungen ausgedrückt. Nur für mich, ohne jegliche Zensur wie „Das tut man nicht" oder „Du musst doch dankbar sein."

Die Theorie dahinter ist: der Kosmos stellt den Brief zu. Alles was ich ausdrücke und auf diese Art auch formulieren darf, ist Energie, die nicht verloren geht. Den Brief habe ich anschließend meiner Therapeutin vorgelesen, ihn dann in einen Umschlag gesteckt und gemeinsam mit meinem Mann draußen verbrannt, als Abschlusszeremonie.

Es hat geholfen und mich erleichtert.

So entstand bald die Idee, mehr aus dieser Verarbeitungsmethode zu machen. Im Wesentlichen für mich selbst. Im Nebeneffekt als Hilfe-Tool für andere Betroffene. Plus - als abschreckende Mahnung, besser auf sich zu achten und miteinander umzugehen.

Gesellschaft im Wandel – per Gesetz

Unser Grundgesetz legt im Artikel 3 die Gleichheit aller Menschen vor dem Gesetz fest sowie die Gleichberechtigung von Mann und Frau (Verkündung am 23. Mai 1949). Beides bezieht sich auf das Verhalten des Staates gegenüber seinen Bürgerinnen und Bürgern und auf die Arbeitswelt.

Fast siebzig Jahre später ist einiges besser geworden, ohne Zweifel. Doch vom Zustand einer Parität in Familie, Beruf oder Politik sind wir immer noch weit weg.

Der Gesetzgeber schafft die Rahmenbedingungen für das gesellschaftliche Miteinander, sonst gäbe es zu wenig Schranken und Schutz für die Schwachen. Denn wir Menschen neigen in der Gesamtheit nicht per se zu Gerechtigkeit. Die Natur hält es mit dem Darwinismus „Survival of the Fittest" – das Überleben der Passendsten. Bei uns Menschen wäre das der Stärkere, der Dreistere, der Mensch, der ohne jegliche Skrupel seine Ziele verfolgt und andere manipuliert und nach Gutdünken benutzt. Es ist also eine gute Errungenschaft einer denkenden Spezies, zum Wohle aller Regeln zu erlassen, Verbote auszusprechen und Verstöße zu sanktionieren. Alle Menschen sind gleich, vor Gott und vor dem Gesetz. Doch manche brauchen mehr Schutz.

Für den Straßenverkehr wird das unmittelbar deutlich. Gäbe es dort keinerlei Regeln und Strafen, wäre Rowdytum unser Standard. Die unsichere Oma, der gehbehinderte Mensch, die Mutter mit Kleinkind in der einen und Einkaufstüte in der anderen Hand, käme nur mit hohen Risiken über die Straße. Es gäbe sicherlich mehr Verkehrstote, weil sich manche Menschen überschätzen oder sich selbst mehr Rechte zugestehen als anderen.

Wir sind heute, im Jahr 2019, immer noch von einem Zustand völliger Gerechtigkeit und Parität z. B. der Geschlechter und Leben in Würde und Freiheit entfernt.

Ich hatte die Chancen meiner Mutter, ihrer gefühlt ausweglosen Lage zu entkommen, aus heutiger Sicht betrachtet. Das war ein Denkfehler. Also habe ich im Internet recherchiert, welche Rechte und Möglichkeiten zu ihrer Zeit bereits bestanden oder eben nicht.

1913 – Frauen als Studierende an deutschen Hochschulen haben einen Anteil von ca. 4 %.
Erst seit Ende 1918 dürfen in Deutschland Frauen politisch wählen und gewählt werden (volles Wahlrecht).
1919 – Frauen werden zum Studium zugelassen.
23.05.1949 – Das Grundgesetz tritt in Kraft - Artikel 3 Absatz 2 Satz 1 der neuen Verfassung: "Männer und Frauen sind gleichberechtigt."
1957 lockerte das Gleichberechtigungsgesetz (§ 1356 Absatz 1 BGB a. F.) die Möglichkeiten einer Frau, auch ohne Erlaubnis ihres Ehemannes arbeiten zu gehen: „ … soweit dies mit ihren Pflichten in Ehe und Familie vereinbar ist."
Bis 1958 waren im Familienrecht die Geschlechterrollen vorgegeben: § 1354 Absatz 1 BGB a. F. wies

„[d]em Manne [...] die Entscheidung in allen das gemeinschaftliche eheliche Leben betreffenden Angelegenheiten zu".

Frauen, die vor 1958 einen Führerschein machen wollten, brauchten die Erlaubnis des Gatten oder Vaters.

Die Antibaby-Pille ist seit 1960/62 auf dem deutschen Markt.

1961 - Unterhaltspflicht des Vaters grundsätzlich bis zur Vollendung des 18. Lebensjahres des Kindes. Mit dem Bundessozialhilfegesetz wurde ein einheitliches Sozialhilferecht geschaffen. ... Einkommen und Vermögen des Ehegatten sind zu berücksichtigen (§ 19 SGB XII).

Ab 1962 durften Frauen ohne Zustimmung des Gatten ein Bankkonto eröffnen.

Acht Wochen Mutterschutz nach einer Geburt gilt ab 1965.

....

Meine Mutter starb 1966 mit fünfunddreißig Jahren.

....

Erst nach 1969 wurde eine verheiratete Frau selber geschäftsfähig. Abschaffung des sog. Kupplungsparagraph (es war strafbar, wenn Eltern die Übernachtung des Verlobten erlaubten)

1976 - erstes Frauenhaus in Berlin.

Ab Juli 1977 gilt: „Beide Ehegatten sind berechtigt, erwerbstätig zu sein." § 1356 Ehe- und Familienrecht. Keine gesetzlich vorgeschriebene Aufgabenteilung in der Ehe. Umstellung vom Schuld- auf das Zerrüttungsprinzip bei einer Scheidung.

1992 - für Geburten ab 1992 werden in der gesetzlichen Rentenversicherung drei Jahre Kindererziehungszeit anerkannt (vorher ein Jahr).

1993 erfolgte die Streichung des § 218 BGB - Schwangerschaftsabbruch als Straftat.

Das Zweite Gleichberechtigungsgesetz (Bundesgesetz) tritt 1994 in Kraft.

1996 — begründet einen Rechtsanspruch auf einen Kindergartenplatz für Kinder ab drei Jahren.

1997 verabschiedete der Deutsche Bundestag den § 177 Strafgesetzbuch, wonach auch eine Vergewaltigung innerhalb einer ehelichen Beziehung eine Straftat ist.

Ab dem Jahr 2000 werden Kinder vor Gewalt in der Erziehung im BGB (Bürgerliches Gesetzbuch) geschützt: "Kinder haben ein Recht auf gewaltfreie Erziehung. Körperliche Bestrafungen, seelische Verletzungen und andere entwürdigende Maßnahmen sind unzulässig."

2001 - Personen des gleichen Geschlechts können eine „Eingetragene Lebenspartnerschaft" eingehen. Gesetz zur Elternzeit.

12.2001 — Etablierung von Gleichstellungsbeauftragten in Behörden nach dem Bundesgleichstellungsgesetz (BGleiG) mit den Zielen: gleiche Rechte und Anteile von Männern und Frauen in allen Hierarchieebenen, Vereinbarkeit von Beruf und Familie, Schutz vor sexueller Belästigung am Arbeitsplatz.

2002/05 — Hartz IV wird das sog. Arbeitslosengeld II, als Grundsicherung für Arbeitssuchende.

Frauen in Führungspositionen? Da beginnen die Statistiken erst im Jahr 2006 – ihr Anteil lag bei ganzen 1%, er stieg bis zum Jahr 2014 auf immerhin 5%.

Angela Merkel wird 2005 die erste Bundeskanzlerin in der Bundesrepublik Deutschland.

2006 - Gesetz gegen Psychoterror ("Stalking"). Seit dem 18.08. 2006 ist das AGG (Allgemeine Gleichbehandlungsgesetz – Antidiskriminierungsgesetz) in Kraft. Es gewährt Schutz vor Diskriminierung oder Ungleichbehandlung aufgrund von u. a. Geschlecht, sexueller Identität, Alter, Behinderung oder Religionszugehörigkeit.

2007 - Zweiter Aktionsplan zur Bekämpfung von Gewalt gegen Frauen. Das Berufsfrauennetzwerk Business and Professional Women (BPW) Germany e.V. startete die „Initiative Rote Tasche" – symbolisch für „rote Zahlen", also dafür, dass Frauen „weniger in der Tasche" haben als Männer.

2008 Chancengleichheitsgesetz im öffentlichem Dienst.

15.04.2008 – der erste Equal Pay Day in Deutschland.

2014 arbeiteten 58 Prozent der Frauen in Teilzeit.

07. 2018 – Inkrafttreten des Gesetzes zur Förderung der Transparenz von Entgeltstrukturen für Unternehmen mit mehr als zweihundert Beschäftigten.

Begriffserklärungen

Achtsamkeit   Quelle: Wikipedia
Achtsamkeit (engl. mindfulness) kann als Form der
Aufmerksamkeit im Zusammenhang mit einem besonderen Wahrnehmungs- und Bewusstseinszustand
verstanden werden, als spezielle Persönlichkeitsei-
genschaft sowie als Methode zur Verminderung von
Leiden (im weitesten Sinne). Historisch betrachtet ist
„Achtsamkeit" vor allem in der buddhistischen Lehre
und Meditationspraxis zu finden. Im westlichen Kul-
turkreis ist das Üben von „Achtsamkeit" insbesondere
durch den Einsatz im Rahmen verschiedener Psycho-
therapiemethoden bekannt geworden. Der Begriff
Achtsamkeit wird außerdem im Rahmen der Care-
Ethik für eine Praxis der Zuwendung verwendet.

Burn-out   Quelle: Apotheken Umschau
Der Begriff "burn out" kommt aus dem Englischen
und bedeutet übersetzt "ausbrennen". Ausgebrannt,
überfordert, erschöpft. Meistens wird damit ein Zustand starker emotionaler und körperlicher Erschöp-
fung durch chronische Überforderung oder auch an-
haltende Kränkungen im Beruf bezeichnet.

Depression   Quelle: Deutsche Depressionshilfe

Aus medizinisch-therapeutischer Sicht ist die Depression eine ernste Erkrankung, die das Denken, Fühlen
und Handeln der Betroffenen beeinflusst, mit Störungen von Körperfunktionen einhergeht und erhebli-

ches Leiden verursacht. Menschen, die an einer Depression erkrankt sind, können sich selten allein von ihrer gedrückten Stimmung, Antriebslosigkeit und ihren negativen Gedanken befreien.

Empathie   Quelle: Wikipedia

Empathie bezeichnet die Fähigkeit und Bereitschaft, Empfindungen, Gedanken, Emotionen, Motive und Persönlichkeitsmerkmale einer anderen Person zu erkennen und zu verstehen. Zur Empathie wird gemeinhin auch die Fähigkeit zu angemessenen Reaktionen auf Gefühle anderer Menschen gezählt, zum Beispiel Mitleid, Trauer, Schmerz und Hilfsbereitschaft aus Mitgefühl. Die neuere Hirnforschung legt allerdings eine deutliche Unterscheidbarkeit des empathischen Vermögens vom Mitgefühl nahe.

Inneres Kind   Quelle: Wikipedia

Das Innere Kind gehört zu einer modellhaften Betrachtungsweise innerer Erlebniswelten... Es bezeichnet und symbolisiert die im Gehirn gespeicherten Gefühle, Erinnerungen und Erfahrungen aus der eigenen Kindheit. Hierzu gehört das ganze Spektrum intensiver Gefühle wie unbändige Freude, abgrundtiefer Schmerz, Glück und Traurigkeit, Intuition und Neugierde, Gefühle von Verlassenheit, Angst oder Wut. Das Innere Kind umfasst alles innerhalb des Bereiches von Sein, Fühlen und Erleben, welches speziellen Gehirnarealen zugeordnet wird. Die Arbeit mit dem Inneren Kind funktioniert nach dem Prinzip der beabsichtigten, bewussten, therapeutischen Ich-Spaltung zwischen dem beobachtenden, reflektierenden inneren Erwachsenen-Ich und dem erlebenden Inneren Kind.

Narzisst   Quelle: Wikipedia

Kennzeichnung einer Person, die sich den Ansprüchen der Gemeinschaft auf spezifische Weise zugunsten eines überhöhten Ich-Anspruchs entzieht. Der Ausdruck Narzissmus steht alltagspsychologisch und umgangssprachlich im weitesten Sinne für die Selbstverliebtheit und Selbstbewunderung eines Menschen, der sich für wichtiger und wertvoller einschätzt, als urteilende Beobachter ihn einschätzen. In der Umgangssprache bezeichnet man eine stark auf sich selbst bezogene Person, die anderen Menschen weniger Beachtung als sich selbst schenkt, als Narzissten.[1] Der umgangssprachliche Gebrauch des Wortes „Narzissmus" schließt meist ein negatives moralisches Werturteil über die betreffende Person ein.

Trauma   Quelle: Deutsche Traumastiftung

Ein Trauma (griech.: Wunde) ist ein belastendes Ereignis oder eine Situation, die von der betreffenden Person nicht bewältigt und verarbeitet werden kann. Es ist oft Resultat von Gewalteinwirkung – sowohl physischer wie psychischer Natur. Bildhaft lässt es sich als eine „seelische Verletzung" verstehen

Literaturempfehlungen

Berndt, Christina – Resilienz

Barth, Mario - Langenscheidt Frau-Deutsch/Deutsch-Frau

Bundeskriminalamt (BKA) – Partnerschaftsgewalt, 2017

Boskugel, Andreas – Denk anders

Deutsche Post AG (Hrsg.) – Glücksatlas 2018

Dittmar, Vivian – Gefühle & Emotionen

Eagleman, David; Brandt, Anthony – Kreativität

Hammer, Matthias – Der Feind in meinem Kopf

Heller, Jutta – Das wirft mich nicht um

Hellinger, Bert – Ordnungen der Liebe

Hellwig, Mike – Befreie dein inneres Kind

Hohn, Stefanie – Die Magie der Farben

Jacob, Gitta – Raus aus dem Schema F

Kerkeling, Hape – Der Junge muss an die frische Luft

Küstenmacher, Werner Tiki; Prof. Dr. Seiwert, Lothar J. - simplify your life

Leider, Richard J. – Lass endlich los und lebe

Mairhofer, Tanja – Schluss mit Muss

Moyes, Jojo – Ein ganzes halbes Jahr

Neef, Ursel – Henkel, Georg - Psychosynthese

Pease, Allan & Barbara - Warum Männer nicht zuhören und Frauen schlecht einparken

Pohl, Michael; Fallner, Heinrich – Coaching mit System

Precht, Richard David - Wer bin ich, und wenn ja, wie viele?

Q5-Verlag (Hrsg.) – Du fehlst

Scherrmann-Gerstetter, Beate; Scherrmann, Manfred – Endlich Frieden mit den Eltern

Seiwert, Lothar J. - Das neue 1x1 des Zeitmanagement

Sembdner, Jens - Von unten betrachtet geht es nur nach oben

Stahl, Stefanie – Sonnenkind und Schattenkind

Tepperwein, Kurt - Gelebte Achtsamkeit

Ulsamer, Bertold - Ohne Wurzeln keine Flügel

Ware, Bronnie - 5 Dinge, die Sterbende am meisten bereuen

Internet Quellenangaben

ABC der Gefühle -
https://www.psychotipps.com/gefuehle-
gedanken.html
Achtsamkeit -
https://www.therapie.de/psychotherapie/piorunekd
aum/
Affirmation -
https://www.lernen.net/artikel/affirmationen-70-
positive-aussagen-fuer-jeden-anlass-3065/
Angst überwinden -
https://www.zeitzuleben.de/angst-ueberwinden-
besiegen-bezwingen/
Arbeiterkinder Studium -
https://www.arbeiterkind.de/news/sozialerhebung-
des-deutschen-studentenwerks
Armuts- und Reichtumsbericht -
https://www.bmas.de/DE/Startseite/start.html
Bedürfnispyramide Maslow -
https://de.wikipedia.org/wiki/Maslowsche_Bed%C3%
Bcrfnishierarchie
Burn-out -
https://de.statista.com/themen/161/burnout-
syndrom/
Cyber Mobbing -
https://de.wikipedia.org/wiki/Cyber-Mobbing
Deutsche Gesellschaft für Suizidprävention -
https://www.suizidprophylaxe.de/
Equal Pay Day -
https://de.wikipedia.org/wiki/Equal_Pay_Day

Familienaufstellung - https://www.lebeblog.de/was-ist-eine-familienaufstellung/

Gefühle - https://viviandittmar.net/buecher/gefuehle-und-emotionen/

Geschichtliches - http://www.geschkult.fu-ber-lin.de/e/fmi/institut/arbeitsbereiche/ab_didaktik/QHM-Material/Karten-DINA5_30012014.pdf

Grundemotionen – 7 - https://memory-palace.de/artikel/7-Grundemotionen-Ekman.html

Gehaltsunterschiede - https://www.tagesspiegel.de/wirtschaft/gehaltsunterschiede-zwischen-maennern-und-frauen-gleiche-arbeit-weniger-geld/12900698.html

Gender pay Statistiken - https://www.equalpayday.de/startseite/

Glaubenssätze - https://www.carstenbruns.de/top-100-liste-positive-glaubenssatze-und-affirmationen/

https://www.kikidan.com/nlp/glaubenssaetze-positive-und-negative/

https://ineshammer.de/glaubenssaetze/

Gleichheit Gehalt - https://iwpr.org/publications/gender-wage-gap-2017-race-ethnicity/

Glücksatlas 2018 für Deutschland - https://www.gluecksatlas.de/

Glücksforschung - https://www.tagesspiegel.de/weltspiegel/world-happiness-report-2017-un-studie-norwegen-ist-das-gluecklichste-land-der-welt/19542826.html

Häusliche Gewalt -
http://faktenfinder.tagesschau.de/inland/gewalt-115.html

Hochzeiten – Akademiker -
http://www.faz.net/aktuell/wirtschaft/hochzeiten-gleich-und-gleich-gesellt-sich-gern-14375223.html

Innerer Ratgeber - https://www.zeitzuleben.de/ich-bin-viele-der-innere-dialog/

Kluft arm und reich - Oxfam-Studie -
https://www.noz.de/deutschland-welt/wirtschaft/artikel/835926/die-superreichen-und-der-arme-rest-der-welt

Menschenrechte - Terre des Femmes -
https://www.frauenrechte.de/online/ueberuns

Narzissmus - https://karrierebibel.de/narzissmus/

Prägungen in der Kindheit -
https://www.vaterfreuden.de/vaterschaft/erziehungsfragen/pr%C3%A4gung-%E2%80%93-die-ersten-lebensjahre-sind-entscheidend

Radio Eriwan Witze - https://www.familie-ahlers.de/witze/radio_eriwan.html

Selbstcoaching -
https://www.zeitzuleben.de/selbstlernkurse/der-zeit-zu-leben-coach/?adcode=sidebar-multi

Trauma überwinden - https://frieda-online.de/trauma-ueberwinden/

Verdienst Frauen -
https://www.zeit.de/wirtschaft/2018-03/ender-pay-gap-statistisches-bundesamt-geschlechtergerechtigkeit-frauen-verdienst

Werte Definitionen – 100 -
https://www.wertesysteme.de/alle-werte-
definitionen/

Nachwort

„Wenn sich eine Tür schließt, öffnet sich eine andere; aber wir sehen meist so lange mit Bedauern auf die verschlossene Tür, dass wir die, die sich für uns geöffnet hat, nicht sehen." (Alexander Graham Bell)

Mit sechzig Jahren ziehe ich mein Resumé und bin endlich bereit, die volle Verantwortung für mich und mein Leben in die eigene Hand zu nehmen. Ich will nicht mehr darauf warten, dass irgendwer etwas Gutes für mich tut, ich kann das selber.

Ich möchte mit Vergangenem abschließen, soweit es mich belastet oder enttäuscht hat. Nur Stärkendes oder Erwünschtes trage ich künftig mit mir oder lagere es griffbereit in meinem Keller.

Es gab für mich immer Türen, durch die ich gehen wollte oder musste. Und am Ende hat es gereicht. Denn ich bin nicht untergegangen, bin nicht dem Alkohol verfallen oder in Hartz IV abgerutscht.

Dafür hatte ich in Summe auch viele liebe Menschen, die mich begleiteten. Die mir Kraft gaben und Freundschaft, Hilfe und Aufmunterung.

Mit der Aufarbeitung und Niederschrift meiner familiären Hintergründe, der nachhaltigen Auswirkungen sowie meiner Bewältigungsstrategien nach dem Suizid der Eltern vor über 50 Jahren habe ich für mich Frieden mit dieser Historie gemacht.

Nun bleibt der Wunsch, verhindern und genesen zu helfen.

„Das Leben wird nach vorn gelebt, kann aber erst nach hinten verstanden werden." (Sören Kierkegaard)

Die Autorin wird ihren halben Nettoerlös aus dem Verkauf dieses Buches spenden. Wenn auch Sie diese wichtigen Einrichtungen unterstützen möchten, das sind die Bankverbindungen:

– Hilfe zur Prävention –

Deutsche Akademie für Suizidprävention e.V.
IBAN: DE22 2512 0510 0009 4783 00
BIC: BFSWDE33HAN

– Hilfe zur Bewältigung für Suizidtrauernde –

AGUS e.V.
VR Bank Bayreuth-Hof
IBAN: DE72 7806 0896 0006 1989 37
BIC: GENODEF1HO1

Stichwort: Lara X.

Autorenvita

Lara X., Jahrgang 1958, kinderlos verheiratet, wurde durch den Suizid der Eltern als Kind in ein neues Leben katapultiert. Sie musste den elterlichen Bauernhof verlassen und wuchs getrennt von den Geschwistern in einer Pflegefamilie auf. Nach Abitur und Lehre studierte sie und arbeitete mehr als drei Jahrzehnte in einem globalen Industrieunternehmen.

Erst ein Burn-out öffnete ihr den Zugang zu professionellen psychologischen und mentalen Therapieangeboten. Durch die erfahrenen Bewältigungsstrategien gelang es der Autorin, ihren Frieden mit den traumatisierenden Ereignissen zu machen.

Danach fand sie den Mut, ihr Leben unabhängig zu gestalten. Sie kündigte ihre Arbeit und folgte einem Jugendwunsch „Bücher schreiben".

Eigene „Baustellen"

_____

_____

_____

_____

_____

_____

_____

_____

_____

_____

Das möchte ich verändern

_____

_____

_____

_____

_____

_____

_____

_____

_____

_____